# "Gegenwärtiger Angriff", "drohende" und "gegenwärtige Gefahr" im Notwehr- und Notstandsrecht

# Europäische Hochschulschriften
Publications Universitaires Européennes
European University Studies

**Reihe II**
**Rechtswissenschaft**

Série II Series II
Droit
Law

**Bd./Vol. 1055**

PETER LANG
Frankfurt am Main · Bern · New York · Paris

Dominik Ludwig

# "Gegenwärtiger Angriff", "drohende" und "gegenwärtige Gefahr" im Notwehr- und Notstandsrecht

## Eine Studie zu den temporalen Erfordernissen der Notrechte unter vergleichender Einbeziehung der Gefahrerfordernisse des Polizeirechts

PETER LANG
Frankfurt am Main · Bern · New York · Paris

CIP-Titelaufnahme der Deutschen Bibliothek

Ludwig, Dominik:

"Gegenwärtiger Angriff", "drohende" und "gegenwärtige Gefahr" im Notwehr- und Notstandsrecht : eine Studie zu den temporalen Erfordernissen der Notrechte unter vergleichender Einbeziehung der Gefahrerfordernisse des Polizeirechts / Dominik Ludwig. – Frankfurt am Main ; Bern ; New York ; Paris : Lang, 1991
(Europäische Hochschulschriften : Reihe 2, Rechtswissenschaft ; Bd. 1055)
Zugl.: Bonn, Univ., Diss., 1990
ISBN 3-631-43250-X

NE: Europäische Hochschulschriften / 02

D 5
ISSN 0531-7312
ISBN 3-631-43250-X



Printed in Germany 1 3 4 5 6 7

MEINEN ELTERN

## VORWORT

Die nachfolgende Arbeit hat im Wintersemester 1989/90 der Rechts- und Staatswissenschaftlichen Fakultät der Rheinischen Friedrich-Wilhelms-Universität in Bonn als Dissertation vorgelegen. Sie wurde im Oktober 1989 abgeschlossen und ist für den Druck geringfügig überarbeitet worden; dabei konnten neuere Veröffentlichungen bis Mai 1990, z.T. allerdings nur noch in den Anmerkungen, berücksichtigt werden.

An erster Stelle möchte ich meinem Doktorvater, Herrn Prof. Dr. Gerald Grünwald, der die Arbeit in allen Phasen durch seinen Rat unterstützt und durch seine konstruktive Kritik gefördert hat, sehr herzlich danken. Mein Dank gilt ferner Herrn Hochschulassistent Dr. Helmut Frister, der mir in vielen Gesprächen wertvolle Anregungen gegeben hat. Dem Cusanuswerk bin ich für die Gewährung eines Promotionsstipendiums zu besonderem Dank verpflichtet.

Bous, im August 1990 Dominik Ludwig

# INHALTSVERZEICHNIS

Seite

Seite

Seite

Seite

## EINLEITUNG: Gegenstand der Untersuchung und Problemstellung

Während die Notwehrlage bei § 32 StGB durch einen gegenwärtigen rechtswidrigen Angriff begründet wird, besteht die Notstandslage nach §§ 34, 35 StGB in einer gegenwärtigen Gefahr für ein schutzbedürftiges Rechtsgut. Vergleicht man die Definitionen einerseits des "gegenwärtigen Angriffs" in § 32 II StGB und andererseits der "gegenwärtigen Gefahr" in §§ 34 S.1, 35 I 1 StGB, wie sie in Rechtsprechung und Lehre zu finden sind, so tritt dabei ein entscheidender Unterschied zutage: Während Rechtsprechung und herrschende Lehre bei der Notwehr einen Angriff nur dann als "gegenwärtig" bezeichnen, wenn die Verletzungshandlung unmittelbar bevorsteht, bereits stattfindet oder noch fortdauert, d.h. eine durch einen Angriff begründete akute Augenblicksgefahr vorliegt[1], ist "gegenwärtige Gefahr" im Sinne der §§ 34, 35 StGB nach ganz herrschender Meinung neben der Augenblicksgefahr auch eine sogenannte "Dauergefahr". Gemeint ist damit ein gefahrdrohender Zustand von längerer Dauer, der jederzeit, also auch alsbald, in eine Rechtsgutsbeeinträchtigung umschlagen kann, ohne aber die Möglichkeit auszuschließen, daß der Eintritt des Schadens noch eine Zeitlang auf sich warten läßt[2]. Darüber hinaus soll aber auch dann eine "gegenwärtige Gefahr" vorliegen, wenn der Eintritt des drohenden Schadens zwar erst nach Ablauf einer gewissen Zeit zu erwarten, aber sofortiges Handeln angezeigt ist, um ihm wirksam begegnen zu können[3]. Somit ist maßgebliches Kriterium

---

1) Vgl. statt vieler: OLG Saarbrücken OLGSt Nr.1 zu § 223 a StGB; Wessels, AT, § 8 IV 1, § 8 V 1; Jescheck, AT, § 32 II 1 d.
2) Vgl. statt vieler: RGSt 59,69; 66,98; LK-Hirsch, § 34 Rdn.36, § 35 Rdn.29; Sch-Sch-Lenckner, § 34 Rdn.17, § 35 Rdn.12.
3) Vgl. statt vieler: RGSt 36,336(339); 60,318; 66,222(225); RG JW 1932,3068(3070); JW 1934,422; RG HRR 1939 Nr.1553; in der Sache auch im sog. "Spanner-Fall" - BGH NJW 1979, 2053 -, wo mit dem Eintreffen des "Spanners" in der glei-

der "gegenwärtigen Gefahr" nicht das zeitliche Moment, sondern die Notwendigkeit zu sofortigem Handeln[1].

Die unterschiedliche Auslegung des "gegenwärtigen Angriffs" in § 32 StGB und der "gegenwärtigen Gefahr" in §§ 34, 35 StGB wird in der Rechtsprechung und dem größten Teil der Lehre mehr oder weniger als selbstverständlich dargestellt bzw. akzeptiert, ohne daß sich irgendwo eine wirklich überzeugende Begründung für diese Differenzierung findet. Die vorliegende Untersuchung geht der Frage nach, ob diese Differenzierung berechtigt ist, und sucht eine Erklärung für die unterschiedliche Auslegung.

Außerdem befaßt sich der erste Teil mit der näheren Bestimmung des "gegenwärtigen Angriffs" bei der Notwehr. Die Auslegung dieses Merkmals schien lange Zeit keine besonderen Schwierigkeiten zu bereiten[2]. Zwar gab es in der Geschichte des Notwehrrechts verschiedentlich Ansätze zu einer begrenzten Zulassung privater Präventiv-Notwehr[3], und Suppert[4] hat auch den Versuch unternommen, diese Ansätze dogmatisch zu untermauern und weiterzuführen, indem er einen selbständigen Rechtfertigungsgrund der "Präventiv-Notwehr" in Analogie zu § 32 StGB entwickelte. Desungeachtet wird jedoch der "gegenwärtige Angriff" von Rechtsprechung und

---

chen Nacht nicht mehr zu rechnen war; Dreher/Tröndle, § 34 Rdn.4; LK(9.Aufl.)-Baldus, § 52 Rdn.19; Krey, ZRP 1975,97(98); Bergmann, JuS 1989,109(110); irrigerweise wird teilweise in der Lehre (vgl. LK-Hirsch, § 34 Rdn.37, § 35 Rdn.29) auch bei dieser Fallgruppe von einer "Dauergefahr" gesprochen, obwohl der Schaden - anders als bei der "Dauergefahr" - gerade nicht jederzeit eintreten kann.

1) Vgl. RGSt 66,222(225); BGH NJW 1951,769f.; BGH ROW 1958, 33(34) mit Anm. Westram, ROW 1958,34 und Rosenthal, ROW 1958,82; BGH GA 1967,113; Lackner, § 34 Anm.2 a; Sch-Sch-Lenckner, § 34 Rdn.17, der der "gegenwärtigen Gefahr" die gegenwärtige Zwangslage gleichsetzt.

2) Seelmann, ZStW 89(1977),36(37): "Vergleichsweise klares Merkmal der 'Gegenwärtigkeit' des Angriffs"; Roxin, Tjong-GS, S.137.

3) Vgl. hierzu Suppert, S.356ff.

4) Suppert, S.356ff.

herrschender Lehre[1] nach wie vor stereotyp so definiert, daß der Angriff unmittelbar bevorstehen, gerade stattfinden oder noch fortdauern muß. Diese gängige Formel gibt aber keinen eindeutigen und sicheren Beurteilungsmaßstab dafür, ab wann ein Angriff als "unmittelbar bevorstehend" anzusehen ist. Die vorliegende Untersuchung hat u.a. zum Ziel, die insoweit unklaren zeitlichen Konturen der Notwehr durch bestimmte Abgrenzungskriterien zu ersetzen.

Dies setzt ein Eingehen auf die dogmatische Grundlage des Notwehrinstituts voraus, weil nur daraus entscheidende Hinweise für die Interpretation des "gegenwärtigen Angriffs" zu gewinnen sind. Der erste Teil muß sich demnach notwendigerweise auf die Frage nach der ratio der Notwehr konzentrieren und dabei insbesondere darauf, was die von der herrschenden Meinung insoweit herangezogenen Begriffe des "Rechtsgüterschutzes" und der "Verteidigung der Rechtsordnung" überhaupt konkret bedeuten und ob diese Aspekte eine überzeugende dogmatische Begründung für die den Proportionalitätsgedanken fast völlig vernachlässigende Ausgestaltung der Notwehr abgeben. Dabei werden sich erhebliche Bedenken gegen die herrschende überindividualistische Notwehrkonzeption ergeben. Diese können durch eine individualistische, stärker die Interessenlage des Angreifers berücksichtigende Notwehrinterpretation weitgehend ausgeräumt werden, so daß einer solchen Notwehrdeutung der Vorzug zu geben ist. Durch sie läßt sich auch die unterschiedliche Auslegung des "gegenwärtigen Angriffs" bei § 32 StGB und der "gegenwärtigen Gefahr" im Notstandsrecht erklären und außerdem überzeugend belegen, daß ein "gegenwärtiger Angriff" im Sinne des § 32 StGB erst dann vorliegt, wenn der Angreifer unmittelbar zur Rechtsgutsverletzung ansetzt.

Nachdem im ersten Teil das besondere Interesse der näheren Bestimmung des "gegenwärtigen Angriffs" bei der Notwehr galt,

---

1) Vgl. statt vieler: OLG Saarbrücken OLGSt Nr.1 zu § 223 a StGB; Jescheck, AT, § 32 II 1 d.

steht die "gegenwärtige Gefahr" im Notstandsrecht im Mittelpunkt des zweiten Teils. Wenn die ganz herrschende Lehre im Rahmen des § 34 StGB für eine "gegenwärtige Gefahr" auch eine sogenannte "Dauergefahr" oder unter bestimmten Umständen sogar einen drohenden zukünftigen Schadenseintritt genügen läßt, so unterscheidet sie dabei nicht, ob es sich bei dem Notstand um einen Fall des Defensiv- oder des Aggressivnotstandes handelt. Diese nicht differenzierende Haltung der herrschenden Lehre soll einer kritischen Prüfung unterzogen werden, insbesondere soll gefragt werden, ob sich die Unterscheidung von Defensiv- und Aggressivnotstand auch auf die Auslegung der "gegenwärtigen Gefahr" auswirkt. Zur Beantwortung dieser Frage erscheint es auch hier notwendig, auf die den Aggressivnotstandsregelungen (§§ 34 StGB, 904 BGB) und der Defensivnotstandsregelung (§ 228 BGB) zugrundeliegenden Gedanken einzugehen, um durch die Bestimmung der ratio Richtlinien für die Auslegung der "gegenwärtigen" (§§ 34 StGB, 904 BGB) bzw. "drohenden Gefahr" (§ 228 BGB) zu gewinnen. Dabei wird sich zeigen, daß die Defensivnotstandsbestimmung hinsichtlich des Gefahrerfordernisses restriktiver als die Aggressivnotstandsbestimmungen interpretiert werden muß.

Da die Notrechte der Privatpersonen Durchbrechungen des staatlichen Gewaltmonopols sind, müssen die durch Auslegung gewonnenen Ergebnisse zur Vermeidung von Wertungswidersprüchen damit verglichen werden, wieweit die polizeilichen Befugnisse in zeitlicher Hinsicht in den dem Aggressiv- und Defensivnotstand vergleichbaren Fällen des Polizeirechts reichen.

Außerdem soll im zweiten Teil noch der Frage nachgegangen werden, wie die "gegenwärtige Gefahr" bei § 35 StGB auszulegen ist. Die herrschende Lehre geht davon aus, daß der Begriff der "gegenwärtigen Gefahr" in § 35 StGB mit dem des § 34 StGB identisch ist[1]. Da jedoch aufgezeigt worden ist,

---

1) Vgl. statt vieler: LK-Hirsch, § 34 Rdn.36,37, § 35 Rdn. 29; Sch-Sch-Lenckner, § 34 Rdn.17, § 35 Rdn.12; Dimitratos, S.3 Fn.10 m.w.N.

daß im Rahmen des rechtfertigenden Notstandes unterschiedliche Anforderungen an die "drohende" bzw. "gegenwärtige Gefahr" zu stellen sind, je nachdem, ob ein Fall des Defensiv- oder Aggressivnotstandes vorliegt, hilft eine undifferenzierte Verweisung auf § 34 StGB für die Interpretation der "gegenwärtigen Gefahr" bei § 35 StGB nicht weiter. Es müssen vielmehr aus dem Grundgedanken des § 35 StGB Kriterien zur näheren Charakterisierung der "gegenwärtigen Gefahr" in diesem Bereich entwickelt werden.

In einem dritten Teil sollen dann noch mögliche Einwände gegen die praktischen Konsequenzen der hier entwickelten Notwehrkonzeption auf ihre Stichhaltigkeit hin überprüft werden, bevor schließlich die Anwendbarkeit der für Notwehr und Notstand entwickelten Kriterien in der strafrechtlichen Praxis untersucht und zu wichtigen einschlägigen Gerichtsentscheidungen Stellung genommen werden soll.

# TEIL 1: Der "gegenwärtige Angriff" im Notwehrrecht

## 1. Kapitel: Die Auslegung des "gegenwärtigen Angriffs" (§ 32 II StGB)

### A. Der "gegenwärtige Angriff" in der Rechtsprechung

Die Rechtsprechung sieht einen Angriff dann als "gegenwärtig" an, wenn er unmittelbar bevorsteht, andauert oder noch nicht beendet ist, wobei sie den Begriff des "unmittelbaren Bevorstehens" meist weit auslegt: so z.B. im folgenden, vom Reichsgericht entschiedenen "Wilderer-Fall"[1].

#### I. "Wilderer-Fall" - RGSt 53,132

Bei einem Reviergang ertappt ein Förster einen Wilderer, der ein Gewehr mit sich führt und, als er den Förster sieht, die Flucht ergreift. Trotz Anrufs des ihn verfolgenden Försters und unter Mißachtung eines außerdem abgegebenen Warnschusses setzt der Wilderer seine Flucht mit dem nach Meinung des Försters geladenen Gewehr fort, woraufhin der Förster ihm ins Bein schießt.
Das Reichsgericht prüft das Vorliegen der Notwehrvoraussetzungen oder wenigstens der Putativnotwehr und bejaht dabei einen "gegenwärtigen Angriff" mit folgender Begründung:
"Wenn auch der fliehende, aber die Waffe bei sich führende Wilddieb in den Angriffshandlungen auf den ihn verfolgenden Jagdschutzbeamten noch nicht so weit gegangen ist, daß er auf ihn anschlägt, so bietet doch diesem die Tatsache, daß der Gegner sich seines, einen Angriff jederzeit ermöglichen-

---

1) Kritik an diesem Urteil üben: Sch-Sch-Lenckner, § 32 Rdn.14; LK(9.Aufl.)-Baldus, § 53 Rdn.6; LK-Spendel, § 32 Rdn.120; SK-Samson, § 32 Rdn.10; Dreher/Tröndle, § 32 Rdn.8 (mit Vorbehalt); Stratenwerth, AT, Rdn.420; Kratzsch, StrV 1987,224(226f.); Keller, S.53; zustimmend: Kohlrausch/Lange, § 53 Anm.IV; Geilen, Jura 1981, 200(207); Roxin, Tjong-GS, S.137(144f.) (mit Vorbehalt).

den Gewehrs auf Anruf nicht entledigt hat, genügenden Anhalt für die Annahme, daß ein Angriff im nächsten Augenblick erfolgen könne. Hier drängt die Lage darauf hin, alsbald mit Abwehrhandlungen vorzugehen, weil durch das Zögern die Gefahr wächst, daß der Wilddieb die einen Überfall begünstigende Deckung erreicht, oder auch nur die Überraschung des auf den plötzlichen Angriff nicht gefaßten Jagdschutzbeamten dazu ausnutzt, um von seiner Waffe Gebrauch zu machen. Dann aber liegt ein gegenwärtiger Angriff vor ..."

Ähnlich weit wie durch das Reichsgericht wird das "unmittelbare Bevorstehen" des Angriffs auch in anderen höchstrichterlichen Entscheidungen interpretiert[1].

Eine Konkretisierung der Formel vom "unmittelbaren Bevorstehen" nimmt der Bundesgerichtshof in zwei Entscheidungen aus den Jahren 1972/73 vor.

## II. "Beretta-Fall" - BGH NJW 1973,255

Im "Beretta-Fall" hatte der Angeklagte A. auf Sch. in einem Augenblick geschossen, als dieser eine verdächtige Handbewegung in Richtung auf seine in der Tasche mitgeführte "Beretta-Pistole" machte. Sch. hatte A. bereits einige Tage zuvor ohne triftigen Grund mit einem Revolver bedroht, der ihm damals von einer dritten Person aus der Hand geschlagen worden war.

---

1) Vgl. den "Wilderer-Fall" in RGZ 67,337(339f.) und den des OLG Karlsruhe (OLGZ Karlsruhe HRR 1931 Nr.1130), wo aber der Wilderer nach der Behauptung des Försters zunächst auf diesen angelegt hatte, bevor er mit geladenem Gewehr in den Wald hineinlief; OLG Karlsruhe: "Es besteht kein Bedenken, einen gegenwärtigen Angriff eines Wilderers gegen den Jagdberechtigten oder Schutzbeamten als gegeben anzunehmen, wenn der Wilderer bei seiner Begegnung mit jenen auf Zuruf sich nicht sofort seiner Waffe entledigt, denn es ist im Zweifel anzunehmen, daß ein solcher Wilderer beabsichtigt, von der Waffe gegen jenen Gebrauch zu machen, um sich dem Überführtwerden zu entziehen. Der Beginn des Angriffes liegt schon darin, daß die Schußwaffe nicht weggelegt wird."

Der Bundesgerichtshof erörtert die Frage, ob A. in Notwehr oder wenigstens in Putativnotwehr gehandelt hat, und führt zu dem für das Vorliegen einer Notwehrlage wesentlichen Begriff des "gegenwärtigen Angriffs" wörtlich aus: "Für die 'Gegenwärtigkeit' entscheidet nicht erst die Vornahme der Verletzungshandlung, sondern bereits der Zeitpunkt der durch den bevorstehenden Angriff geschaffenen bedrohlichen Lage ... Als gegenwärtiger Angriff ... ist demnach auch ein Verhalten anzusehen, das zwar noch kein Recht verletzt, aber unmittelbar in eine Verletzung umschlagen kann, so daß durch das Hinausschieben der Abwehrhandlung deren Erfolg gefährdet würde. So lag es möglicherweise hier ... Bei der hier gegebenen Sachlage durfte der Griff des Zeugen Sch. in Richtung auf die Stelle, an der er seine geladene Pistole verborgen hatte, und seine Hinwendung zu dem Angeklagten nicht ohne weiteres nur als harmlose Vorbereitungshandlung für einen möglichen Angriff gewertet werden. Vielmehr bestanden erhebliche Anhaltspunkte für eine von Sch. ausgehende unmittelbare gefährliche Bedrohung des Angeklagten, aus der sich in Sekundenschnelle eine Verletzungshandlung entwickeln konnte. Damit lag möglicherweise - objektiv oder jedenfalls aus der Sicht des Angeklagten - eine Gefahrensituation vor, die nur durch schnellen Einsatz von Verteidigungsmitteln zu meistern war."

### III. "Schraubenzieher-Fall" - BGHSt 25,229

Einer weiteren einschlägigen Entscheidung des Bundesgerichtshofes lag folgender Sachverhalt zugrunde: Der Angeklagte bemühte sich, den Streit einer Gruppe von Personen, die "sich offenbar prügeln wollten", zu schlichten und sie zum Auseinandergehen zu veranlassen, was ihm auch zunächst gelang. "Die drei Beteiligten Z., Zd. und C. kehrten jedoch alsbald zurück und näherten sich dem Angeklagten. Dabei äußerten sie sinngemäß, daß jetzt Blut fließen werde. C. hielt einen Schraubenzieher in der erhobenen Hand."

Diese Lage berechtigte nach Auffassung des Bundesgerichtshofes den Angeklagten zur Notwehr (durch Drohen mit der Waffe, Warnschüsse und nach deren Erfolglosigkeit auch durch gezielte Schüsse), ohne daß der BGH die Frage besonders problematisiert, ob in der bedrohlichen Annäherung der Beteiligten bereits ein "gegenwärtiger Angriff" gesehen werden kann.

IV. "Gasthaus-Fall" - BayObLG StrV 1987,203

Ausführungen zu den Erfordernissen eines "gegenwärtigen Angriffs" bei der Notwehr enthält auch eine Entscheidung des Bayerischen Obersten Landesgerichts mit folgendem Sachverhalt: Der Zeuge Z. hatte den Angeklagten A. und seine Ehefrau E. in einem Gasthaus nach einer vorangegangenen "Anpöbelei" erneut massiv beschimpft und damit zunächst die E. und dann den A. zu Tätlichkeiten provoziert. A. schlug dabei dem Z. ein Glas in Stirnhöhe mit solcher Wucht auf den Kopf, daß es in Scherben zersprang und Z. dadurch im Gesicht eine Vielzahl von mehreren Zentimetern langen Schnittwunden erlitt.

Im Gegensatz zur Vorinstanz, die aus dem Verlauf des Lokalaufenthalts folgerte, es könne Absicht des Zeugen Z. gewesen sein, einen Schlag gegen den Angeklagten oder dessen Ehefrau zu führen, und deshalb bereits in den provokativen verbalen Angriffen des Zeugen einen Teil eines "gegenwärtigen Angriffs" sah, der auf eine Körperverletzung von E. und A. abzielte, verneint das BayObLG ein Notwehrrecht des Angeklagten, weil es an einem "gegenwärtigen Angriff" fehle. Dafür genüge es nämlich nicht schon, daß der Täter die Absicht habe, von Beleidigungen zu Tätlichkeiten überzugehen, vielmehr sei erforderlich, daß er in einem fortgeschrittenen zeitlichen Stadium Anstalten treffe, das Rechtsgut tätlich anzugreifen. Das Notwehrrecht erfordere eine objektive Angriffslage, und ein "gegenwärtiger Angriff" sei nur dann anzunehmen, wenn der Wille, ein Rechtsgut zu verletzen, nach außen hin betätigt worden ist. An diesem Objektivierungserfordernis fehle es im vorliegenden Fall, wo keine äußeren

Anhaltspunkte dafür vorlägen, daß die verbal geführten Angriffe lediglich eine Provokation darstellten, um auf dadurch ausgelöste Tätlichkeiten der Gegenseite gleichfalls mit solchen reagieren zu können.

## B. Der "gegenwärtige Angriff" in der Lehre

Auch in der Lehre werden zur Beantwortung der Frage, von welchem Zeitpunkt an ein Angriff als "unmittelbar bevorstehend" und damit als "gegenwärtig" qualifiziert werden kann, unterschiedliche Formulierungen verwendet. Ähnlich wie bei der Abgrenzung von Vorbereitung und Versuch besteht nämlich auch bei den notwehrauslösenden Situationen die Gesamthandlung einer Person, die zu einer Rechtsgutsverletzung führt, in der Regel aus einer Vielzahl von Einzelhandlungen, und es stellt sich daher auch hier die schwierige Frage, bei welcher Einzelhandlung die Zäsur anzubringen ist, d.h. die Schwelle zum "gegenwärtigen Angriff" überschritten wird[1]. Teilweise wird zur Konkretisierung des "unmittelbaren Bevorstehens" auf die im "Beretta-Fall" vom Bundesgerichtshof[2] verwendete Formel Bezug genommen, wonach ein Verhalten vorliegen muß, das zwar noch kein Recht verletzt, aber unmittelbar in eine Verletzung umschlagen kann, so daß durch das Hinausschieben der Abwehrhandlung deren Erfolg gefährdet würde[3]. Andere wiederum stellen zur Charakterisierung des "gegenwärtigen Angriffs" auf das Vorliegen einer besonderen Gefahrenlage ab. So beginnt für Jescheck[4] die Notwehrlage, sobald durch den bevorstehenden Angriff für das geschützte Interesse eine unmittelbar drohende Gefahr eingetreten ist,

---

1) Kratzsch, StrV 1987,224(229).
2) BGH NJW 1973,255.
3) Vgl. statt vieler: LK-Spendel, § 32 Rdn.118; Bockelmann/Volk, AT, § 15 B I 1 c.
4) Jescheck, AT, § 32 II 1 d; ähnlich Schleifenbaum, S.51: "Angriff als Herbeiführung einer dringenden Gefahr"; Frank, § 53 I 1.

und nach Baumann[1] kann das Notwehrrecht dem Bedrohten nur dann eingeräumt werden, wenn das Verhalten des Täters zumindest die Schwelle der Rechtsgutsgefährdung überschritten hat. Wesentlich weiter faßt dagegen Otto[2] den "gegenwärtigen Angriff", da sich nach seiner Auffassung auch hinter einer "Dauergefahr" ein "gegenwärtiger Angriff" verbergen kann, nämlich dann, wenn sie als ein Gefahrenzustand vorliegt, der jederzeit in eine Verletzung umzuschlagen droht.

Trotz vieler Unterschiede in Einzelheiten lassen sich in der Literatur im wesentlichen vier Ansätze zur Bestimmung des Beginns des Angriffs erkennen[3].

Die engste Auslegung des "gegenwärtigen Angriffs" findet sich insoweit in der "Versuchslösung" von Jakobs, der für das "unmittelbare Bevorstehen" eine analoge Anwendung der Versuchsbestimmung (§ 22 StGB) vorsichtig in Erwägung zieht[4].

Eine großzügigere Interpretation vertritt dagegen Roxin, für den zur Erreichung eines wirksamen Schutzes des Bedrohten zum "gegenwärtigen Angriff" neben den Versuchshandlungen auch das schmale Endstadium der Vorbereitung gehört, das dem Versuchsbeginn unmittelbar vorgelagert ist. Ein "gegenwärtiger Angriff" sei daher neben dem Versuch auch die "versuchsnahe Vorbereitung"; nicht das Ansetzen zur Tatbestandsverwirklichung (§ 22 StGB), sondern das "unmittelbare Ansetzen zum Angriff" (im Gegensatz zum vorbereiteten Angriff) sei der Zeitpunkt des Notwehrbeginns[5].

---

1) Baumann, AT, § 21 II 1; Baumann/Weber, AT, § 21 II 1; ähnlich LK-Spendel, § 32 Rdn.118.
2) Otto, Grundkurs (3.Aufl.), § 8 II 1 c, dd.
3) Vgl. hierzu Roxin, Tjong-GS, S.137ff.; Kratzsch, StrV 1987,224(225).
4) Jakobs, AT, 12/23.
5) Roxin, Tjong-GS, S.137(142f.); zustimmend: Sch-Sch-Lenckner, § 32 Rdn.14; Maurach/Zipf, AT 1, § 26 II A 5 und Bottke, JR 1986,292(293); ähnlich bereits LK(7.Aufl.)-Nagler/Jagusch, § 53 Anm.II 4: "Der Angriff beginnt, sobald sich der Angreifer zur Verwirklichung seines An-

Daneben finden sich in der Lehre vereinzelt Formulierungen, welche die "Gegenwärtigkeit" des Angriffs dadurch bestimmen, daß sie entscheidend auf die Rechtzeitigkeit einer wirksamen Abwehrhandlung abstellen[1]. So ist beispielsweise für Schmidhäuser der Angriff immer schon dann gegenwärtig, wenn er vom Angreifer so vorbereitet wird, daß eine spätere Abwehr nicht mehr möglich ist[2]. Bei konsequenter Anwendung dieser Definition müßte dem Bedrohten auch gegen einen erst in ferner Zukunft liegenden Angriff bereits in der Gegenwart Notwehr gestattet sein, wenn eine wirksame Abwehr später nicht mehr möglich wäre[3]. Nach dieser "Theo-

---

griffswillens erkennbar anschickt ... soweit er deliktisch ist, braucht er nicht bis ins Versuchsstadium gediehen zu sein ... das 'Begehen' umfaßt dann den ganzen Geschehensablauf und begreift daher auch die letzten Vorbereitungshandlungen ein"; Binding, S.746.

1) LK(8.Aufl.)-Jagusch, § 53 Anm.2 e: "Der Angriff muß ... alsbald Wirklichkeit zu werden drohen, so daß das Hinausschieben der Abwehr den Erfolg gefährden würde ... Ausschlaggebend ist, ob unverzügliche Abwehr geboten erscheint, denn dann ist die Abwehr rechtzeitig"; Kohlrausch/Lange, § 53 Anm.IV: "Gegenwärtig ist der Angriff, wenn mit ihm die Gefahr einer Verletzung so unmittelbar verbunden ist, daß er, soll es nicht zu spät sein, jetzt abgewehrt werden muß ... Nicht 'gegenwärtig' ist der zukünftige Angriff, der noch nicht begonnen hat und noch durch andere Mittel unmöglich oder unschädlich gemacht werden kann, z.B. durch Anrufen der Polizei." Aus diesen Formulierungen kann im Umkehrschluß gefolgert werden, daß solche in der Zukunft zu erwartenden Angriffe als "gegenwärtig" zu qualifizieren sind, die den Bedrohten - soll die Abwehr Erfolg haben - bereits in der Gegenwart zu präventiven Verteidigungsmaßnahmen zwingen (vgl. Suppert, S.329f.); Schmidhäuser, Lehrbuch AT, 9/94; ders., Studienbuch AT, 6/61; vgl. in der älteren Literatur A.Köhler, S.349: "Man wird noch weitergehen und Gegenwärtigkeit bereits dann annehmen dürfen, wenn seitens des Angreifers die Verletzung droht und eine weitere Hinauszögerung der Abwehr deren Erfolg ernstlich gefährdet"; ders., S.349 Fn.5: "Sofortige Verwirklichung der Drohung braucht nicht bevorzustehen". Roxin spricht bei dieser Bestimmung des "gegenwärtigen Angriffs" anschaulich von der "Theorie der wirksamsten Abwehr" (Roxin, Tjong-GS, S.137(138ff.)).

2) Schmidhäuser, Lehrbuch AT, 9/94; ders., Studienbuch AT, 6/61.

3) In einen gewissen Gegensatz zu dieser Definition setzt sich Schmidhäuser allerdings, wenn er im gleichen Zusam-

rie der wirksamsten Abwehr" stellt der "gegenwärtige Angriff" lediglich noch eine temporale Umschreibung der Erforderlichkeit der Notwehrhandlung dar, eine starre Bindung an eine feste zeitliche Begrenzung bei der Ausübung des Notwehrrechts besteht nicht mehr[1].

Sehr nahe steht der "Wirksamkeitstheorie" der von Suppert in Analogie zu § 32 StGB entwickelte Rechtfertigungsgrund der "Präventiv-Notwehr" bzw. der "notwehrähnlichen Lage", der einer Person in den Fällen zustehen soll, "in denen bereits hic et nunc präventive Verteidigung zur Abwehr eines noch in der Zukunft liegenden, angedrohten rechtswidrigen Angriffs auf ein notwehrfähiges Rechtsgut erforderlich ist"[2]. Nach Sinn und Zweck der Notwehrbestimmung sei eine analoge Anwendung des § 32 StGB hier möglich und somit unter bestimmten Voraussetzungen "Präventiv-Notwehr" auch gegen einen erst in der Zukunft liegenden, im Sinne von § 32 StGB noch nicht "gegenwärtigen" Angriff zulässig[3].

Nach dieser einführenden Beschreibung der verschiedenen Ansätze zur Bestimmung des Notwehrbeginns soll im folgenden Kapitel die Auslegung der "gegenwärtigen Gefahr" im Notstandsrecht (§§ 34, 35 StGB) durch Rechtsprechung und Lehre dargestellt werden.

---

menhang ausführt, daß die Ankündigung eines künftigen Angriffs noch kein gegenwärtiger Angriff sei, wenn etwa A dem X mit "Prügeln am nächsten Wochenende" droht; hier geht Schmidhäuser wohl davon aus, daß es dem Bedrohten bei einem künftigen Angriff regelmäßig gelingen wird, sich in der Zwischenzeit mit geeigneten Verteidigungsmitteln auszurüsten, so daß eine wirksame Abwehr auch noch später möglich ist.

1) Vgl. hierzu auch Suppert, der diese Ausdehnung der "Gegenwärtigkeit" des Angriffs begrüßt (Suppert, S.329f., 358), und Roxin, Tjong-GS, S.137(138ff.).

2) Suppert, S.356ff.,381; zustimmend: SK-Samson, § 32 Rdn.10.

3) Suppert, S.381,404.

## 2. Kapitel: Die Auslegung der "gegenwärtigen Gefahr" im Notstandsrecht (§§ 34 S.1, 35 I 1 StGB)

### A. Die "gegenwärtige Gefahr" in der Rechtsprechung

Die Rechtsprechung spannt im Rahmen des Notstandes den Begriff der "gegenwärtigen Gefahr" sehr weit[1] und faßt darunter sowohl die Fälle, in denen ein gefahrdrohender Zustand von längerer Dauer besteht, der jederzeit, also auch alsbald, in eine Rechtsgutsbeeinträchtigung umschlagen kann ("Dauergefahr")[2], als auch solche Fälle, in denen der Eintritt des drohenden Schadens erst nach Ablauf einer gewissen Zeit zu erwarten steht, aber sofortiges Handeln angezeigt ist, um ihm wirksam begegnen zu können[3].

#### I. "Abtreibungsfälle"

Diese Ausweitung der "gegenwärtigen Gefahr" beginnt mit einem vom Reichsgericht behandelten Abtreibungsfall wegen der drohenden Gefährdung der Mutter bei der späteren Geburt[4]. Hier wird ausgeführt, daß da, wo durch die Entbindung einer Schwangeren Gefahr für Leib und Leben droht, die Gegenwärtigkeit dieser Gefahr nicht deshalb zu verneinen sei, weil das schädigende Ereignis - die Entbindung - zur Zeit der inkriminierten Handlungen noch nicht unmittelbar bevorstehe, sondern erst nach Monaten zu erwarten sei.

In späteren Entscheidungen, die ähnlich gelagerte Abtreibungsfälle betreffen[5], konkretisiert dann das Reichsgericht die "gegenwärtige Gefahr" im Sinne des § 54 StGB a.F. dergestalt, daß "die Verhältnisse darauf hindrängen, alsbald mit Abwehrhandlungen vorzugehen, und durch das Zögern das das

---

1) Vgl. oben S.17.
2) RGSt 59,69; 66,98.
3) RGSt 36,334(339); 60,318; 66,222(225); RG JW 1932,3068 (3070); JW 1934,422; RG HRR 1939 Nr.1553.
4) RG JW 1899,788.
5) RGSt 36,334; 61,242.

Übel verwirklichende Ereignis unabwendbar wird oder die Gefahr unverhältnismäßig wächst"[1]. Für die Annahme einer "gegenwärtigen Gefahr" im Sinne des § 54 StGB a.F. sei "eine solche Wahrscheinlichkeit des Schadenseintritts erforderlich, welche diesen nach dem erfahrungsgemäßen Laufe der Dinge als nahe und nicht vermeidbar erscheinen lasse"[2]. Die "gegenwärtige Gefahr" sei "ein Zustand, der erfahrungsgemäß bei natürlicher Weiterentwicklung den Eintritt der Schädigung als s i c h e r bevorstehend erscheinen lasse, wenn nicht dagegen eingeschritten werde"[3].

Gerade die letzte Definition zeigt deutlich, daß das Reichsgericht bei der Bestimmung der "gegenwärtigen Gefahr" auf eine rein temporale Interpretation verzichtet, indem es für die "Gegenwärtigkeit" der Gefahr beim Notstand schon ausreichen läßt, daß in der Gegenwart der zukünftige Schadenseintritt mit Sicherheit prognostiziert werden kann.

## II. "Haustyrannenfälle"

Mehrmals beschäftigt hat die Rechtsprechung der Fall des "Familientyrannen"[4]. Sie griff in all diesen Fällen der permanenten Gefährlichkeit eines gewalttätigen Menschen zur Begründung der "gegenwärtigen Gefahr" im Sinne des § 54 StGB a.F. auf den Begriff der "Dauergefahr" zurück, ohne dabei jedoch deutlich zu machen, ob bei Bejahung der "Gegenwärtigkeit" die Notstandshandlung gerechtfertigt oder lediglich entschuldigt war, weil die Frage der dogmatischen Einordnung des § 54 StGB a.F. in den "Haustyrannenfällen" für die Rechtsfolge - Straffreiheit des bedrohten Notstandstäters oder eines Angehörigen - ohne Bedeutung war und deshalb nur in der Lehre diskutiert wurde[5].

---

1) RGSt 36,334(339f.).
2) RGSt 36,334(339).
3) RGSt 61,242(255).
4) Vgl. hierzu Schaffstein, Stutte-FS, S.253(260ff.); Suppert, S.368ff.; Hillenkamp, S.113ff.; Bernsmann, S.58ff.
5) Anhaltspunkte dafür, daß das Reichsgericht die Tötung

Ausgangspunkt dieser "Haustyrannen-Rechtsprechung" ist die Entscheidung RGSt 60,318[1], der folgender Sachverhalt zugrunde lag: Der Sohn hatte seinen "rohen, jähzornigen und verkommenen" Vater, der fortgesetzt seine Mutter und Schwester schwer mißhandelte, in einem "günstigen" Moment getötet, um dadurch Mutter und Schwester vor weiteren vom Vater bereits unmißverständlich angekündigten[2] wüsten Ausschreitungen zu schützen. Im Augenblick der Tötung lag der letzte tätliche Angriff 20 Stunden zurück, aber der Sohn mußte "jeden Augenblick - vor allem nach Rückkehr der Mutter - mit neuen, ganz grundlosen Wutanfällen des Vaters und ihren lebensgefährlichen Folgen rechnen"[3].

Eine Rechtfertigung der Tat unter dem Gesichtspunkt der Notwehr wird vom Reichsgericht mit der Begründung verworfen,

---

des "Haustyrannen" als gerechtfertigt ansah, sind beispielsweise Leitsatz Nr.3 in RGSt 60,318 als Frage: "Kann dauernde Gemeingefährlichkeit eines Menschen seine Tötung als Notstandshandlung r e c h t f e r t i g e n ..."? (RGSt 60,318) und der Satz in den Gründen: "Die 'Rechtzeitigkeit' gebotener Abwehr oder Vorkehr läßt sich ... nicht nach dem Beginn oder unmittelbaren Bevorstehen eines bestimmten einzelnen Angriffs beurteilen, sondern nur nach der Bedrohlichkeit der Dauergefahr, die nunmehr eine unverzügliche Abwehr oder Vorkehr, selbst durch schwere Eingriffe in eine fremde Rechtssphäre, erheischt oder r e c h t f e r t i g t " (RGSt 60,321).

Ausführlich beschäftigt sich das Reichsgericht mit der dogmatischen Einordnung des § 54 StGB a.F. erst in dem in RGSt 61,242 abgedruckten "Abtreibungsfall", wo es seine Ansicht begründet, daß es sich hierbei um einen Entschuldigungsgrund handelt (RGSt 61,242(249f.)). Vgl. zur Frage der dogmatischen Einordnung der §§ 52, 54 StGB a.F. in der Lehre: LK(9.Aufl.)-Baldus, § 54 Rdn.5f.; LK-Spendel, § 32 Fn.250; Rudolphi, ZStW 78(1966),67ff.; Bernsmann, S.58f.

1) Kritisch hierzu H.Mayer, JW 1932,2291(2292).
2) Der Vater hatte kurz vor der Tat "die Mutter, die ihn zum Aufstehen bewegen wollte, in gröbster Weise mit einer 'Fortsetzung von gestern, aber doppelt', d.h. mit ganz schweren Mißhandlungen bedroht" (RGSt 60,320).
3) RGSt 60,320; etwas im Gegensatz dazu stehen die Ausführungen im Sachverhalt, wonach der Vater selbst noch zu Bett lag und einstweilen noch gar nicht aufstehen wollte, so daß zu diesem Zeitpunkt neue Gewalttätigkeiten von ihm wohl nicht zu erwarten waren (RGSt 60,320).

daß die Verzweiflungstat des Sohnes "keinem schon begonnenen, vorbereiteten oder unmittelbar bevorstehenden Angriff entgegentrat, vielmehr in dem kurzen Ruhezustand zwischen der letzten Bedrohung und dem nach ihr zu erwartenden wiederholten Angriff ausgeführt wurde", so daß kein "gegenwärtiger Angriff" im Sinne von § 53 II StGB a.F. vorlag[1]. Auf der anderen Seite räumt das Reichsgericht aber durchaus ein, daß die Tötung geeignet und notwendig war, um den angekündigten, anders nicht abwendbaren[2] künftigen Angriffen "eben noch rechtzeitig"[3] zuvorzukommen. Das Reichsgericht begründet daher unter Hinweis darauf, daß zwischen der Notstandsgefahr und der Augenblicksgefahr der Notwehr ein Unterschied bestehe[4], das Vorliegen einer "gegenwärtigen Gefahr" im Sinne des § 54 StGB a.F. unter anderem mit folgendem Satz: "Namentlich aber kann sich die Rücksichtslosigkeit, Rohheit und Gewalttätigkeit eines Familienangehörigen bis zu einem Grad auswachsen, daß sein Betragen, seine ganze Eigenart für die Familie einen dauernden Gefahrenzustand entstehen läßt, weil nach dem erfahrungsmäßigen Lauf der Dinge eine an Gewißheit grenzende Wahrscheinlichkeit vorliegt, daß er sich aus geringstem Anlaß oder selbst ganz ohne solchen zu schweren Mißhandlungen seiner Angehörigen hinreißen läßt, deren erfolgreiche Abwehr diesen dann nach Lage der Umstände nicht mehr möglich ist."[5]

Ähnlich wie in den "Abtreibungsfällen" charakterisiert das Reichsgericht somit auch in dieser Entscheidung die "gegenwärtige Gefahr" beim Notstand als eine bloß temporale Umschreibung der Erforderlichkeit der Notstandshandlung, wobei das Reichsgericht mit seinem Verzicht auf das zeitliche

---

1) RGSt 60,320f.
2) Ein dauernder Schutz vor dem Vater war weder durch eine - mehrfach erfolglos versuchte - Anrufung der Polizei noch durch eine Trennung der Hausgemeinschaft, die nicht durchzuführen war, erreichbar (RGSt 60,322).
3) RGSt 60,321.
4) RGSt 60,321.
5) RGSt 60,319f.

Element noch relativ vorsichtig ist, indem es in seiner Urteilsbegründung besondere Umstände erwähnt, welche das Bevorstehen eines Angriffs in einer gewissen zeitlichen Nähe zumindest nahelegen[1]. Dennoch geht es bei der Ausdehnung der "gegenwärtigen Gefahr" weiter als beispielsweise in RGSt 61,242(255)[2]. Während dort die "gegenwärtige Gefahr" als Zustand definiert wird, "der erfahrungsgemäß ... den Eintritt der Schädigung als s i c h e r bevorstehend erscheinen läßt", wird hier, weil bei einer Gefahr durch einen Menschen der Schadenseintritt nicht so sicher ist wie bei einer Schwangerschaft, die Gefahr bereits dann als "gegenwärtig" qualifiziert, wenn in Zukunft mit sehr hoher Wahrscheinlichkeit Verletzungshandlungen zu erwarten sind und zum Zwecke effizienten Schutzes bereits in der Gegenwart Vorbeugungsmaßnahmen ergriffen werden müssen.

In der Folge des Urteils in RGSt 60,318 sind weitere höchstrichterliche Entscheidungen ergangen, die auf der gleichen Linie liegen[3]. Auch wenn in diesen Fällen die Notlage nicht immer gleich schwerwiegend war und die Anforderungen, die an

---

1) RGSt 60,320: Der Sohn mußte "jeden Augenblick - vor allem nach Rückkehr der Mutter - mit neuen, ganz grundlosen Wutanfällen des Vaters und ihren lebensgefährlichen Folgen rechnen".

2) Vgl. Schroeder, JuS 1980,336(339).

3) Vgl. RG JW 1934,422 mit kritischer Anmerkung von Wegner (JW 1934,422), nach dessen Auffassung in dem Reichsgerichtsurteil in seltsamer Weise die Tatsache unter den Tisch fällt, daß hier ein Sohn seinen Vater tötet.

In diesem Urteil wird die "gegenwärtige Gefahr" - etwas anders als in RGSt 60,318, wo auf die an Gewißheit grenzende Wahrscheinlichkeit zukünftiger Mißhandlungen abgestellt wird (RGSt 60,320) - so definiert, daß die Maßnahmen, um die Gefahr mit Sicherheit zu beseitigen, alsbald ergriffen werden müssen (JW 1934,422(423)). Trotz des Unterschiedes in der Terminologie besteht insoweit keine sachliche Differenz zu RGSt 60,318, weil auch in dem hier zugrundeliegenden Fall mit Gewalttätigkeiten des "Familientyrannen" in der Zukunft mit hoher Wahrscheinlichkeit zu rechnen war. Vgl. auch OGHSt 1,369; BGH NJW 1966,1823(1824f.); BGH GA 1967,113; BGH NStZ 1984,20 mit Anm. Rengier, NStZ 1984,21; Hassemer, JZ 1983,967.

die Wahl des milderen Abwehrmittels zu stellen sind, unterschiedlich beurteilt wurden, so war diesen Entscheidungen doch insgesamt gemeinsam, daß bei der Tötung eines die Familie ständig mißhandelnden Vaters die Berufung auf Notstand zulässig sein müsse[1]. Auch der Bundesgerichtshof folgt ausdrücklich dieser Rechtsprechung[2], die fast einhellige Zustimmung in der Literatur findet[3].

## III. "Aussageerpressungsfälle"

Neben den "Haustyrannenfällen" spielten in einschlägigen Entscheidungen zur "Gegenwärtigkeit" beim Notstand auch die Fälle der Bedrohung mit Gewalttätigkeiten bei bestimmten Aussagen vor Gericht stets eine wichtige Rolle[4].

Auch hier griff die Rechtsprechung zur Begründung der "Gegenwärtigkeit" üblicherweise auf den Begriff der "Dauergefahr" zurück[5]. Dabei stellte sich in diesen Fällen in der Regel das Vorliegen der Notstandsvoraussetzungen deshalb als problematisch dar, weil für die Zeit unmittelbar nach der Ge-

---

1) Kritisch und ausdrücklich den Begriff der "Dauergefahr" wie in RGSt 60,318 ablehnend nur: OLG Celle Hann.Rpfl 47,15f.; vgl. Schaffstein, Stutte-FS, S.253(260ff.).

2) BGH NJW 1966,1823 mit Rezension Kion, JuS 1967,499 (502f.); BGH GA 1967,113.

3) Vgl. statt vieler: SK-Rudolphi, § 35 Rdn.7 m.w.N.; Jescheck, AT, § 44 I 2; Spendel, StrV 1984,45; Roxin, Jescheck-FS, S.457(482f.); Schmidt, Niederschriften II, S.51(57).
Dagegen bezeichnet Arzt die Anwendung des § 35 StGB in den "Haustyrannenfällen" als eine Hilfe "mehr oder weniger contra legem" (Arzt/Weber, LH 1, Rdn.159); als "sehr weitgehend" bewertet Lange die Entscheidung RGSt 60,318 (Kohlrausch/Lange, § 54 Anm.V); klar abgelehnt wird dieses Urteil aber nur von H.Mayer, vgl. H.Mayer, JW 1932,2291ff.; ders., JW 1932,3068f.; ders., AT 1953, S.193; ders., AT 1967, S.95.
In der Literatur werden die "Haustyrannenfälle" regelmäßig unter dem Stichwort "Dauergefahr" als Beispielsfall derselben angeführt.

4) Vgl. hierzu Schroeder, JuS 1980,336(338ff.).

5) RGSt 66,98,222,397; RG HRR 1936 Nr.708; HRR 1939 Nr. 1553; BGHSt 5,371.

richtsverhandlung, in der der Zeuge aussagen mußte, meist Sicherungsmaßnahmen (z.B. Polizeischutz) ergriffen werden konnten, so daß die Gefahr "anders abwendbar" war. Soweit dem Zeugen für die spätere Zeit mit Gewalttätigkeiten gedroht wurde, stellte sich die Frage, ob die Gefahr damit noch "gegenwärtig" war[1].
Das Reichsgericht[2] hat dazu folgenden Standpunkt vertreten: Einmal könne dieselbe Gefahr nur entweder gegenwärtig oder zukünftig, nicht aber beides zugleich sein; eine Zerlegung derselben Gefahr in zwei Teile sei nicht möglich. Außerdem genüge für die anderweitige Abwendbarkeit der Gefahr nicht die bloße Verzögerung des Eintritts des schädlichen Erfolges. Nach der Rechtsprechung des Reichsgerichts über die Notstandslage beim Meineid ist deshalb eine "gegenwärtige Gefahr" im Sinne von §§ 52, 54 StGB a.F. auch schon dann zu bejahen, wenn der nach dem Lauf der Dinge zu besorgende Schaden zwar nicht unmittelbar bevorsteht, aber doch nur durch sofortiges gegenwärtiges Handeln abwendbar ist[3].

Dagegen ließ der Bundesgerichtshof in einem weiteren Fall des Meineidsnotstandes - BGHSt 5,371 - ausdrücklich die Frage offen, ob dieser sehr weitgefaßten Auslegung der "gegenwärtigen Gefahr" durch das Reichsgericht zu folgen ist, und der BGH entschied auch die Frage der Entschuldigung gemäß § 52 StGB a.F. nicht[4]. In dem dieser Entscheidung zugrundeliegenden Sachverhalt hatte eine Person den Angeklagten zu einem Meineid durch die Drohung bestimmt, er werde ihn nach seiner Haftentlassung töten, wenn er nicht die gewünschten unwahren Aussagen mache.

---

1) Vgl. zu dieser Problematik Schroeder, JuS 1980,336(339).
2) RGSt 66,98(102); RG HRR 1939 Nr.1553.
3) Vgl. RGSt 66,98,222,397, wobei wenigstens in RGSt 66,98 auch unmittelbar ein Leibesschaden für den Täter zu erwarten war.
4) BGHSt 5,371(373).

IV. BGHSt 13,197; BGH NJW 1979,2053

Erwähnt werden sollen schließlich noch zwei Entscheidungen, die ebenfalls das Problem der "Dauergefahr" berühren und in der Literatur ausgiebig diskutiert werden.

1. BGHSt 13,197

In BGHSt 13,197[1] hatten Familienangehörige ihre geisteskranke Mutter beim Herannahen "krankheitsbedingter Erregungszustände" in ihrem Wohn- und Schlafraum eingeschlossen, um Sachbeschädigungen und der Anrichtung anderen Unheils vorzubeugen. Der Bundesgerichtshof bejaht hier eine Rechtfertigung der Angehörigen, ohne sich dazu zu äußern, welcher Rechtfertigungsgrund überhaupt gegeben sein soll. Er bemerkt lediglich, daß die Einschließungen weniger als Eingriffe in die persönliche Freiheit denn als Akte familiärer Fürsorge zu kennzeichnen seien.

2. "Spanner-Fall"[2] - BGH NJW 1979,2053

In diesem Urteil hat der Bundesgerichtshof einen Angeklagten, der einen flüchtenden "Spanner" angeschossen hatte, vom Vorwurf des § 223 a StGB freigesprochen. Der Tat war vorausgegangen, daß der damals noch unbekannte Voyeur mehrmals nachts in die Wohnung und dabei auch in das Schlafzimmer der Eheleute eingedrungen war. Nicht einmal ein Warnschuß aus einer Schreckschußpistole hatte den "Spanner" vom erneuten Eindringen abgehalten. Der Angeklagte befürchtete deshalb, daß der Eindringling es auf seine Frau oder die Kinder abgesehen habe. Die Eheleute gingen daher, vor allem auch abends, fast nicht mehr gemeinsam aus. Die Frau des Angeklagten, eine Ärztin, fürchtete sich davor, nächt-

---

1) Vgl. die Anmerkungen von Sax, JZ 1959,778ff. und von Roxin, ESJ, S.43f.
2) BGH NJW 1979,2053 mit Anm. Hruschka, NJW 1980,21ff.; Hirsch, JR 1980,115ff.; Schroeder, JuS 1980,336ff.; Hassemer, JuS 1980,69f.; Bottke, JA 1980,512f.

liche Hausbesuche zu machen. Als der "Spanner" erneut in die Wohnung eindrang und trotz der Aufforderung stehenzubleiben flüchtete, zielte der Angeklagte zweimal auf seine Beine, "um ihn dingfest zu machen und der für die Familie unerträglichen Situation ein Ende zu bereiten. Dabei traf er ihn in die linke Gesäßhälfte und in die linke Flanke".

Der Bundesgerichtshof lehnt zunächst eine Rechtfertigung gemäß § 32 StGB ab, weil der Angriff in dem Moment, als der Angeklagte schoß, wegen der Flucht des Voyeurs nicht mehr gegenwärtig gewesen sei.
Der BGH führt weiter aus, daß "nach Lage der Dinge einiges" für eine Rechtfertigung gemäß § 34 StGB spreche, läßt dies aber dahingestellt, weil jedenfalls eine Entschuldigung nach § 35 StGB zu bejahen sei. Zur Begründung der "Gegenwärtigkeit" der Gefahr bei § 35 StGB greift er auch hier auf die "Dauergefahr" zurück, die im konkreten Fall deshalb einen entschuldigenden Notstand begründe, weil sie so dringend sei, daß sie jederzeit, also auch alsbald, in einen Schaden umschlagen könne, möge auch die Möglichkeit offenbleiben, daß der Eintritt des Schadens noch eine Zeitlang auf sich warten läßt[1]. Hier bestehe eine Gefahr für die durch § 35 StGB geschützte Freiheit dadurch, daß "der Eindringling durch siebenmaliges nächtliches Erscheinen in der Wohnung und im Garten des Angeklagten, insbesondere durch seine auffallende Hartnäckigkeit und Unverfrorenheit, eine fortdauernde Gefährdung der Freiheit der Eheleute geschaffen habe, die bereits in drastischen Maßnahmen (nächtliche Alarmbereitschaft, Verzicht auf abendlichen Ausgang, Einschränkung ärztlicher Hausbesuche) ihren Ausdruck fand". Nach Auffassung des BGH konnte deshalb die Gefährdung zum

---

1) So BGH NJW 1979,2053(2054). In Wirklichkeit steht aber der "Spanner-Fall" der zweiten Fallgruppe der "gegenwärtigen Gefahr" (vgl. oben S.17) näher, da eine Rückkehr des "Spanners" nicht vor dem nächsten Abend, nach den bisherigen Erfahrungen sogar erst wieder nach einigen Wochen zu erwarten war (zutreffend insoweit LK-Hirsch, § 34 Rdn.36; Schroeder, JuS 1980,336(339)).

vollständigen Verlust der "häuslichen Bewegungsfreiheit" führen[1].
Auch sei diese Gefahr, weil andere Maßnahmen, insbesondere die Inanspruchnahme der Polizei und sogar die Abgabe eines Schreckschusses, ohne Erfolg geblieben seien, nicht anders abwendbar gewesen, so daß die Voraussetzungen des § 35 StGB vorlägen.

## V. Fazit

Die vorangegangene Darstellung der von einer gewissen dogmatischen Unsicherheit gekennzeichneten Rechtsprechung in BGHSt 5,371 (die Frage der "Gegenwärtigkeit" wird offengelassen), in BGHSt 13,197 (keine nähere Kennzeichnung des Rechtfertigungsgrundes) und im "Spanner-Fall" (BGH NJW 1979,2053(2054): die Frage der Rechtfertigung nach § 34 StGB bleibt dahingestellt) läßt deutlich erkennen, daß eine Reihe von Fragen, die mit der Beschreibung der "gegenwärtigen Gefahr" beim Notstand zusammenhängen, noch nicht befriedigend beantwortet sind. Da sich zudem die meisten einschlägigen Entscheidungen auf die "gegenwärtige Gefahr" im Sinne der §§ 52, 54 StGB a.F. oder auf § 35 StGB beziehen, bleibt letztlich ungeklärt, welche Anforderungen die Rechtsprechung an die "gegenwärtige Gefahr" bei § 34 StGB stellt.

# B. Die "gegenwärtige Gefahr" in der Lehre

Ähnlich wie die Rechtsprechung begreift auch die ganz herrschende Lehre die "gegenwärtige Gefahr" bei §§ 34, 35 StGB in einem weiten Sinne und faßt darunter sowohl die Fälle der "Dauergefahr" als auch die Fälle eines später drohenden Schadenseintritts, wenn dieser nur durch sofortiges Handeln wirksam abgewendet werden kann[2].

---

1) BGH NJW 1979,2053(2054).
2) Vgl. statt vieler: LK-Hirsch, § 34 Rdn.36,37, § 35 Rdn.29;

Dagegen will Hellmuth Mayer die "gegenwärtige Gefahr" in den §§ 52, 54 StGB a.F. übereinstimmend mit dem "gegenwärtigen Angriff" in § 53 StGB a.F. (§ 32 StGB) eng auslegen[1]. Weil die "Gegenwärtigkeit" aus dem älteren Notwehrparagraphen (§ 53 StGB) in die Notstandsbestimmungen übernommen worden sei, so seine Begründung, müsse für die "gegenwärtige Gefahr" bei §§ 52, 54 StGB a.F. ebenso wie für den "gegenwärtigen Angriff" eine Augenblicksgefahr verlangt werden; die Verletzung müsse also unmittelbar bevorstehen. Daher lehnt Mayer die gesamte Rechtsprechung zur sogenannten "Dauergefahr" ab, weil sie den Begriff "gegenwärtig" in §§ 52, 54 StGB a.F. mit dem Begriff "gegenwärtiger Abwehr bedürftig" vertausche und deshalb geeignet sei, das Erfordernis der "Gegenwärtigkeit" des Angriffs auf dem Wege über eine ausdehnende Auslegung der "Gegenwärtigkeit" bei §§ 52, 54 StGB a.F. illusorisch zu machen. Somit findet sich bei Mayer eine synchrone, temporal ausgerichtete Interpretation des Gegenwärtigkeitserfordernisses in § 53 StGB a.F. und §§ 52, 54 StGB a.F.

---

Blei, AT, § 44 III 4, § 61 I 1; Baumann/Weber, AT, § 22 II 1 a, § 29 II 2 a.

1) H.Mayer, JW 1932,2291ff.; ders., AT 1953, S.193; ders., AT 1967, S.94f.
Eine engere Auslegung der "gegenwärtigen Gefahr" bei §§ 34, 35 StGB befürwortete in der jüngeren Literatur auch Otto, nach dessen Auffassung eine "Dauergefahr" nur dann eine "gegenwärtige Gefahr" im Sinne der §§ 34, 35 StGB darstellt, wenn sie jederzeit unversehens in eine Schädigung umschlagen kann; falls dagegen der Eintritt des drohenden Schadens erst nach Ablauf einer gewissen Zeit zu erwarten, aber sofortiges Handeln zur wirksamen Gefahrenabwehr angezeigt ist, verneinte Otto im Gegensatz zu Rechtsprechung und herrschender Lehre das Vorliegen einer "gegenwärtigen Gefahr", zog dann allerdings eine analoge Anwendung von § 34 StGB bzw. § 35 StGB in Erwägung (vgl. Otto, Grundkurs (2.Aufl.), § 8 VIII 2, § 14 II 1 a); anders aber Otto jetzt in der 3. Auflage, in der er auch in den Fällen eine "gegenwärtige Gefahr" bejaht, in denen der Schadenseintritt zwar nicht unmittelbar bevorsteht, dieser jedoch bereits droht und feststeht, daß er nur durch sofortiges Handeln abgewendet werden kann (vgl. Otto, Grundkurs (3.Aufl.), § 8 VI 2 b, § 14 II 1 a).

Eine ebenfalls synchrone, allerdings weite Interpretation der "gegenwärtigen Gefahr" und des "gegenwärtigen Angriffs" ergibt sich auch bei den Autoren, die im Rahmen der Notwehr die "Gegenwärtigkeit" des Angriffs mit der Rechtzeitigkeit der Abwehr identifizieren[1)] bzw. bei solchen, die durch eine analoge Anwendung des § 32 StGB auf Fälle der präventiven Verteidigung eine Angleichung der Notwehrbestimmung an die weiten Definitionen der "gegenwärtigen Gefahr" in den Notstandsbestimmungen beabsichtigen[2)]. Charakteristisch für diese Autoren ist die Vernachlässigung des temporalen Aspekts bei der Notwehr wie auch beim Notstand und das alleinige Abstellen auf die Notwendigkeit zu sofortigem Handeln.

Läßt man diese vereinzelten Gegenstimmen außer Betracht, so stellt sich die Frage, ob die von der ganz herrschenden Meinung vertretene unterschiedliche Interpretation der "gegenwärtigen Gefahr" beim Notstand und des "gegenwärtigen Angriffs" bei der Notwehr gerechtfertigt ist und ob Wesen und Aufgabe der Notwehr- und Notstandsbestimmungen eine plausible Begründung für sie liefern.

## C. Richtigkeit der Differenzierung?

In der Lehre finden sich gelegentlich Hinweise darauf, weshalb der "gegenwärtige Angriff" bei der Notwehr - anders als die "gegenwärtige Gefahr" beim Notstand - eine akute Augenblicksgefahr erfordert.
Zum Teil wird dies aus dem Gewaltmonopol des Staates hergeleitet mit dem Argument, die Verbrechensprävention in Gestalt der Bekämpfung künftiger Straftaten sei ebenso wie die Verbrechensrepression in der Form der Bestrafung begangener Straftaten allein dem Staate vorbehalten[3)]. Die Not-

---

1) Vgl. oben S.29f.
2) Vgl. oben S.30.
3) LK-Spendel, § 32 Rdn.112,129.

wehr stelle insoweit nur einen speziellen, relativ eng begrenzten Ausnahmefall vom grundsätzlichen Verbot privater Selbsthilfe dar, wenn der Rechtsschutz des Staates fehle oder nicht in der vorgeschriebenen Form gewährt werden könne. Der "Gegenwärtigkeit" des Angriffs komme daher bei der Notwehr eine bedeutsame Präklusionsfunktion zu, nämlich die Aufgabe, schrankenlose Selbstjustiz und allgemeine Verbrechensverhütung durch Private auszuschließen; daher müsse sie eng im Sinne einer akuten Zuspitzung der Situation ausgelegt werden[1).]

Teilweise wird die unterschiedliche Auslegung des Gegenwärtigkeitserfordernisses auch damit erklärt, daß § 32 StGB grundsätzlich keine Proportionalität zwischen dem durch die Abwehr verursachten und dem durch den Angriff drohenden Schaden verlangt, während § 34 StGB einen Eingriff in die fremde Rechtssphäre nur dann rechtfertigt, wenn das geschützte Interesse das beeinträchtigte wesentlich überwiegt. Bei der Notwehr sei daher die Drastik des aktuellen Angriffs nötig, um die Vernachlässigung der Verhältnismäßigkeit zwischen dem angegriffenen Gut und dem durch die Abwehr verursachten Schaden tolerabel zu machen[2)]. Dieses temporäre Einschränkungsmerkmal und die damit zusammenhängende Abhängigkeit der Rechtfertigung von einem (schon oder noch) laufenden Angriffsstadium sollten das grundsätzlich notwendige Gegengewicht bilden, um sonst untragbare Konsequenzen der Notwehr auszubalancieren. Nur wenn auch in dieser zeitlichen Hinsicht eine "ultima-ratio-Situation" entstanden sei (und noch andauere), befinde sich die Entwicklung in einer so provokatorisch zugespitzten und andererseits noch so labilen Übergangsphase, daß die für die Notwehr charakteristische Ausschöpfung aller notwendigen Verteidigungsmöglichkeiten zugelassen werden könne[3)].

---

1) Suppert, S.377; Sax, Grundrechte, III 2, S.909 (957 Fn.150).
2) Jakobs, AT, 12/22.
3) Geilen, Jura 1981,200(205).

Abgesehen von diesen vereinzelten Erklärungsansätzen findet sich nirgendwo eine wirklich überzeugende Begründung der unterschiedlichen Interpretation des Gegenwärtigkeitserfordernisses bei Notwehr und Notstand. Es erscheint deshalb erforderlich, auf die dogmatische Grundlage des Notwehrinstituts einzugehen, und es ist zu untersuchen, warum es bei den gesetzlichen Regelungen der Notwehr (§§ 32 StGB, 227 BGB), anders als bei den verschiedenen Formen des rechtfertigenden Notstandes (§§ 34 StGB, 228, 904 BGB), auf das Wertverhältnis zwischen den sich gegenüberstehenden Rechtsgütern - abgesehen von den Fällen des sog. "krassen Mißverhältnisses" - nicht ankommt[1]. Im Mittelpunkt des folgenden Kapitels steht demnach die Frage nach der ratio der Notwehr.

## 3. Kapitel: Die ratio der Notwehrregelung

### A. Die überindividualistische Begründung der Notwehr

Während früher die Rigorosität des Notwehrrechts häufig mit der Formel begründet wurde, daß das Recht dem Unrecht nicht zu weichen brauche[2], erklärt die heute in Rechtsprechung

---

1) Diese Diskrepanz zwischen Notwehr- und Notstandsrechten läßt sich weder durch eine einschränkende Interpretation der Notwehrvorschriften beseitigen, da in den Gesetzesberatungen zu § 32 StGB eine Berücksichtigung des Güterabwägungsgedankens, wie ihn § 228 BGB vorsieht, von einer ganz überwiegenden Mehrheit abgelehnt wurde, noch kann die vom Willen des Gesetzgebers legitimierte Einschränkung des Notwehrrechts in Fällen eines "krassen Mißverhältnisses" so weit ausgedehnt werden, daß sie dem Verhältnismäßigkeitsmaßstab des § 228 BGB entspricht, vgl. Frister, GA 1988,291(294).

2) Vgl. statt vieler: Berner, Lehrbuch, S.107; ders., Archiv, S.547(554,562); A.Köhler, S.355; M.E.Mayer, S.278 Fn.6, S.281 Fn.13; Gribbohm, SchlHA 1964,115; Löffler, ZStW 21(1901),537(567); Schaffstein, MDR 1952,132(133); Schmidt, Niederschriften II, S.51(52); Baumgarten, S.101f.; Sommerfeld, S.5.

und Lehre herrschende dualistische Notwehrkonzeption die weitgehenden Verteidigungsbefugnisse bei der Notwehr damit, daß die Verteidigung nicht nur dem individuellen Rechtsgüterschutz, sondern zugleich auch dem öffentlichen Interesse an der Bewährung bzw. Verteidigung der Rechtsordnung diene[1].
Diese dualistische Notwehrbegründung wird in verschiedenen Spielarten vertreten, die sich durch das Verhältnis der beiden Grundgedanken der Notwehr voneinander unterscheiden[2].

So stellt etwa Felber zunächst sehr breit die besondere güterschützende Funktion der Notwehr dar[3] und kommt dabei zu dem Ergebnis, daß die Notwehrbestimmungen zunächst auf den Güterschutz zugeschnitten sind. In gewissem Widerspruch dazu führt Felber an anderer Stelle[4] wiederum aus, daß die Verteidigung oder Bewährung der Rechtsordnung für die Erklärung der Notwehr unentbehrlich sei. Dabei geht er vermutlich von der Erwägung aus, daß das Güterschutzprinzip bei vorhandenem Selbstschutzinteresse eine eigenständige Erklärungsgrundlage für das Notwehrrecht bilden kann und daß es lediglich bei fehlendem Selbstschutzinteresse - etwa in den

---

1) Vgl. statt vieler: BGHSt 24,356(359); Sch-Sch-Lenckner, § 32 Rdn.1; Dreher/Tröndle, § 32 Rdn.2; Lenckner, JZ 1973,253(254); ders., GA 1985,295(300); Roxin, Schaffstein-FS, S.105(116); Gallas, Bockelmann-FS, S.155(177).
Dabei unterscheiden sich die Formulierungen geringfügig: z.T. ist nicht von einer "Bewährung", sondern von einer "Bewahrung" der Rechtsordnung die Rede (vgl. Mitsch, S.116); andere sprechen von einer "Behauptung des Rechts" (Engelhard/Radbruch, S.13; Rudolphi, JuS 1969,461(464)) oder der "Durchführung" bzw. "Durchsetzung des Rechts" (LK(4.Aufl.)-Lobe, § 53 Anm.1).
Diese Formulierungen werden häufig in Verbindung mit dem Grundsatz, daß Recht dem Unrecht nicht zu weichen braucht, verwendet, vgl. insoweit: H.Schumann, JuS 1979,559(564); Oetker, VDA II, S.259f.; Krause, GA 1979,329(331); ders., Bruns-FS, S.71(78ff.); ders., H.Kaufmann-GS, S.673(674f.).
2) Vgl. hierzu Bitzilekis, S.47ff.; Neumann, S.161; Wagner, S.9ff.
3) Felber, S.88ff.
4) Felber, S.106,133.

Fällen der Nothilfe - erforderlich ist, zur Begründung des Notwehrrechts auf das Rechtsbewährungsprinzip zu rekurrieren[1].

Widersprüchlich zum Verhältnis der beiden Grundprinzipien der Notwehr äußert sich auch beispielsweise Bitzilekis, wenn er einerseits die Bewährung und Verteidigung der Rechtsordnung als besonderen und selbständigen Zweck der Notwehr beschreibt[2], andererseits aber die Verteidigung der Rechtsordnung an den Individualschutz bindet, indem er dem Begriff der "Rechtsordnung" eine bloß individualistische Dimension dadurch gibt, daß er sie als Güterordnung begreift, die jeweils dann gestört werde, wenn ein Rechtsgut rechtswidrig angegriffen werde[3].

Unstimmigkeiten und Widersprüchlichkeiten finden sich aber auch bei den Vertretern einer dualistischen Theorie, die sich eindeutig für den Vorrang der individualrechtlichen Komponente aussprechen[4]. Deutlich wird dies etwa bei Jescheck, nach dessen Auffassung die individualistische Betrachtungsweise bei der Ausgestaltung der Notwehr überwiegt, so daß das Allgemeininteresse an der Wahrung der Rechtsordnung allein durch das Medium des Einzelrechtsschutzes in Er-

---

1) Felber, S.106,133: "Unerläßlich ist der Gedanke der Verteidigung der Rechtsordnung jedenfalls als Basis der Nothilfe"; Fuchs, S.40.

2) Bitzilekis, S.50,62,123.

3) Bitzilekis, S.60f.: "Der Schutz der einzelnen Rechtsgüter ist ... ein integrierender Bestandteil des Rechtsordnungsschutzes. Rechtsordnung ist nichts anderes als der rechtlich geordnete Zustand von schutzwürdigen Rechtsgütern und wird jedesmal beeinträchtigt, wenn ein Rechtsgut in seinem Bestand rechtswidrig angegriffen wird."

4) Jescheck, AT, § 32 I 2; Roxin, ZStW 93(1981),68(75f.): "Individualschutz als Ausgangspunkt der Notwehr"; an anderer Stelle stellt Roxin fest, daß de lege lata dem § 32 StGB noch das Rechtsbewährungsprinzip zugrunde liegt, daß aber de lege ferenda die Reduzierung der Notwehr auf das Selbstschutzprinzip erwägenswert sei, vgl. Roxin, Kriminalpolitik, S.32 Fn.68; LK(8.Aufl.)-Jagusch, § 53 Anm.1: "das Gewicht ruht auf der durch den unberechtigten Angriff hervorgerufenen Gefahrlage des Angegriffenen ..."; LK-Spendel, § 32 Rdn.14.

scheinung tritt[1]. Zwar begründet Jescheck[2] entgegen der ganz herrschenden Meinung[3] sowohl die fehlende Ausweichpflicht des Notwehrtäters als auch die Rigorosität des Notwehrrechts mit dem individualrechtlichen Moment, jedoch stützt er andererseits die Einschränkungen des Notwehrrechts auf das Rechtsbewährungsprinzip[4], mißt also insoweit der überindividualistischen Seite doch wieder besondere Bedeutung zu und setzt sich damit in einen gewissen Widerspruch zu seinem individualistischen Ausgangspunkt. Wenn Jescheck darüber hinaus die unbeschränkte Zulassung der Nothilfe mit der sozialrechtlichen Seite der Notwehr erklärt[5], so zeigt dies, daß er - wie auch andere Verfechter der dualistischen Notwehrtheorie - je nach Begründungsnotwendigkeit recht willkürlich entweder auf das individualistische oder überindividualistische Moment zurückgreift, ohne daß sich insoweit eine klare Linie feststellen ließe und nicht einmal vom Vorrang der individualistischen Komponente gesprochen werden kann.

Im Gegensatz zu diesen - zumindest verbal - den Selbstschutzgedanken betonenden Konzeptionen räumen andere Autoren dem Prinzip der Verteidigung und Bewährung der Rechtsordnung eindeutig Priorität ein[6]. So sieht beispielsweise Schroeder in der Verteidigung der Rechtsordnung einen selbständigen, bedeutsamen Zweck der Notwehr, bindet diesen also nicht an den Individualschutz und läßt entgegen der herrschenden Meinung[7] insoweit folgerichtig Nothilfe auch gegen den Willen

---

1) Jescheck, AT, § 32 I 2; Fuchs, S.68.
2) Jescheck, AT, § 32 I 2.
3) Vgl. zur Begründung der fehlenden Ausweichpflicht unter Berufung auf das Rechtsbewährungsprinzip statt vieler: Sch-Sch-Lenckner, § 32 Rdn.1 a, 40 m.w.N.; vgl. zur Erklärung der Rigorosität der Notwehr durch die h.M. statt vieler: Sch-Sch-Lenckner, § 32 Rdn.1 a; Lenckner, S.24; Haft, AT, S.73.
4) Jescheck, AT, § 32 I 2.
5) Jescheck, AT, § 32 I 2.
6) Engelhard/Radbruch, S.13f.; Courakis, S.31 Fn.58, S.35: "Gedanke der Rechtsbewährung als Hauptzweck bzw. wichtigster Faktor für die Bestimmung des Notwehrrechts".
7) Vgl. statt vieler: BGHSt 5,245(248); Dreher/Tröndle, § 32 Rdn.7.

des Angegriffenen zu[1]. Besonders augenfällig tritt der Vorrang des Rechtsbewährungsgedankens auch bei Hellmuth Mayer zutage, der in der Notwehr ein Kampfmittel der Allgemeinheit gegen das Unrecht erblickt[2]. Auch nach Auffassung Bertels ist für die Notwehrregelung das Interesse an der Wahrung der Rechtsordnung bestimmend gewesen und der Schutz des Angegriffenen darin lediglich enthalten, so daß es auf die Schutzbedürftigkeit des Angegriffenen für die Zulässigkeit der Notwehr niemals ankäme[3].
Trotz der verbalen Betonung des Rechtsbewährungsprinzips zeigen aber auch genauere Analysen dieser Notwehrkonzeptionen Unstimmigkeiten und Widersprüche, denn auch hier wird bei Begründungsbedarf beliebig auf das individualistische Moment zurückgegriffen[4]. Zu einem nicht unerheblichen Teil dürften diese Widersprüche darauf zurückzuführen sein, daß die Auffassungen darüber, was unter der "Bewährung der Rechtsordnung" bzw. dem Notwehrprinzip ("Recht braucht Unrecht nicht zu weichen") zu verstehen ist, stark voneinander abweichen. Was mit diesen Formulierungen wirklich ausgesagt werden soll und wie sie zu interpretieren sind, soll daher nachfolgend näher untersucht werden.

## I. Das Notwehrprinzip: "Recht braucht Unrecht nicht zu weichen"

Die "Schneidigkeit" der Notwehr wird seit langem mit einer auf Berner[5] zurückgehenden Formulierung damit erklärt, daß das Recht dem Unrecht nicht zu weichen braucht.

---

1) Schroeder, Maurach-FS, S.127(141f.).
2) H.Mayer, AT 1953, S.199.
3) Bertel, ZStW 84(1972),1(8f.).
4) Vgl. etwa Lenckner, der die Bewährung der Rechtsordnung als primären Grundgedanken der Notwehr ansieht (Lenckner, GA 1961,299(309); ders., GA 1968,1(3); ders., S.24), andererseits aber zur Begründung dafür, daß kein Nothilferecht besteht, wenn der Verletzte den Angriff nicht abwehren will, auf den individualrechtlichen Aspekt der Notwehr zurückgreift (Sch-Sch-Lenckner, § 32 Rdn.25f.).
5) Berner, Lehrbuch, S.107; ders., Archiv, S.547(554,562).

Dabei gibt ein Teil der Lehre diesem Notwehrprinzip eine bloß individualistische Dimension, indem er den Begriff "Recht" als Synonym für "Rechtsgut", die "Einzelinteressen" des Bedrohten bzw. die "subjektiven Rechte des Angegriffenen" und den Begriff "Unrecht" als das versteht, was gegen das subjektive Recht des Angegriffenen verstößt[1]. Deutlich wird dieses individualistische Verständnis etwa bei Baumgarten, nach dessen Auffassung der Ursprung des Notwehrprinzips ein "recht irdischer" sei: Die Notwehrhandlung sei in erster Linie Interessenerhaltung durch Interessenverletzung[2]. In ähnlich prägnanter Form reduziert Neumann das Notwehrprinzip auf das subjektive Recht des Angegriffenen und das "subjektive Unrecht" des Angreifers. Für ihn geht es bei der Notwehr "in der Tat nicht nur um den Schutz von Gütern, sondern darüber hinaus auch um die Verteidigung des Rechts ... im Sinne einer Wahrung der subjektiven Rechtspositionen des Verteidigers. Es ist s e i n Recht, das der Angegriffene verteidigt."[3]

Teilweise wird das Notwehrprinzip in extrem individualistischer Weise auch so gedeutet, daß der Verteidiger bei der Notwehr das Recht um des Prinzips willen durchsetzen darf. Da der Angegriffene im Recht sei, brauche er dem Unrecht nicht zu weichen[4].

Durch diese Deutung wird dem Recht ein gewisser Eigenwert beigemessen, jedoch bleibt das Recht streng auf die Position des Verteidigers bezogen. Bei einem solchen rein individualistischen Verständnis des Notwehrprinzips bleibt dieses

---

1) Vgl. von Bar, Bd.III, S.141 Fn.234 a: "Bei der Notwehr steht das bedrohte angegriffene Recht selbst im Kampfe"; Constantinidis, S.103,106: "Wahrung des eigenen Rechts gegen das angreifende Unrecht"; hierzu Felber, S.94.
2) Baumgarten, S.101f.
3) Neumann, S.165f.
4) Vgl. zu diesem Verständnis des Notwehrprinzips Maurach (AT (4.Aufl.), § 26 II B 2 c bb), der bei Einführung einer Güterabwägung im Rahmen der Notwehr die Gefahr sieht, daß die bislang klare Grenze zwischen Recht und Unrecht zugunsten einer nur materialistischen Betrachtungsweise niedergerissen würde.

letztlich ohne eigenständige Aussagekraft[1]. Es eröffnet keine über den Selbstschutzgedanken hinausgehende Dimension und kann daher auch nicht erklären, weshalb die Befugnisse bei der Notwehr weiter reichen als beim Notstand[2].

Ganz herrschend ist deshalb in der Lehre eine Deutung der Formel vom "Kampf des Rechts gegen das Unrecht" in einem überindividualistischen Sinne, wobei der Wahrung des Rechts an sich bereits ein von allen gesellschaftlichen oder individuellen Interessen unabhängiger Eigenwert zugeschrieben wird[3]. Dieses den Eigenwert des Rechts betonende Verständnis des Notwehrprinzips wurzelt in der philosophischen Schule Hegels und basiert auf einem absoluten Staatsverständnis[4]. Hegel sieht nämlich den Staat als Selbstzweck, in dem das Privatrecht enthalten ist und in welchem die Freiheit zu ihrem "höchsten Recht" kommt[5]. Dem Recht wird bei den Hegelianern ein absoluter Charakter zuerkannt, so daß sich bei

---

1) So auch Felber, S.94 Fn.15, S.94f.
2) Kritik am Notwehrprinzip äußern auch: Frank, § 53 Anm.I 2 a: "Notwehrprinzip weltfremd"; Schmidhäuser, Lehrbuch AT, 9/87; Hold v.Ferneck, Rechtswidrigkeit, Bd.II, S.39: "Schlagwort von hypnotisierender Wirkung"; Baumann, MDR 1962,349; Sax, JZ 1977,326(329 Anm.18); Klose; ZStW 89 (1977),61(86 Fn.62): "nichtssagende Formel"; Hegler, ZStW 36(1914),19(40 Fn.53); Bockelmann, Engisch-FS, S.456 Fn.4; ders., Honig-FS, S.19(30 Fn.49); Hassemer, Bockelmann-FS, S.225(240): "Notwehrprinzip trivial"; Henkel, Mezger-FS, S.249(271f.); Hirsch, Dreher-FS, S.211(223 Fn.43); Constantinidis, S.103; Baumgarten, S.101f.; Bitzilekis, S.43f.,104; Haas, S.355: "Satz hat einen gewissen Sinn"; Felber, S.94 Fn.15, S.94f.: "leerformelhafter Charakter dieses Satzes ... keine selbständige Aussagekraft"; H.A.Fischer, S.201f.; Wagner, S.23: "Notwehrprinzip als Leerformel"; Courakis, S.44f. Fn.98 m.w.N.
3) Frister, GA 1988,291(295f.).
4) Ausführlich hierzu: Haas, S.113ff.; Bitzilekis, S.35ff.
5) Vgl. Hegel, § 258, S.215: "Der Staat ist als die Wirklichkeit des substantiellen Willens, die er in dem zu seiner Allgemeinheit erhobenen besonderen Selbstbewußtsein hat, das an und für sich Vernünftige. Diese substantielle Einheit ist absoluter unbewegter Selbstzweck, in welchem die Freiheit zu ihrem höchsten Recht kommt sowie dieser Endzweck das höchste Recht gegen den Einzelnen hat, deren höchste Pflicht es ist, Mitglieder des Staates zu sein."

einem rechtswidrigen Angriff das Unrecht als das absolut Nichtige und das Recht als das absolut Seiende gegenüberstünden[1]. Weil das Recht absolut unaufhebbar sei, sei das Unrecht an sich nichtig und müsse in seiner Nichtigkeit manifestiert werden. Hierin, in dieser Nichtigkeit des Unrechts, wurzele das Recht des Staates zu strafen und das Recht des Einzelnen zur Notwehr. Der Staat und der Einzelne seien insoweit nur verschiedene Werkzeuge, durch welche das Recht seine Anerkennung durchsetze[2]. Köstlin sieht es dabei sogar als heilige Pflicht des Bürgers an zu widerstehen, da er durch die Nichtausübung seines Rechts dazu helfen würde, das absolut nichtige Unrecht zur Existenz zu bringen[3]. Sehr deutlich tritt dieses überindividualistische Verständnis des Notwehrprinzips beispielsweise in der Formulierung Jherings zutage, daß derjenige, der sein Recht verteidigt, zugleich d a s Recht verteidigt[4].

Diese Deutung der Formel vom Kampf des Rechts gegen das Unrecht begegnet jedoch schon deshalb Bedenken, weil das diesem Erklärungsmodell zugrundeliegende absolute Staatsverständnis, das den Staat als Selbstzweck begreift, heute auf allgemeine Ablehnung stößt. Als staatliche Aufgabe wird vielmehr allein die Wahrung bzw. Förderung gesellschaftlicher oder individueller Interessen angesehen[5], so daß dem staatlichen Recht kein von diesen Interessen unabhängiger Eigenwert beigemessen werden kann[6].

Außerdem findet die sich aus dem Hegelianischen Ansatz ergebende Folgerung, daß das Notwehrrecht nicht bloß ein schrankenloses Recht ist, sondern eine Pflicht jedes Bürgers zur Vernichtung des Unrechts bestehen soll, in unserer Rechtsordnung keine Grundlage, denn diese verpflichtet grundsätz-

---

1) Köstlin, System I, S.75f.; Berner, Archiv, S.547(557); Levita, S.17ff.
2) Levita, S.17f.
3) Köstlin, Revision, S.726.
4) von Jhering, S.49.
5) Vgl. statt vieler: Herzog, S.136ff.; Maihofer, S.44.
6) Ähnlich Frister, GA 1988,291(296).

lich niemand, sich gegen einen rechtswidrigen Angriff auf seine eigenen oder fremde Rechtsgüter zu verteidigen, es sei denn, jemand habe eine entsprechende Schutzverpflichtung als staatliches Organ (Polizei) übernommen[1].

Schließlich läßt sich dem Hegelianischen Verständnis der Notwehr als Vernichtung des Unrechts auch entgegenhalten, daß dadurch die Notwehr sehr stark in die Nähe der Strafe gerückt würde, so daß als Konsequenz in Kauf genommen werden müßte, daß dann gegen den durch Notwehr verletzten Angreifer keine Strafe mehr verhängt werden dürfte[2].

Ein Verständnis des Notwehrprinzips im überindividualistischen Sinne dergestalt, daß der Durchsetzung des Rechts an sich bereits ein Eigenwert zukommt, ist daher von vornherein zur Erklärung der Besonderheiten der Notwehr ungeeignet[3].

Im folgenden Abschnitt soll deshalb untersucht werden, ob die "Bewährung der Rechtsordnung", die im Rahmen der dualistischen Notwehrkonzeptionen als ein Grundpfeiler des Notwehrrechts angesehen wird, zur Erklärung der Rigorosität der Notwehr dienen kann.

## II. Die "Bewährung" bzw. "Verteidigung der Rechtsordnung"

Damit stellt sich zunächst die Frage, was unter der "Rechtsordnung" als dem Zentralbegriff der Notwehr zu verstehen ist. Die Beantwortung dieser Frage erweist sich schon deshalb als problematisch, weil in der Literatur als Synonym für "Rechtsordnung" unterschiedliche Begriffe verwendet werden.

So erfährt der Begriff der "Rechtsordnung" in der Lehre teilweise eine stark individualistische Prägung, indem die Rechtsordnung nicht als abstrakte, über den Rechtsgütern

---

1) Schmidhäuser, Lehrbuch AT, 9/86.
2) Berner, Archiv, S.547(557); Bitzilekis, S.38.
3) Kritisch gegenüber einer solchen Deutung des Notwehrprinzips auch Haas, S.144ff.

stehende Kategorie verstanden wird, sondern als eine Güterordnung, die jeweils gestört werde, wenn ein Rechtsgut rechtswidrig angegriffen werde[1]. Versteht man die Rechtsordnung in diesem Sinne lediglich als Gesamtheit der Rechtsgüter, so überrascht es nicht, daß der Gedanke der "Bewährung der Rechtsordnung" von vornherein als untauglich angesehen wird, die Schärfe der Notwehr zu erklären[2].

Deshalb begreift die ganz herrschende Lehre die "Rechtsordnung" in einem überindividualistischen Sinne, wobei teilweise - ähnlich wie bei der Deutung des Notwehrprinzips - dem Recht als solchem bereits ein Eigenwert zugesprochen wird[3]. Den Boden jeder individualistischen Deutung verlassend verwendet ein Teil der Lehre den Begriff der "Friedensordnung" bzw. der "regulären Ordnung" als Synonym der "Rechtsordnung" und sieht die Aufgabe der Notwehr, ähnlich wie die des Besitzschutzes, in der Aufrechterhaltung bestehender Zustände, der Wahrung der Friedensordnung[4].

Deutlich wird dieses Verständnis von der Notwehr als der Verteidigung der tatsächlich bestehenden staatlichen Rechtsordnung etwa in den Formulierungen Stratenwerths, wonach der Angegriffene in seinem Recht zugleich die Gemeininteressen und das objektive Recht[5] bzw. die reguläre Ordnung[6] verteidigt, oder in den Aussagen Bindings, daß es sich bei der Notwehr nicht um Selbst-, sondern um Rechtsverteidigung han-

---

1) Bitzilekis, S.61; ähnlich Himmelreich, S.87f.
2) Ausgehend von einem solch individualistischen Verständnis der "Rechtsordnung" gelangt daher Hoyer zu dem Ergebnis, daß der Gedanke der "Bewährung der Rechtsordnung" zu einem Zirkelschluß führt (Hoyer, JuS 1988,89(91)); auf die Gefahr eines Zirkelschlusses wiesen bereits zuvor Seelmann (ZStW 89(1977),36(45)) und Mitsch (S.117 Fn.50) hin.
3) Lenckner spricht ausdrücklich von einem Eigenwert des Rechts, vgl. Lenckner, GA 1961,299(310).
4) Jescheck, AT, § 32 I 1; H.A.Fischer, S.202,211; Kohler, S.41f.; Sommerfeld, S.9; Felber, S.133; vgl. hierzu auch Haas, S.146ff.
5) Stratenwerth, ZStW 68(1956),41(60).
6) Stratenwerth, AT, Rdn.413.

delt, die sogar Staatsverteidigung sein könne[1]. Dieser Notwehrdeutung widerspricht es jedoch, wenn dieselben Autoren bei der Frage nach der Notwehrfähigkeit von Rechtsgütern diese der Rechtsordnung im ganzen und der öffentlichen Ordnung absprechen[2]. Ein solches Verständnis der "Bewährung der Rechtsordnung" ist deshalb ebenfalls zu einer widerspruchsfreien und plausiblen Erklärung der Rigorosität der Notwehr nicht in der Lage.

Die Tendenz geht daher in weiten Teilen der Literatur dahin, die "Rechtsordnung" in einem überindividualistischen Sinne als "Verhaltensordnung" zu begreifen, d.h. als eine Ordnung, die über die "statische Güterordnung" hinausgeht und das Bewußtsein der Allgemeinheit beeinflußt[3]. Die Verteidigung dieser Verhaltensordnung soll dabei im Rahmen der Notwehr dergestalt erfolgen, daß durch die Ausübung des Notwehrrechts die Rechtstreue und das Rechtsbewußtsein der Allgemeinheit gestärkt und damit die Rechtsordnung selbst stabilisiert wird. Außerdem sollen durch die Abwehr einer Rechtsverletzung Personen, die generell geneigt sein könnten, rechtswidrige Angriffe zu begehen, abgeschreckt werden. Somit wird die "Verteidigung der Rechtsordnung" durch dieselben Merkmale beschrieben, die in der Lehre von den Strafzwecken als positive und negative Generalprävention bezeichnet werden[4].
Dabei fand, ähnlich wie in der Straftheorie, wo der früher eindeutig vorherrschende negative Aspekt der Generalprävention[5] zunehmend zugunsten des positiven Aspekts der norm-

---

1) Binding, S.733.
2) Stratenwerth, AT, Rdn.419; Jescheck, AT, § 32 II 1 b.
3) Vgl. statt vieler: Sch-Sch-Lenckner, § 32 Rdn.19: "Das Recht soll sich als Verhaltensordnung behaupten"; Felber, S.96f.,133.
4) Frister, GA 1988,291(296); vgl. hierzu auch Haas, S.149ff.; Felber, S.98ff.
5) In der älteren Literatur wird regelmäßig "Generalprävention" nur im Sinne von Abschreckung verstanden, vgl. statt vieler: A.Köhler, S.44; von Hippel, S.61f.; Allfeld, S.8.

stabilisierenden Wirkung verdrängt wurde[1], auch in der Notwehrlehre ein Wandel in der Bewertung der Wirkungsweise der Notwehr statt. Während in der älteren Literatur stärker der Abschreckungsgedanke betont wurde[2], geht die Tendenz in jüngerer Zeit eher dahin, die Stärkung des Rechtsbewußtseins der Allgemeinheit und die Stabilisierung der Rechtsordnung durch die Ausübung des Notwehrrechts in den Mittelpunkt zu rücken[3], ohne daß aber der Abschreckungsgesichtspunkt ausgeklammert würde. Deutlich tritt der positive Aspekt der Generalprävention in der Notwehrkonzeption Schmidhäusers zutage, nach dessen Auffassung der Angegriffene bei der Notwehr die "empirische Geltung der Rechtsordnung" verteidigt. Die "empirische Geltung der Rechtsordnung" bestehe dadurch, daß jeder einzelne geistig die Werte mittrage, die zur Grundordnung des gesellschaftlichen Zusammenlebens gehören, und sie lebe davon, daß ein guter Teil der Rechtsgenossen bereit sei, mit Gewalt gegen den vorzugehen, der die Rechtsordnung offen mißachtet[4]. Die Notwehr diene daher der Stärkung der Rechtstreue der Bevölkerung und damit dem Bestand der Rechtsordnung selbst.

Im folgenden soll nun der Frage nachgegangen werden, ob

---

1) Vgl. statt vieler: Kohlrausch/Lange, vor § 13 III 2 c; LK-Jescheck, Einl. Rdn.23ff.; Sch-Sch-Stree, vor § 38 Rdn.2; Baumann/Weber, AT, § 3 II 2 a ß; Jakobs, AT, 1/4ff.; H.Mayer, AT 1967, S.21ff.; Maurach/Zipf, AT 1, § 7 II a; Noll, AT I, S.11; Schmidhäuser, Studienbuch AT, 2/16f.; ders., Lehrbuch AT, 3/16; Streng, ZStW 92 (1980),637(663ff.); Nowakowski, Rittler-FS, S.55(63); ders., Freiheit, S.32; Meurer, Lange-FS, S.555(558); Neumann/Schroth, S.101ff.; Hassemer, Generalprävention, S.29(51); ders., Grundlagen, S.293ff.

2) Vgl. statt vieler: von Bar, Bd.III, S.143; Hold v.Ferneck, Rechtswidrigkeit, Bd.II, S.125ff.; Himmelreich, GA 1966,129(137); ders., MDR 1967,361(363); ders., S.86,90; Löffler, ZStW 21(1901),537(567 Fn.62); Oetker, Frank-FG, S.359(360); Busse, S.129f.; Heinsius, S.32f.; Baumgarten, S.100,123.

3) So insbesondere: Amelung, GA 1982,381(392f.); Bertel, ZStW 84(1972),1(10); Roxin, ZStW 93(1981),68(73f.); Haas, S.161ff.; Marxen, S.61; Fuchs, S.15f.

4) Schmidhäuser, Lehrbuch AT, 9/86; ders., Studienbuch AT, 6/51; ders., Honig-FS, S.185(193ff.).

diese generalpräventive Deutung die "Schneidigkeit" der Notwehr überzeugend erklären kann.

## III. Kritik am generalpräventiven Erklärungsmodell

### 1. Allgemeine Bedenken

Auf Bedenken grundsätzlicher Art stößt die generalpräventive Betrachtung von vornherein insofern, als die sozialpsychologischen Wirkungszusammenhänge zwischen der Ausübung des Notwehrrechts und der Beeinflussung der Allgemeinheit weitgehend ungeklärt sind. Empirische Untersuchungen, die über die generalpräventive Wirkung im ganzen genaueren Aufschluß vermitteln könnten, fehlen bisher, so daß Annahmen über die abschreckende und die Rechtstreue der Bevölkerung stabilisierende Wirkung der Notwehr lediglich den Status von Glaubenssätzen beanspruchen können[1].

Außerdem bleibt ungeklärt, weshalb das Notwehrrecht nur in seiner "schneidigen" Ausgestaltung eine abschreckende und auf die Rechtstreue der Bevölkerung stabilisierende Wirkung

---

1) Die Unsicherheit über die generalpräventive Wirkungsweise der Notwehr spiegelt sich in den unterschiedlichen Bewertungen in der Lehre wider. Vgl. einerseits: Felber, S.100: "Es scheint, daß die generalpräventive Wirkung des Notwehrvollzuges insgesamt doch überschätzt wird"; Bitzilekis, S.65: "Die Androhung der Notwehrfolgen kann nicht dieselbe Präventionswirkung wie die Androhung der Strafe ausüben ..."; Schroeder, Maurach-FS, S.127(140): "Es ist fraglich, ob das schneidige Notwehrrecht wirklich abschreckend wirkt und nicht gerade zu einer Eskalation auf seiten der Angreifenden führt"; anders aber ders., JZ 1988,567(569): "Ebenso wie die Strafdrohungen entfaltet auch die Notwehr als Erlaubnissatz eine generalpräventive Wirkung".
Vgl. andererseits Haas, S.157: "Am Abschreckungseffekt der Notwehr kann kaum gezweifelt werden"; Suppert, S.376: "Die Notwehr übertrifft in Ausmaß und Effizienz die prävenierende Kraft der Strafe bei weitem"; Schmidhäuser, Notwehr, S.53(65): "Meines Erachtens ist die generalpräventive Wirkung der Abwehr von Angriffen größer als die generalpräventive Wirkung etwa von besonders scharfen Strafen oder dergleichen."

haben soll, ist es doch ohne weiteres vorstellbar, daß gerade die Rechtfertigung von Abwehrhandlungen, mit denen bedrohte Rechtsgüter um jeden Preis verteidigt werden sollen, und zwar ohne Rücksicht auf mögliche unverhältnismäßige Beeinträchtigungen von Rechtsgütern des Angreifers, bei weiten Teilen der Bevölkerung auf Unverständnis stößt und auf ihre Rechtstreue unter Umständen sogar destabilisierend wirkt.

Abgesehen von diesen grundsätzlichen Bedenken gegen das generalpräventive Erklärungsmodell ist jüngst[1] zu Recht auch darauf hingewiesen worden, daß das generalpräventive Interesse an der Abwehr einer Rechtsverletzung je nach der Art der Rechtsverletzung unterschiedlich sein kann, weil der Wert des generalpräventiven Interesses maßgebend durch die Bedeutung der verletzten Norm und damit mittelbar durch den Wert des angegriffenen Rechtsgutes beeinflußt werde. Einer geringfügigen Rechtsgutsverletzung entspreche daher ein relativ geringwertiges generalpräventives Interesse an der Vornahme der Notwehrhandlung. Dadurch könne sich selbst unter Berücksichtigung der von der herrschenden Meinung vorgenommenen Einschränkung des Notwehrrechts in den Fällen des sog. "krassen Mißverhältnisses" ein Erklärungsdefizit in bezug auf die Rigorosität der Notwehr ergeben.

### 2. Die Diskrepanz zwischen dem generalpräventiven Erklärungsmodell und der Auslegung des Notwehrrechts durch die Lehre

Neben diesen Einwänden und Schwierigkeiten, die sich bei jeder auf generalpräventive Erwägungen gestützten Auffassung ergeben, unterliegt eine dualistische Notwehrkonzeption, die in erster Linie das generalpräventive Moment betont, vor allem auch deshalb erheblichen Bedenken, weil sie in Widersprüche bei der Beantwortung von Einzelfragen der Notwehr gerät.

---

1) Frister, GA 1988,291(297).

Einer dieser Widersprüche zeigt sich bei der Frage der Notwehrfähigkeit von Rechtsgütern, denn in diesem Bereich besteht in der Lehre Einigkeit, daß die Rechtsordnung im ganzen und die öffentliche Ordnung nicht notwehrfähig sind, weil die Notwehrbefugnis nach Art und Umfang kein allgemeines Unrechtsverhinderungsrecht sei[1]. Auch überindividuellen Rechtsgütern des Staates wird von weiten Teilen der Lehre nur eine eingeschränkte Notwehrfähigkeit zugesprochen[2], während andere diese sogar kategorisch bestreiten[3]. Weil daneben auch Rechtsgüter der Allgemeinheit als nicht notwehrfähig erachtet werden[4], ist die Notwehr letztlich auf den Schutz von Individualrechtsgütern beschränkt. Dem widerspricht jedoch, daß die Bewährung der Rechtsordnung durch den Bürger von den dualistischen Konzeptionen als Grundpfeiler des Notwehrrechts angesehen wird, denn prinzipiell kann auch durch die Abwehr von Angriffen auf Rechtsgüter der Allgemeinheit oder auf solche des Staates das Rechtsbewußtsein der Bevölkerung gestärkt und die Rechtsordnung stabilisiert werden[5].

Ebenso kann die Unzulässigkeit der Notwehr gegenüber einem untauglichen Versuch[6] nur individualistisch mit dem Fehlen jedes Selbstschutzinteresses begründet werden, während sich unter generalpräventiven Erwägungen auch die Gewährung eines Notwehrrechts gegenüber dem untauglichen Versuch zur Beseitigung des rechtserschütternden Eindrucks auf die Allgemeinheit vertreten ließe[7].

---

1) Vgl. statt vieler: Sch-Sch-Lenckner, § 32 Rdn.8 m.w.N.
2) Vgl. statt vieler: Sch-Sch-Lenckner, § 32 Rdn.6f.; Stratenwerth, AT, Rdn.419.
3) Jescheck, AT, § 32 II 1 b.
4) Vgl. statt vieler: Sch-Sch-Lenckner, § 32 Rdn.8.
5) Vgl. zu diesem Widerspruch bereits Roxin, ZStW 93(1981), 68(75); Neumann, S.162f.; Wagner, S.25 Fn.27,47ff.; Bitzilekis, S.68; Montenbruck, S.25; Fuchs, S.44.
6) Vgl. zur Unzulässigkeit der Notwehr gegenüber untauglichen Versuchen statt aller: Dreher/Tröndle, § 32 Rdn.4.
7) Vgl. zu diesem Widerspruch: Roxin, ZStW 93(1981),68(75f.); Wagner, S.17,49; Fuchs, S.44.

Schließlich läßt sich vor dem Hintergrund einer generalpräventiven Deutung der Notwehr auch die These der herrschenden Meinung nicht begründen, daß bei einem Angriff auf einen Dritten kein Nothilferecht besteht, wenn der Verletzte den Angriff nicht abwehren will, obwohl er einen solchen Entschluß fassen darf und kann[1]. Ginge es nämlich bei der Ausübung des Notwehr- und Nothilferechts nicht in erster Linie um den Schutz von Individualinteressen des Angegriffenen, sondern stünden hier die Stärkung des Rechtsbewußtseins und der Rechtstreue der Bevölkerung im Vordergrund, dann müßte es auch zulässig sein, im öffentlichen Interesse an der Bewährung der Rechtsordnung seine Hilfe einem anderen auch gegen dessen Willen aufzudrängen, weil dem Angegriffenen dann keine Dispositionsbefugnis über die hier betonten generalpräventiven Belange zustünde[2].

Diese Ausführungen lassen erkennen, daß das generalpräventive Erklärungsmodell bei der Beantwortung konkreter Fragen des Notwehrrechts in der Literatur nicht konsequent durchgehalten wird. Es erscheinen deshalb Zweifel an der Tragfähigkeit dieser Konzeption angebracht. Im folgenden soll nunmehr der Nachweis geführt werden, daß diese Notwehrdeutung zudem mit dem Gewaltmonopol des Staates unvereinbar ist.

### 3. Rechtsbewährungsprinzip und staatliches Gewaltmonopol

#### a) Wesen und Sinn des staatlichen Gewaltmonopols

Seit jeher wird es zu den unverzichtbaren Charakteristika eines Staates gerechnet, daß nur ihm innerhalb seiner Gren-

---

1) Vgl. statt vieler: BGHSt 5,245(248); Amelung, JuS 1986, 329(332); kritisch oder ablehnend zur Unterordnung des Willens des Nothelfers unter den Willen des Bedrohten: Klose, ZStW 89(1977),61(96ff.); Schroeder, Maurach-FS, S.127(141f.); Bitzilekis, S.72; ausführlich zu dieser Problematik: Seier, NJW 1987,2476(2478ff.).
2) Vgl. zu diesem Widerspruch: Wagner, S.34 Fn.31, S.36f. (Fn.39,40).

zen legitimerweise Gewalt zustehen könne[1], und daraus ein grundsätzliches Gewaltverbot inter privatos abgeleitet. Die Hilfe für den einzelnen in der Gefahr ganz speziell und der Schutz der Rechtsordnung im allgemeinen seien Aufgaben der zur Gefahrenabwehr verpflichteten Staatsorgane, und einer wirksamen Erfüllung dieser Aufgaben diene das Gewaltmonopol des Staates, weil nur letzterer eine gesetzmäßige und grundrechtlich limitierte Gewaltanwendung garantieren könne und damit Rechtsfrieden sowie Rechtssicherheit gewährleiste[2]. Jede nichtstaatliche Gewaltanwendung dürfe deshalb nur aufgrund einer staatlichen Gewaltgestattung erfolgen[3].

Nimmt man nun - wie die herrschende Meinung - an, daß die "Schneidigkeit" der Notwehr in erster Linie in dem "Rechtsbewährungsgedanken" ihre Erklärung findet[4], die Rechtsbewährung aber eine originär staatliche Aufgabe ist, so würde die Notwehr gewissermaßen eine vom Staat gestattete private Nothilfe zugunsten des Staates darstellen. Diese Betrachtung widerspricht indes völlig der in den letzten Jahren festzustellenden Tendenz, die private Nothilfe zugunsten des Staates kontinuierlich zurückzudrängen. Arzt[5] hat diese Erstarkung des Vorrangs des staatlichen Verfahrens anhand der Regelung des Selbsthilferechts (§§ 229ff. BGB) und durch eine Darstellung des dramatischen Abbaus des privaten Festnahmerechts gemäß § 127 StPO[6], dem auch der Gedanke der Nothilfe

---

1) M.Weber, Staatssoziologie, S.27; ders., Politik, S.13; Luhmann, S.112f.; ähnlich Kriele, S.84ff.; Herzog, S.177f.; H.Krüger, Staatslehre, S.818,830,839f.,849ff.; ders., Der Rundfunk, S.47ff.

2) H.Krüger, Staatslehre, S.851; Coing, S.223; Merten, S.33ff.

3) Merten, S.56; ausführlich Bracher, S.101ff. und Wagner, S.26f.

4) Vgl. statt vieler: Sch-Sch-Lenckner, § 32 Rdn.1 a.

5) Arzt, Schaffstein-FS, S.77(80ff.); vgl. auch Kunz, ZStW 95(1983),973(976): "Dementsprechend versteht sich die neuere Entwicklung des Notwehrrechts als die seiner Einschränkungen nach Maßgabe des Vorrangs staatlicher Rechtsdurchsetzung."

6) Arzt, Schaffstein-FS, S.77(83); ders., Kleinknecht-FS, S.1(4).

zugunsten des Staates (Durchsetzung des Strafanspruchs) zugrunde liegt, nachgewiesen. Arzt sieht diese Entwicklung darin begründet, daß der Staat durch das Zurückdrängen der privaten Nothilfe zum Schutze seiner Rechtsordnung sicherstellen will, daß bei Angriffen er selbst - nicht der Bürger qua Nothilfe - entscheidet, ob und wie gegen den Angreifer vorzugehen ist[1].

Die historische Entwicklung spricht damit eher gegen die These der herrschenden Meinung, daß es bei der Notwehr in erster Linie um die Bewährung der Rechtsordnung durch den Privatmann geht. Zwingende rechtliche Folgerungen für die Unvereinbarkeit des Rechtsbewährungsgedankens mit dem staatlichen Gewaltmonopol lassen sich daraus allerdings nicht ableiten.

Es stellt sich danach die Frage, wie das Notwehrrecht des Bürgers im Verhältnis zum Gewaltmonopol des Staates erklärt werden kann[2].

b) <u>Notwehr als Ausnahme vom staatlichen Gewaltmonopol</u>

Im strafrechtlichen Schrifttum wie auch in der Staatsrechtslehre wird die Notwehr meist als Ausnahme vom staatlichen Gewaltmonopol angesehen[3]. Dieses Verständnis der Notwehr begegnet uns sowohl in solchen Konzeptionen, die das Notwehrrecht als originäres (Natur-)Recht auffassen, als auch bei solchen, die das Notwehrrecht als ein vom Staat abgeleitetes Recht begreifen.

---

1) Arzt, Schaffstein-FS, S.77(84).
2) Vgl. hierzu Wagner, S.24ff.
3) Vgl. in der strafrechtlichen Lehre: Faller, S.12ff.; Mitsch, JA 1988,79(83f.); Kinnen, MDR 1974,631(633); Schroeder, Maurach-FS, S.127; Fuchs, S.16. Vgl. in der Staatsrechtslehre: Heller, S.278; Merten, S.57; Hoffmann-Riem, ZRP 1977,277(280); Jellinek, System, S.245(247); Herzog, S.184 Fn.70; Kriele, S.86.
Anders nur Hälschner, der die Notwehr als die Regel betrachtet in dem Sinne, daß die Privatpersonen in erster Linie berufen und berechtigt seien, ihre Rechte durch eigene Kraft zu schützen. Dem stehe als Ausnahme die staatliche Hilfe gegenüber, die in gewissen Fällen herbeizuholen sei (Hälschner, Strafrecht I, S.476).

Für diejenigen, die - wie Kant - im Notwehrrecht ein Naturrecht jedes Menschen sehen, hat jeder Bürger sein natürliches Recht auf Privatgewalt dem Staat übertragen, damit dieser - ausgestattet mit dem Gewaltmonopol - den erforderlichen Schutz gewährleisten kann. Ist die öffentliche Macht dazu ausnahmsweise, etwa in einer Notsituation, nicht in der Lage, so lebe für den einzelnen jenes ursprüngliche, aus dem Naturzustand herrührende Recht wieder auf[1].

Bei denjenigen, die die Notwehrbefugnisse als aus der staatlichen Gewalt abgeleitet und nicht etwa dieser vorausgesetzt ansehen[2], wird der Aspekt des staatlichen Gewaltmonopols - wie bereits ausgeführt[3] - häufig im Zusammenhang mit dem "gegenwärtigen Angriff" ins Spiel gebracht und dort zur Erklärung der engen Auslegung dieser Notwehrvoraussetzung herangezogen.

c) Voraussetzungen für eine Durchbrechung des staatlichen Gewaltmonopols

Ginge es bei der Notwehr des Bürgers, wie die herrschende Meinung annimmt, tatsächlich in erster Linie um Rechtsbewährung, somit um eine originär dem Staat obliegende Aufgabe, so ließe sich diese Durchbrechung des staatlichen Gewaltmonopols bei der Notwehr nur so verstehen, daß der Staat hoheitliche Gewalt auf den Bürger überträgt und diesem die Gewaltausübung gestattet. Das Notwehrrecht wäre dann nur als ein vom Staat abgeleitetes Recht zur Wahrnehmung origi-

---

1) Kant, S.134f.; vgl. zur Notwehrlehre Kants auch Bitzilekis, S.28ff.

2) Diese Auffassung vom Wesen des Notwehrrechts als ein vom Staat verliehenes Recht geht auf Hegel zurück, vgl. hierzu Bitzilekis, S.35ff.; typisch für dieses Notwehrverständnis ist etwa die Formulierung Seelmanns: "Als Aussparung vom modernen Justizmonopol des Staates greift das Notwehrrecht nur ersatzweise ein, wenn staatliche Hilfe nicht rechtzeitig zur Stelle ist" (Seelmann, ZStW 89(1977),36(55)).

3) Vgl. oben S.42f.

när staatlicher Aufgaben erklärbar[1]. Für ein solches derivatives Notwehrverständnis spricht auch, daß in § 32 StGB die Nothilfe der Notwehr gleichgestellt ist, obwohl der Nothelfer nicht in gleicher Weise betroffen ist wie der unmittelbar Angegriffene.

Geht man davon aus, dann ist zu prüfen, ob die Kautelen, die das öffentliche Recht allgemein für eine Gewaltgestattung aufstellt, in bezug auf die Notwehr gewahrt sind und in welchem Umfang die Gewaltanwendung dem Bürger gestattet werden darf.

Hinsichtlich der Delegation von Staatsgewalt auf Privatrechtssubjekte werden in der staatsrechtlichen Literatur teilweise grundsätzliche Bedenken angemeldet, weil Privatrechtssubjekte keine tauglichen Delegataren von hoheitlicher Gewalt seien[2], während die ganz herrschende Meinung die Delegation als unbedenklich ansieht[3]. Jedoch auch dann, wenn man der herrschenden Meinung folgt und keine grundsätzlichen Bedenken gegen die Delegation von Staatsgewalt hegt, gilt die Einschränkung, daß der Staat hoheitliche Gewalt doch nur in dem Rahmen übertragen kann, wie sie ihm selbst zusteht. Zumindest muß dies, wenn insoweit Wertungswidersprüche vermieden werden sollen, in Kernbereichen hoheitlicher Gewaltanwendung gelten. Es wäre nämlich in sich widersprüchlich und unverständlich, wenn sich der Staat selbst in wesentlichen Bereichen der Gewaltausübung einer gewissen Selbstbeschränkung unterwerfen, den Bürger, dem er staatliche Gewalt überträgt, aber von diesen Beschränkungen freistellen würde. Andererseits verlangt auch eine derivative Deutung der Notwehr nicht, daß die Rechte des Staates bei

---

1) Ähnlich Wagner, S.27: "Ein originäres überindividuelles Recht zur Rechtsbewährung durch Gewalt außerhalb des Staates kann es nicht geben."
2) Vgl. H.Krüger, Staatslehre, S.848ff.(870): "Unveräußerlichkeit ist daher begreiflicherweise diejenige Eigenschaft, die man um der Bewahrung der Einzigkeit der Staatsgewalt willen seit den Anfängen des modernen Staates einmütig ... verfochten hat."
3) Jellinek, System, S.255; ders., Staatslehre, S.430.

der hoheitlichen Gewaltausübung außerhalb eines bestimmten Kernbereichs mit den in diesem Bereich an einen Privatmann delegierten Rechten unbedingt in allen Einzelheiten übereinstimmen müssen. So bedeutet es beispielsweise noch keinen Wertungswiderspruch, wenn sich der Staat in speziellen Vorschriften über den Schußwaffengebrauch (vgl. §§ 41ff. PolG NW) besonderen Beschränkungen unterwirft, die er dem Bürger bei der Ausübung der Notwehr nicht auferlegt.

Es soll nunmehr geprüft werden, welchen Beschränkungen der Staat in zentralen Bereichen hoheitlicher Gewaltausübung unterliegt, um dann in einem zweiten Schritt der Frage nachzugehen, ob sich diese Einschränkungen auch im privaten Notwehrrecht niederschlagen. Ist dies nicht der Fall, und läßt sich die Diskrepanz zwischen dem Recht der staatlichen Gefahrenabwehr und dem Notwehrrecht nicht überzeugend erklären, dann kann daraus gefolgert werden, daß das Rechtsbewährungsprinzip nicht der entscheidende Gesichtspunkt bei der ratio der Notwehr ist.

#### d) Wesentliche Beschränkungen staatlicher Gewalt und ihre Auswirkungen auf das Notwehrrecht von Privatpersonen

Eine wesentliche Beschränkung staatlicher Gewaltanwendung ergibt sich zunächst aus Art.2 I MRK, der grundsätzlich jede vorsätzliche Tötung eines Menschen für rechtswidrig erklärt, und aus Art.2 II a MRK, wonach ausnahmsweise eine vorsätzliche Tötung dann zulässig ist, wenn sie zur Verteidigung eines anderen Menschen gegenüber rechtswidriger Gewaltanwendung unbedingt erforderlich ist.

Darüber hinaus verpflichtet das Grundgesetz durch Art.1 III GG den Staat bei jeder Gewaltanwendung zur Beachtung der Grundrechte der davon betroffenen Personen[1]. Diese Grundrechtsbindung der öffentlichen Gewalt gilt auch im Verhältnis zu solchen Personen, die Rechtsgüter anderer rechtswid-

---

1) Vgl. hierzu: Merten, S.35ff.,41; Schwabe, NJW 1974,670 (671).

rig angreifen, dadurch aber ihre Grundrechte nicht verlieren.
Schließlich ist alles staatliche Handeln von vornherein durch den Verhältnismäßigkeitsgrundsatz beherrscht[1].

Diese Beschränkungen staatlicher Gefahrenabwehr finden im Notwehrrecht der Bürger keinen Niederschlag.

Das gilt einmal für die Verbote von Art.2 MRK, der nach herrschender Meinung nur das Verhältnis Staat - Bürger, nicht aber die Rechtsverhältnisse der Staatsbürger untereinander betrifft, so daß jedenfalls das Notwehrrecht des einzelnen nicht durch die MRK berührt wird[2]. Folgt man der Auffassung der herrschenden Meinung, so erscheint es bei einer generalpräventiven Deutung der Notwehr widersprüchlich, wenn im staatlichen Bereich infolge der Einschränkung durch die MRK teilweise auf die Durchsetzung generalpräventiver Interessen verzichtet wird, diese sehr wesentliche Beschränkung aber im Notwehrrecht der Privatpersonen fehlt[3].

Zum anderen findet auch der Gedanke, daß der Bürger bei der Notwehr bloß als befugter Vertreter des Staates dem Angreifer als Grundrechtsträger gegenübertritt und er daher, wenn man ein derivatives Notwehrverständnis zugrunde legt, wie der erlaubende Staat zur Beachtung der Grundrechte des Angreifers gemäß Art.1 III GG verpflichtet ist[4], in der "schneidigen" Notwehrfassung des § 32 StGB keinen Nieder-

---

1) Vgl. statt vieler: Leibholz/Rinck, Art.20 Anm.27; M/D/H/S-Dürig, Art.2 I Rdn.63.
2) Vgl. statt vieler: Sch-Sch-Lenckner, § 32 Rdn.62; Krey, JZ 1979,702(708); R.Krüger, NJW 1970,1483(1485); Bockelmann, Engisch-FS, S.456(458ff.);
a.A.: Frister, GA 1985,553; Echterhölter, JZ 1956,142 (143f.); Woesner, NJW 1961,1381(1384).
3) Zutreffend insoweit Stratenwerth, der eine Rückwirkung der MRK auf das private Notwehrrecht bejaht: "Soll dem Angegriffenen gestattet sein, was einem Polizisten neben ihm verboten wäre?" (Stratenwerth, AT, Rdn.440); ähnlich Marxen, S.61; differenzierend Wagner, S.65ff., der von einer individualistischen Notwehrkonzeption ausgeht.
4) Schwabe, NJW 1974,670(671ff.).

schlag. Vielmehr hat der Gesetzgeber hier den Konflikt zwischen Angegriffenem und Angreifer in der Weise geregelt, daß der sich verteidigende Bürger prinzipiell zur Beachtung der Grundrechte des Angreifers nicht verpflichtet ist. Somit gerät eine den Rechtsbewährungsgedanken betonende und deshalb nur derivativ erklärbare Notwehrkonzeption auch bei der zentralen Frage der Grundrechtsbindung in Gegensatz zum Recht der staatlichen Gefahrenabwehr.

Schließlich unterliegt die Notwehr nach einhelliger Ansicht in Rechtsprechung und Lehre - abgesehen von den Fällen des "krassen Mißverhältnisses" - nicht dem Verhältnismäßigkeitsgrundsatz[1], während für die polizeirechtliche Gefahrenabwehr dieser Grundsatz in jedem Fall und somit auch bei rechtswidrigen Angriffen von elementarer Bedeutung ist[2]. Danach ist eine polizeiliche Maßnahme nur dann verhältnismäßig (proportional), wenn die Bedeutung des zur Geltung zu bringenden Rechtsguts unter Berücksichtigung der Intensität des Eingriffs nicht außer Verhältnis zu dem Rechtsgut steht, welches zurücktreten muß[3]. Das Proportionalitätserfordernis im Polizeirecht korrespondiert insofern mit dem Verhältnismäßigkeitsmaßstab des allgemeinen Defensivnotstandsrechts aus § 228 BGB[4] und beinhaltet einen teil-

---

1) Vgl. Dreher/Tröndle, § 32 Rdn.17 m.w.N.
2) BVerfGE 17,306(313f.); Wittig, DÖV 1968,817; Grabitz, AöR 98(1973),568ff.; Forsthoff, DJT-FS, S.41(51); Lerche, S.19ff. Vgl. zu diesem Widerspruch: Schroeder, Maurach-FS, S.127(138f.); Wagner, S.27.
3) Schwerdtfeger, Rdn.105; ähnlich Götz, Rdn.180; Leibholz/Rinck, Art.20 Rdn.27.
4) Vgl. z.B. § 2 II PolG NW. Daß in der polizeirechtlichen Literatur zum Teil auch die Meinung zu finden ist, daß bei der Unrechtsbekämpfung prinzipiell weite Befugnisse des Staates gegeben sind und daß unverhältnismäßige Maßnahmen beim Vorliegen eines rechtswidrigen Verhaltens nur dann zu bejahen sind, wenn sie evident unangemessen sind (vgl. Drews/Wacke/Vogel/Martens, S.392), führt noch nicht zu einer Übereinstimmung mit dem Notwehrrecht, was den Verhältnismäßigkeitsmaßstab angeht. Der entscheidende Unterschied wird nämlich beispielsweise bei den Beschränkungen der Zulässigkeit bestimmter Abwehrmittel (z.B. der Schußwaffe) in den Vorschriften über die Anwendung unmittelbaren Zwangs deutlich, vgl. hierzu Haas, S.265ff.

weisen Verzicht des Staates auf die Durchsetzung generalpräventiver Belange zugunsten der Integritätsinteressen des Angreifers[1].
Wenn demgegenüber beim Notwehrrecht des Bürgers die generalpräventiven Interessen grundsätzlich ohne Rücksicht auf die Integritätsinteressen des Angreifers gewahrt werden dürfen, hier also offensichtlich die generalpräventiven Interessen höher bewertet werden als im staatlichen Bereich, so legt diese Diskrepanz die Vermutung nahe, daß es bei der Notwehr nicht primär um Generalprävention gehen kann.

Diese Vermutung wird noch verstärkt, wenn man die Notwehr mit anderen Rechtfertigungsgründen vergleicht, bei denen der Privatmann anstelle der nicht erreichbaren Obrigkeit handelt. So ist der Bürger sowohl bei der Selbsthilfe nach § 229 BGB als auch bei der vorläufigen Festnahme gemäß § 127 StPO in gleichem Maße dem Grundsatz der Verhältnismäßigkeit verpflichtet wie die zuständige Behörde[2]. Es erscheint danach unerklärlich, weshalb Privatpersonen gerade bei der Ausübung des Notwehrrechts nicht an die weitgehenden Beschränkungen gebunden sein sollen, die dem staatlichen Vollzug auferlegt sind[3].
In der Literatur wird versucht, diesen bei einer generalpräventiven Deutung der Notwehr auftretenden Wertungswiderspruch auf unterschiedlichste Weise aufzulösen. Ob diese Auflösungsversuche überzeugend und stichhaltig sind, soll nunmehr näher untersucht werden.

e) Versuche zur Auflösung des Wertungswiderspruchs

Bei dieser Untersuchung erstaunt zunächst, daß etliche der in der Lehre unternommenen Erklärungsversuche sich mit ih-

---

1) Frister, GA 1988,291(298).
2) Klinkhardt, VerwArch. 55(1964),264(272).
3) Vgl. zu diesem Widerspruch: von Bar, Bd.III, S.188; Hold v.Ferneck, Rechtswidrigkeit, Bd.II, S.152; Frister, GA 1988,291(297ff.); Seelmann, ZStW 89(1977),36(55); Schroeder, Maurach-FS, S.127(138f.); Baumgarten, S.98; Mitsch, S.116; ausführlich hierzu Wagner, S.24ff.

rer eigenen überindividualistischen, den Rechtsbewährungsgedanken betonenden Notwehrkonzeption in Widerspruch setzen, indem sie den Wertungswiderspruch extrem individualistisch erklären[1]. Hierbei wird z.T. auf die individuelle Betroffenheit beim Angegriffenen[2], die Extremsituation des Privatmannes, dem im Gegensatz zum Polizeibeamten Besonnenheit und Routine fehle[3], bzw. ganz allgemein auf die besondere Lage des zur Selbsthilfe greifenden Bürgers abgestellt[4].

Andere überindividualistische Notwehrdeutungen werden zumindest insoweit konsequent durchgehalten, als - allerdings letztlich ohne Erfolg - versucht wird, auch den Wertungswiderspruch überindividualistisch auszuräumen.

So will Blei[5] die geringeren Eingriffsrechte des Staates damit rechtfertigen, daß dieser als oberster Hüter der Rechtsordnung auch noch im Rechtsbrecher den Rechtsgenossen zu sehen hat, den er in rechtlich geordnetem Verfahren der von Rechts wegen verwirkten Strafe zuführt. Übersetzt in das generalpräventive Modell bedeutet diese Auffassung, daß der durch das Proportionalitätserfordernis eintretende Verlust an Generalprävention durch eine nachträgliche Strafe kompensiert werden kann.
Dieser Argumentation ist jedoch entgegenzuhalten, daß das rechtsgutsbedrohende Verhalten einer Person nicht notwendigerweise auch strafbar sein muß, so daß der Verlust an Generalprävention bei staatlichem Handeln nicht immer nachträglich ausgeglichen werden kann. Handelt es sich dagegen

---

1) Vgl. Courakis, S.35 / § 25: "Man kann von dem Bürger nicht verlangen, die Haltung und Ruhe eines beeidigten, bezahlten und wohlbewaffneten Staatsorganes zu zeigen"; an anderer Stelle bezeichnet Courakis indes die Rechtsbewährung als Hauptzweck der Notwehrregelung (Courakis, S.31 Fn.58); Hoffmann-Riem, ZRP 1977,277(281f.); Schroeder, Maurach-FS, S.127(139).
2) Courakis, S.35 / § 25.
3) Hoffmann-Riem, ZRP 1977,277(281f.); ähnlich Schroeder, Maurach-FS, S.127(139).
4) Klinkhardt, VerwArch. 55(1964),264(273).
5) Blei, JZ 1955,625(628).

um ein strafbares Verhalten, so besteht diese Kompensationsmöglichkeit durch eine nachträgliche Strafe ja auch bei der Notwehr eines Privatmannes, so daß nicht plausibel erscheint, weshalb der Bürger dennoch nicht zu einem teilweisen Verzicht auf die Durchsetzung der generalpräventiven Interessen verpflichtet wird.
Außerdem tritt dem Rechtsbrecher auch bei der Notwehr des Bürgers mittelbar der Staat entgegen, der lediglich seine Gewaltbefugnisse auf Privatpersonen übertragen hat. Deshalb bleibt es letztlich unverständlich, warum hier im Rechtsbrecher nicht der Rechtsgenosse zu sehen sein soll[1].

Daneben stellt ein Teil der Literatur zur Auflösung des Wertungswiderspruchs auch darauf ab, daß der Normalbürger nur in Ausnahmefällen über die personellen und technischen Hilfsmittel der Exekutive verfüge und daher nur selten in der Lage sei, einen Rechtsbrecher gefährlich zu verletzen. Die höhere Durchschlagskraft der privaten Zwangsgewalt berge somit für den Mitbürger auch nicht die Gefahren, die einer ungehemmten administrativen Vollstreckung innewohnen könnten und die Anlaß zur Beschränkung der öffentlichen Gewalt wären[2]. Übersetzt in das generalpräventive Modell soll der Wertungswiderspruch seine Erklärung darin finden, daß die Durchsetzung der generalpräventiven Interessen durch Private in der Regel zu weniger starken Beeinträchtigungen der Integritätsinteressen des Angreifers führt.
Bereits die Prämisse dieser Argumentation ist insofern zweifelhaft, als auch die private Zwangsgewalt unter Umständen für den Mitbürger durchaus die Gefahr ganz unverhältnismäßiger Schädigungen in sich bergen kann. Aber auch die Rich-

---

1) Ähnlich Schwabe, NJW 1974,670(673).
2) Vgl. Klinkhardt, VerwArch. 55(1964),264(273); Kirchhof, S.67(75f.); ähnlich Blei, JZ 1955,625(628); Seelmann, ZStW 89(1977),36(55) und Roxin, ZStW 93(1981),68(72 Fn.8); diese Argumentation ablehnend: Frister, GA 1988, 291(298); Haas, S.275f. Fn.56.

tigkeit dieser Annahme unterstellt, vermag allein der Umstand, daß die Notwehr durch den Privatmann seltener zu unverhältnismäßigen Schädigungen führt als die Verteidigung durch die Polizei, nicht prinzipiell zu erklären, warum das private Notwehrrecht im Gegensatz zum Recht der staatlichen Gefahrenabwehr kein Proportionalitätserfordernis kennt. Dies wird deutlich an dem Fall, daß sowohl Privatleute wie auch Polizeibeamte Sachgüter nur durch einen zu einer erheblichen Körperverletzung führenden Schußwaffengebrauch verteidigen können und beide auch im Besitz von Schußwaffen sind. Hier ist nicht ersichtlich, warum der Privatmann schießen dürfen soll, der Polizist aber nicht[1]. Auch dieser Auflösungsversuch kann somit nicht überzeugen.

Ferner wird - insbesondere in der öffentlich-rechtlichen Lehre - der Grund für die Diskrepanz in dem qualitativen Unterschied zwischen dem in Notwehrlagen ungeübten Privatmann und dem für Gefahrensituationen geschulten Vollzugsbeamten gesehen. Während sich der einzelne, der Notwehr übe, regelmäßig in einer persönlichen Extremsituation befinde, für deren Bewältigung er keine Erfahrung besitze, gehöre für den Polizeibeamten die Abwehr von Rechtsgutsverletzungen zur täglichen Routine, so daß aufgrund der besonderen Geübtheit und Schulung des Polizeibeamten in dem Einsatz wirksamer Mittel gegen Angreifer die generalpräventiven Belange auch ohne die Zulassung einer unproportionalen Abwehr durchgesetzt werden könnten[2].
Auch gegen diese Argumentation sind ähnliche Bedenken wie gegen den zuvor dargestellten Auflösungsversuch zu erheben, denn selbst die besondere Schulung und Geübtheit des Polizeibeamten führt allenfalls dazu, daß sich für diesen seltener die Notwendigkeit ergibt, zur Abwehr von Rechtsgutsverletzungen auf unverhältnismäßige Abwehrmaßnahmen zurück-

---

1) Ähnlich Schwabe, NJW 1974,670(672).
2) Kirchhof, S.67(75); Hoffmann-Riem, ZRP 1977,277(281f.); Merten, S.57 Fn.268.

zugreifen. Wenn aber bereits der Einsatz verhältnismäßiger Mittel ausreicht, so sind alle anderen nicht erforderlich und daher stets rechtswidrig[1]. Problematisch sind jedoch gerade die Fälle, in denen Polizeibeamte trotz ihrer Schulung und Erfahrung bei der Abwehr von Rechtsbrechern unproportionale Maßnahmen zur Durchsetzung der generalpräventiven Belange ergreifen müssen. Weshalb in diesen Konstellationen lediglich das Recht der staatlichen Gefahrenabwehr auf die Durchsetzung von generalpräventiven Interessen zugunsten der Integritätsinteressen des Angreifers teilweise verzichtet, kann insoweit nicht überzeugend erklärt werden.

Schließlich wird der Wertungswiderspruch zwischen dem privaten Notwehrrecht und dem Recht der staatlichen Gefahrenabwehr auch damit erklärt, daß der durch das Proportionalitätserfordernis entstehende Verlust an Generalprävention dadurch kompensiert werde, daß der Staat in "souveräner Zurückhaltung" auf die Verteidigung verzichte und damit demonstriere, daß der fragliche Angriff die Rechtsordnung gar nicht so gefährden könne, daß es stärkster Abwehrmaßnahmen bedürfte[2].
Diesem Erklärungsversuch ist entgegenzuhalten, daß die staatliche Zurückhaltung bei der Angriffsabwehr und die damit einhergehende Relativierung der von dem Angriff ausgehenden Gefahr für die Rechtsordnung den Zielen der Generalprävention eher zuwiderläuft. Dadurch, daß der Staat eine Rechtsverletzung in ihrer Bedeutung herunterspielt, dürften nämlich weder potentielle Angreifer von der Begehung einer Tat abgeschreckt werden, noch dürften dadurch Rechtsbewußtsein und Rechtstreue der Bevölkerung gestärkt und damit der Bestand der Rechtsordnung selbst stabilisiert werden.

---

1) Haas, S.275f. Fn.56.
2) Haas, S.357; ähnlich Kunz, ZStW 95(1983),973(987).

f) Fazit

Die herrschende dualistische Notwehrkonzeption, bei der die Bedürfnisse der Generalprävention im Vordergrund stehen, kann die Diskrepanz zwischen dem scharfen Notwehrrecht und dem proportionalitätsgebundenen Recht der staatlichen Gefahrenabwehr nicht überzeugend erklären. Zudem entsteht für die herrschende Meinung ein unerklärbarer Wertungswiderspruch im Bereich der Gewalteinschränkung durch die MRK und bei der Frage der Grundrechtsbindung. Darüber hinaus lassen sich wesentliche Fragen des Notwehrrechts ausgehend von einer generalpräventiven Notwehrdeutung nicht widerspruchsfrei beantworten. Diese Deutung vermag daher die Rigorosität der Notwehr nicht zu begründen[1]. Sie kann indes erst dann endgültig verworfen werden, wenn sich herausstellen

---

1) Die dargestellten Bedenken gegen eine dualistische, in erster Linie an den Bedürfnissen der Generalprävention orientierte Notwehrdeutung lassen sich weitgehend auch gegen die monistische, auf jede individualistische Begründung verzichtende Konzeption Schmidhäusers ins Feld führen, nach dessen Auffassung sich die "Schneidigkeit" der Notwehr daraus erklärt, daß hier der Angegriffene die "empirische Geltung der Rechtsordnung" verteidigt (Schmidhäuser, Lehrbuch AT, 9/86; ders., Studienbuch AT, 6/51; ders., Honig-FS, S.185(193ff.)). Wenn für Schmidhäuser die "empirische Geltung der Rechtsordnung" dadurch besteht, daß jeder einzelne geistig die Werte mitträgt, die zur Grundordnung des gesellschaftlichen Zusammenlebens gehören (ders., Honig-FS, S.185(194)), und es für ihn bei der Notwehr nur darum geht, daß die Anforderungen der Rechtsordnung im Bewußtsein der Rechtsgenossen ernst genommen werden (ders., Honig-FS, S.185(198)), so zeigt dies, daß der Schutz der "empirischen Geltung der Rechtsordnung" für Schmidhäuser im Grunde nichts anderes bedeutet als die Wahrung der generalpräventiven Interessen (vgl. ders., Notwehr, S.53(65): "Meines Erachtens ist die generalpräventive Wirkung der Abwehr von Angriffen größer als die generalpräventive Wirkung etwa von besonders scharfen Strafen oder dergleichen"; vgl. oben S.55; ebenso Frister, GA 1988,291(296 Fn.25)), so daß die gegen das generalpräventive Erklärungsmodell geltend gemachten Einwände im wesentlichen auch hier Platz greifen. Vgl. zur Kritik an Schmidhäusers Konzeption: Roxin, ZStW 83(1971),369(387f.); ders., Kriminalpolitik, S.31 Fn.67; Hirsch, Dreher-FS, S.211(218ff.); Bitzilekis, S.51ff.; Wagner, S.13ff.; Constantinidis, S.98ff.,106ff.; Felber, S.64ff.,97.

sollte, daß die "Schneidigkeit" der Notwehr unter Verzicht auf überindividualistische Gesichtspunkte rein individualistisch erklärt werden kann. Die Möglichkeiten einer individualistischen Notwehrdeutung sollen daher nachfolgend untersucht werden.

## B. Möglichkeiten einer individualistischen Notwehrdeutung

Für eine solche Notwehrdeutung bieten sich grundsätzlich zwei Anknüpfungspunkte an: Entweder kann man aus der besonderen Situation des rechtswidrig Angegriffenen eine erhöhte Schutzwürdigkeit seiner Interessen ableiten, oder aber man kann die Rigorosität der Notwehr mit der besonderen Interessenlage des Angreifers begründen, d.h. mit einem fast vollständigen Wegfall der Schutzwürdigkeit oder Schutzbedürftigkeit seiner Interessen infolge seines Verhaltens.

### I. Die Interessenlage des Verteidigers betonende Auffassungen

Besonders in der älteren Literatur wird häufig auf die spezielle Situation des Verteidigers abgestellt. Dabei wird oft - insbesondere bei naturrechtlichem Verständnis der Notwehr - deren Wurzel "in dem natürlichen Trieb der Selbstbehauptung und -bewahrung" gesehen[1].

Wiederholt finden sich auch Auffassungen, die die besondere emotionale Betroffenheit des rechtswidrig Angegriffenen in den Mittelpunkt der Betrachtung rücken und den Versuch unternehmen, das Notwehrrecht im wesentlichen psychologisch zu deuten[2]. So stellt beispielsweise für Titze die Notwehr-

---

1) Vgl. statt vieler im älteren Schrifttum: LK(7.Aufl.)-Nagler/Jagusch, § 53 Anm.I 1; Oetker, VDA II, S.257; vgl. hierzu auch Haas, S.171ff.; in der neueren Literatur: Klose, ZStW 89(1977),61(86f.).

2) Vgl. statt vieler im älteren Schrifttum: Titze, S.16; Uttelbach, S.80ff.; in der neueren Literatur: Schroth, NJW 1984,2562(2563f.).

lage lediglich einen besonderen Fall des Notstandes dar, wobei das spezifische Zwangsmoment in der treibenden Kraft des Rechtsbewußtseins liege, das sich dagegen auflehne, Unrecht zu dulden[1]. Ähnlich sieht Uttelbach[2] die Wesenseigenart der Notwehr in einem eine Notlage begründenden Motivationskonflikt des Notwehrtäters, der zwischen dem egoistischen Motiv der Rechtsverteidigung und dem durch seine allgemeinen Unrechtsvorstellungen hervorgerufenen Motiv, die Verletzung des Angreifers zu unterlassen, stehe und durch die Verteidigung diesen Motivkonflikt löse.

Solche die emotionale und psychische Situation des Verteidigers betonenden Argumentationen sind jedoch nicht haltbar. Das zeigt sich schon daran, daß in unserer Rechtsordnung psychischen Gesichtspunkten, wie etwa dem außergewöhnlichen Motivationsdruck, erst im Rahmen der Schuld (vgl. § 35 StGB), nicht aber bereits auf der Rechtswidrigkeitsebene Bedeutung beigemessen wird[3]. Zudem wäre es bei einem bloßen Abstellen auf die emotionale Situation des Angegriffenen nicht erklärbar, warum dieser trotz seiner psychischen Ausnahmesituation nur in Rechtsgüter des Angreifers, nicht aber in die eines unbeteiligten Dritten unproportional eingreifen darf. Schließlich spricht gegen eine solche Notwehrinterpretation auch die allgemeine Zulassung der Nothilfe. Der Wortlaut des § 32 StGB und der Wille des Gesetzgebers differenzieren nämlich nicht zwischen der Nothilfe und der Notwehr als Selbstverteidigung, so daß die Befugnisse des Nothelfers ebenso weit reichen wie die des unmittelbar Angegriffenen, obwohl die psychische Situation des unbeteiligten Nothelfers, der dem Geschehen regelmäßig distanzierter gegenübersteht als der unmittelbar Angegriffene, grundsätzlich anders beschaffen sein kann als beim Notwehrtäter[4].

---

1) Titze, S.16.
2) Uttelbach, S.80ff.
3) Seier, NJW 1987,2476(2477); Haas, S.193.
4) Vgl. Hold v.Ferneck, Bd.I, S.158f.: "Die Lage des Nothelfers ist psychologisch und juristisch durchaus nicht

Weitere Versuche, die ratio der Notwehr rein individualistisch vom Standpunkt des Verteidigers her aufzuschlüsseln, werden in jüngster Zeit von Wagner[1)] und Kratzsch[2)] unternommen.
Wagner erklärt dabei die Vernachlässigung des Proportionalitätsgedankens bei der Notwehr mit der typischen Bedrängnissituation des Angegriffenen, seiner Ungeübtheit in der Bewältigung von Angriffssituationen sowie mit der Einschränkung seiner allgemeinen Handlungsfreiheit (Art.2 I GG), wobei die Notwehr eine Ausnahme vom Gewaltmonopol des Staates darstelle[3)].

Auch dieser Erklärungsversuch stößt jedoch auf Bedenken. So versäumt es Wagner, die Bedrängnissituation des Angegriffenen näher zu charakterisieren, so daß es letztlich offenbleibt, ob hiermit auf die psychische Ausnahmesituation des "Bedrängten" oder auf die besonders akute zeitliche Zuspitzung hingewiesen werden soll, durch die dem Verteidiger die Entscheidung erheblich erschwert wird. Während bei einer Deutung im letzteren Sinne auch die unbeschränkte Zulassung der Nothilfe erklärbar wäre, weil die dann auftretenden Entscheidungserschwernisse in gleicher Weise auch den Nothelfer betreffen würden, stünden einer Auslegung des Begriffs "Bedrängnissituation" im emotionalen Sinne Bedenken unter dem Aspekt der allgemeinen Zulassung der Nothilfe entgegen. Diese könnten auch nicht dadurch ausgeräumt werden, daß der Staat der menschlichen Hilfsbereitschaft in Ausnahmesituationen besondere Wertschätzung beimißt[4)], denn es bliebe

---

dieselbe wie die des Benötigten ..."; anders Seier, der die emotionale Betroffenheit des Nothelfers für vergleichbar mit der des unmittelbar Angegriffenen hält, zumal die Nothelfer oft Angehörige oder sonst nahestehende Personen des Angegriffenen seien (Seier, NJW 1987,2476(2477)); vgl. hierzu auch Haas, S.177ff.

1) Wagner, S.29ff.
2) Kratzsch, StrV 1987,224(227f.).
3) Wagner, S.30ff.,88.
4) Die Wertschätzung als Grundlage des Nothilferechts betont Schroeder, Maurach-FS, S.127.

unverständlich, warum der Staat diese Wertschätzung nur durch die Gewährung eines unproportionalen Rechts zum Ausdruck bringen kann[1].

Dagegen können solche Bedenken gegen die Notwehrkonzeption von Kratzsch[2] nicht ins Feld geführt werden. Dieser versucht, die ratio der Notwehr mit Blick auf die graduellen Unterschiede der sowohl in § 34 StGB wie auch in § 32 StGB vorausgesetzten Rechtsgutsgefährdung und Bedrängnis des Verteidigers zu deuten, und stellt bei der Erklärung der Rigorosität der Notwehr entscheidend darauf ab, daß im Stadium des "gegenwärtigen Angriffs" eine extreme Gefahren- und Bedrängnissituation entstehe, die dadurch gekennzeichnet sei, daß der Angegriffene das bedrohte Rechtsgut nur unter schwierigsten Voraussetzungen und mit sofortiger Verteidigung retten könne. Anders als Wagner bemüht sich somit Kratzsch, die für das Vorliegen einer Notwehrlage erforderliche extreme Notlage des Angegriffenen näher einzugrenzen, wobei dies durch Begriffe geschieht (extreme Rechtsgutsgefährdung, extreme Bedrängnissituation), aus denen sich eventuell Rückschlüsse für die Auslegung des "gegenwärtigen Angriffs" ziehen lassen.
Dennoch erweist sich bei näherer Betrachtung auch die Notwehrdeutung von Kratzsch - ebenso wie die Wagners - als nicht stichhaltig, denn weder die von Wagner als Notwehrspezifikum ins Feld geführten Gesichtspunkte (Bedrängnissituation, Einschränkung der allgemeinen Handlungsfreiheit, Ungeübtheit in der Angriffsabwehr, Ausnahme vom staatlichen Gewaltmonopol) noch die von Kratzsch geforderte extreme Bedrängnissituation und Rechtsgutsgefährdung des Angegriffenen stellen ein Charakteristikum der Notwehr dar, sondern können auch in vielen Fällen defensiver Gefahrenabwehr vorliegen[3],

---

1) Ähnlich Seelmann, ZStW 89(1977),36(47f.).
2) Kratzsch, StrV 1987,224(227f.).
3) Frister, GA 1988,291(299f.); bezüglich der von Wagner angeführten individualrechtlichen Aspekte weist Kratzsch selbst darauf hin, daß diese Aspekte auch den Inhalt des § 34 StGB mitbestimmen (Kratzsch, StrV 1987,224(227)).

in denen die Gewährung des Notwehrrechts eine unzumutbare Härte für den Gefahrverursacher bedeuten würde und deshalb dem Betroffenen von der ganz herrschenden Lehre auch lediglich ein Defensivnotstandsrecht eingeräumt wird[1]. Beispielsweise können Einschränkungen der allgemeinen Handlungsfreiheit, extreme Bedrängnissituationen und Rechtsgutsgefährdungen auch durch Verhaltensweisen ohne Handlungsqualität herbeigeführt werden; etwa durch Bewegungen eines Menschen, der im Zustand eines epileptischen Krampfanfalls um sich schlägt, oder durch eine im Schlaf wild um sich schlagende Person.
Zudem vermögen Kratzsch und Wagner auch nicht schlüssig zu erklären, warum der Verteidiger trotz des Vorliegens der für wesentlich erachteten individualrechtlichen Gesichtspunkte nach zutreffender, ganz herrschender Meinung[2] nur in Rechtsgüter des Angreifers, nicht aber in die unbeteiligter Dritter unproportional eingreifen darf[3]. Wäre nämlich die ratio der Notwehr allein in der extremen Notlage des Bedrohten zu sehen, so müßte der Gefährdete bei deren Vorliegen über die Proportionalitätsschranken des § 34 StGB hinaus auch in Rechtsgüter Dritter eingreifen dürfen. Wenn aber die Notwehr ausschließlich gegenüber dem Angreifer persönlich gestattet ist, so spricht dies eher dafür, daß die ratio der Notwehr nur unter Einbeziehung des Angreifers, nicht aber durch einseitiges Abstellen auf die Situation des Angegriffenen ermittelt werden kann[4]. Es soll deshalb

---

1) Vgl. statt vieler: Sch-Sch-Lenckner, § 32 Rdn.21; Hirsch, Dreher-FS, S.211(222ff.); anders (mit Einschränkungen) LK-Spendel, § 32 Rdn.27.
2) Vgl. statt vieler: Sch-Sch-Lenckner, § 32 Rdn.31 m.w.N.; a.A.: Frank, § 53 Anm.II.
3) Auf diesen Umstand weist jüngst auch Rudolphi hin (Rudolphi, A.Kaufmann-GS, S.371(394)).
4) Dies erkennt im Prinzip auch Wagner, der zwar weitgehend auf die besondere Situation des Angegriffenen abstellt (Wagner, S.30ff.), den Grund für den prinzipiellen Verzicht auf die Güterabwägung bei der Notwehr aber in einer Erweiterung der Duldungspflicht dessen sieht, der Rechtsgüter anderer angreift (Wagner, S.34). Somit

im folgenden untersucht werden, welche besonderen, in der Sphäre des Angreifers liegenden Umstände die Rigorosität der Notwehr erklären können.

## II. Die Interessenlage des Angreifers betonende Auffassungen

Sowohl die Auseinandersetzung mit dem generalpräventiven Erklärungsmodell als auch die Erörterung der auf die besondere Situation des Verteidigers abstellenden individualistischen Konzeptionen haben gezeigt, daß auf der Seite des Angegriffenen neben dem betroffenen Individualrechtsgut kein zusätzlicher Gesichtspunkt vorliegt, der seine Interessen als besonders schutzwürdig erscheinen läßt und daher die "schneidige" Gestaltung des Notwehrrechts erklären könnte. Diese kann daher allenfalls in der Interessenlage des Angreifers begründet sein und möglicherweise darauf beruhen, daß die Angreiferinteressen infolge des gegenwärtigen rechtswidrigen Angriffs fast vollständig ihre Schutzwürdigkeit oder Schutzbedürftigkeit eingebüßt haben.
Während diese Einbuße vereinzelt mit der in dem Angriff liegenden Verletzung fremder Interessen begründet wird[1)], findet sich häufig in der Lehre als Erklärung insoweit der Gedanke, der Angreifer sei ja selbst an dem durch die Verteidigung erlittenen Schaden (im untechnischen Sinne) "schuld". Er müsse sich diesen Schaden deshalb zurechnen lassen, weil er für ihn vermeidbar gewesen sei[2)]. So hat für Coenders[3)] der Angreifer sich die Folgen seines rechtswidrigen Verhaltens selbst zuzuschreiben, und für Beling[4)] ist er deshalb

---

findet auch für Wagner die "Schneidigkeit" der Notwehr letztlich ihre Ursache in einem Verhalten des Angreifers, das er allerdings nicht näher charakterisiert.

1) So Hruschka, Dreher-FS, S.189(198f.); ders., Strafrecht, S.137; ähnlich Fuchs, S.57ff.
2) Vgl. statt vieler: Schünemann, S.407(414); Schröder, SchwZStr 76(1960),1(4f.); von Tuhr, Nothstand, S.54; Montenbruck, S.33ff.
3) Coenders, JW 1925,891.
4) Beling, S.16.

nicht zu beklagen, weil er sich selbst in die Gefahr begeben hat.
Gegen diesen Erklärungsversuch spricht jedoch der systematische Zusammenhang mit den §§ 34 StGB, 228, 904 BGB, weil bei all diesen Rechtfertigungsgründen das Unverschuldetsein der Notstandslage nach herrschender Meinung keine Voraussetzung der Rechtfertigung ist (vgl. § 228 S.2 BGB) und der Gesichtspunkt der schuldhaften Herbeiführung der Notlage allenfalls - so ein Teil der Lehre[1] - im Rahmen der Interessenabwägung Bedeutung erlangen kann.

Zudem stellt der Gesichtspunkt der vermeidbaren Gefahrenverursachung kein Spezifikum der Notwehrlage dar, sondern kann auch in Defensivnotstandsfällen vorliegen, beispielsweise bei der Abwehr einer Gefahr, die von einem infolge mangelnder Beaufsichtigung entlaufenen Tier ausgeht[2].

Daraus folgt, daß die Einbuße fast sämtlicher schutzwürdiger Interessen beim Angreifer nicht a l l e i n mit der schuldhaften Herbeiführung der Notlage zu erklären ist. Obwohl sich diese Erkenntnis inzwischen weitgehend durchgesetzt hat[3], wird gleichwohl auch heute noch verschiedentlich dem Gesichtspunkt, daß die durch die Verteidigung eintretende Rechtsgutsverletzung für den Angreifer vermeidbar war, in der Literatur besondere Bedeutung beigemessen, wobei man bemüht ist, die bisherigen, auf die Vermeidbarkeit abstellenden Deutungsversuche zu präzisieren.

---

1) Die Frage der Berücksichtigung des Verschuldens im Rahmen der Interessenabwägung ist in der Lehre umstritten. Sie wird u.a. bejaht von Küper, Notstand, S.24ff. Die gegenteilige Auffassung vertritt Hruschka, JR 1979,125(126).
2) Frister, GA 1988,291(301).
3) Vgl. zur ablehnenden Auffassung gegenüber einer Gefahrtragungspflicht u.a.: BayObLG NJW 1978,2046 m.Anm. Dencker, JuS 1979,779 und Hruschka, JR 1979,125; Sch-Sch-Lenckner, § 34 Rdn.42; LK-Hirsch, § 34 Rdn.70; Frister, GA 1988,291 (301); Küper, Notstand, S.21ff.

## 1. Die Notwehrdeutung Fristers

Einen Versuch in diese Richtung hat jüngst Frister unternommen[1], indem er die ratio der Notwehr aus dem Regelungssystem der Notrechte heraus interpretieren will. Seine Notwehrkonzeption beruht auf der Überlegung, daß die Ausgestaltung der Notrechte (§§ 32 StGB, 227 BGB; § 859 BGB; §§ 34 StGB, 904 BGB; § 228 BGB) im wesentlichen davon abhängt, welchen Stellenwert das Gesetz dem Prinzip der Eigenständigkeit des Individuums auf der einen Seite und der zwischenmenschlichen Solidarität auf der anderen Seite zuschreibt, wobei unter Eigenständigkeit des Individuums verstanden wird, daß grundsätzlich niemand verpflichtet sei, eigene Rechtsgüter zur Wahrung fremder Rechtsgüter aufzuopfern[2]. Dabei wirft Frister die Frage auf, warum gerade bei der Notwehr, wo es nach geltendem Recht grundsätzlich auf das Wertverhältnis zwischen den betroffenen Rechtsgütern nicht ankommt, das Prinzip der Eigenständigkeit des Individuums nahezu uneingeschränkt zum Tragen kommt, während dieses Prinzip durch die Aggressivnotstandsregelungen (§§ 34 StGB, 904 BGB) und in beschränktem Umfang auch durch die Defensivnotstandsbestimmung des § 228 BGB zugunsten des Gedankens zwischenmenschlicher Solidarität durchbrochen wird.

Für Frister ist bei der Erklärung der eigentümlichen Ausgestaltung der Notwehr Ausgangspunkt die besondere Verantwortung des Angreifers für den ihn letztlich selbst schädigenden Konflikt[3]. Die durch die Verteidigung eintretende Beeinträchtigung der Interessen des Angreifers sei nämlich für diesen im Zeitpunkt der Verteidigungshandlung durchaus vermeidbar gewesen, denn er habe es bis zu diesem Zeitpunkt in der Hand gehabt, die Beeinträchtigung durch einen bloßen Verzicht auf die Fortsetzung des Angriffs abzuwenden. Er befinde sich somit in bezug auf seine durch die Verteidi-

---

1) Frister, GA 1988,291(301ff.).
2) Frister, GA 1988,291.
3) Vgl. zu diesem Aspekt auch Jakobs, AT, 11/3 und Rudolphi, A.Kaufmann-GS, S.371(386,394f.).

gung verletzten Rechtsgüter in gar keiner Notlage. Im Verhältnis zu der aggressiven Gefahrenabwehr sei diese Konstellation nicht dem Fall einer schuldhaft verursachten Notstandslage, sondern dem einer für den Gefährdeten selbst anders abwendbaren Gefahr vergleichbar. So wie in diesem Fall keine Verpflichtung zur zwischenmenschlichen Solidarität und deshalb kein Aggressivnotstandsrecht besteht, werde auch in der Notwehrsituation mangels einer Notlage des Angreifers der Gedanke zwischenmenschlicher Solidarität im Grundsatz nicht berücksichtigt[1].

Bei dieser Notwehrdeutung ist zunächst positiv zu bewerten, daß Frister mit dem Hinweis auf die fehlende Notlage des Angreifers auf einen Aspekt aufmerksam macht, der durchaus eine Minderung der Schutzwürdigkeit oder Schutzbedürftigkeit der Angreiferinteressen begründen kann. Dies ergibt sich nicht nur aus dem systematischen Zusammenhang mit den §§ 34 StGB, 904 BGB, sondern auch aus anderen, auf dem Solidaritätsgedanken beruhenden Bestimmungen. Beispielsweise verpflichtet § 323 c StGB dann nicht zur Hilfeleistung, wenn sich das Opfer in den dort genannten Fällen ohne weiteres selbst helfen kann[2].
Jedoch erscheint es zweifelhaft, ob allein mit diesem Aspekt die fast vollständige Einbuße der Angreiferinteressen bei der Notwehr hinreichend erklärt werden kann. Die konsequente Anwendung dieser Konzeption würde nämlich dazu führen, daß der Bedrohte bei längeren zeitlichen Geschehensabläufen be-

---

1) Frister, GA 1988,291(302f.). Ähnlich begründet auch Mitsch den Verlust des Strafrechtsschutzes des Angreifers damit, daß dieser in der Lage sei, sich durch Abbruch des Angriffs vor gefährlichen Verteidigungsmaßnahmen selbst zu schützen. Er bestimme durch die Intensität seines Angriffs selbst, welche Reaktion des Angegriffenen zur Verteidigung "erforderlich" sei, und habe es also im Normalfall in der Hand, die Notwehrgefahr zu mindern oder ganz zu beseitigen (Mitsch, GA 1986,533(545); ders., JA 1989,79(84); ders., S.121). Auf die Möglichkeit des Abbruchs des Angriffs weisen auch Schmidhäuser (Notwehr, S.53(64f.)), Montenbruck (S.57) und im Rahmen des Notwehrexzesses J.Fischer (S.95) hin.
2) Sch-Sch-Cramer, § 323 c Rdn.16.

reits dann einer anderen Person im Wege der Notwehr entgegentreten könnte, wenn diese eine Gefahr für seine Rechtsgüter begründet, selbst wenn sie sich dabei noch im frühesten Stadium der Vorbereitung befinden würde und die Realisierung ihrer Absicht ungewiß wäre; denn auch diese Person hat die volle Herrschaft über das auf eine Rechtsgutsverletzung hinsteuernde Geschehen, und sie könnte sich jederzeit bis zum Zeitpunkt der Verteidigungshandlung durch Abbruch der gefahrbegründenden Verhaltensweisen selbst schützen. Es erscheint jedoch bedenklich, ob der Verteidiger bereits in diesem Stadium von jeglicher Verpflichtung zu zwischenmenschlicher Solidarität befreit sein soll, nur weil eine Person durch ihr Verhalten eine Gefahr schafft und die Tat- und Willensherrschaft über das auf die Rechtsgutsverletzung hinsteuernde Geschehen hat.

Schließlich lassen sich dann, wenn man bloß auf die fehlende Notlage des Angreifers abstellt, aus der ratio der Notwehr keine Erkenntnisse zur Beantwortung der Ausgangsfrage gewinnen, ab welchem Stadium ein "gegenwärtiger Angriff" im Sinne des § 32 StGB vorliegt.

Es kann daher festgestellt werden, daß der Gesichtspunkt der fehlenden Notlage des Angreifers wohl eine notwendige Bedingung, aber noch keine hinreichende Begründung für die Rigorosität der Notwehr darstellt.

2. <u>Der eigene Deutungsversuch: Die Bedeutung der Abstufung "Angriff" (§ 32 StGB) und "Gefahr" (§§ 34 StGB, 228, 904 BGB) für die ratio der Notwehr</u>

Zur Beseitigung des verbleibenden Erklärungsdefizits soll nun, anders als dies meist in der Literatur geschieht, wo man bemüht ist, die ratio der Notwehr ausgehend von der "Rechtswidrigkeit" des Angriffs zu deuten[1], hier der Ver-

---

1) Vgl. statt vieler: Roxin, ZStW 93(1981),68(72): "Die Unterschiede zwischen Notwehr und rechtfertigendem Not-

such unternommen werden, aus der Abstufung zwischen dem "gegenwärtigen Angriff" bei der Notwehr und der "gegenwärtigen Gefahr" beim Notstand Erkenntnisse für die ratio der Notwehr zu gewinnen, wobei die "Gegenwärtigkeit" insoweit außer acht gelassen werden kann, weil sie sowohl in § 32 StGB als auch in § 34 StGB gefordert wird, so daß aus ihr keine sachdienlichen Hinweise zur Notwehrinterpretation zu erwarten sind[1].

Es soll deshalb zunächst der Frage nachgegangen werden, weshalb der Gesetzgeber gerade bei der Notwehr einen "Angriff" verlangt, während er sich beim Notstand mit einer "Gefahr" begnügt. Hierbei wird sich zeigen, daß dem Angriffsmerkmal große Bedeutung für das Verständnis der ratio der Notwehr zukommt[2] und daß ein unmittelbarer Zusammenhang zwischen der gesetzgeberischen Entscheidung, den Interessen des Angreifers bei der Notwehr weitgehend ihre Schutzwürdigkeit abzusprechen, und der Tatsache besteht, daß die Notwehrbestimmung sich nicht mit einem Gefahrerfordernis begnügt, sondern einen "Angriff" verlangt.

Die herrschende Lehre definiert den "Angriff" (§ 32 StGB) in einem weiten Sinne als "jede durch menschliches Verhalten drohende Verletzung rechtlich geschützter Interessen"[3] oder als "aggressive Gefährdung von Rechtsgütern"[4] und nimmt eine zeitliche Beschränkung der Notwehrbefugnis erst über die "Gegenwärtigkeit" vor, so daß nach diesen Definitionen beispielsweise schon in der bloßen Drohung eines Menschen mit der Begehung eines Delikts ein "Angriff" zu sehen wäre.

---

stand gehen auf den 'rechtswidrigen Angriff' als Voraussetzung der Notwehr zurück"; Stratenwerth, ZStW 68 (1956),41(60ff.); Hoyer, JuS 1988,89ff.

1) Einen ähnlichen Ausgangspunkt wählt Kratzsch, StrV 1987, 224(225).

2) Zutreffend insoweit Kratzsch, StrV 1987,224: "Angriff" als Schlüsselbegriff des Notwehrrechts.

3) Vgl. statt vieler: SK-Samson, § 32 Rdn.4; Jescheck, AT, § 32 II 1 a.

4) Geilen, Jura 1981,200(201).

Eine solch großzügige Auslegung widerspricht jedoch völlig dem natürlichen Sprachgebrauch, nach dem bei bloßen Drohungen, Ankündigungen und Planungen nicht nur kein "gegenwärtiger", sondern überhaupt noch kein "Angriff" vorliegt[1]. Danach schließt nämlich der "Angriff" bereits begrifflich ein - noch näher zu konkretisierendes - zeitliches Moment dergestalt ein, daß er eine akute Zuspitzung der Gefahr voraussetzt[2]. Definiert man aber den "Angriff" eng, indem man auf eine akute zeitliche Zuspitzung der Situation abstellt, so reduziert sich damit die Bedeutung der "Gegenwärtigkeit". Besteht nämlich bereits das Wesen des "Angriffs" bei § 32 StGB darin, daß er im o.a. Sinne "gegenwärtig" ist, so würde das Wort "gegenwärtig" hier nur tautologisch gebraucht und hätte keinen selbständigen Erklärungswert.

Dagegen wird die "Gefahr" nicht durch eine zeitliche Komponente, sondern eher durch das Moment einer gewissen Latenz[3] gekennzeichnet. Charakteristisch für sie ist die Notwendigkeit einer Prognose, die sich auf zukünftige, möglicherweise schadensstiftende Entwicklungen und Ereignisse bezieht und die daher mit hohen Irrtumsrisiken behaftet ist. Die "Gefahr" im Sinne der Notstandsvorschriften (§§ 34, 35 StGB, 228, 904 BGB) ist somit als ein Zustand zu definieren, in dem aufgrund tatsächlicher Umstände die Wahrscheinlichkeit eines schädigenden Ereignisses besteht[4], wobei

---

1) Ebenso Bottke, JR 1986,292(293); Roxin, Jescheck-FS, S.457(479f.); ders., Tjong-GS, S.137(141).
2) In die gleiche Richtung gehen auch engere Definitionen des "Angriffs" in einem Teil der Lehre, in dem für ihn eine unmittelbar drohende Rechtsgutsverletzung gefordert wird, vgl. Dreher/Tröndle, § 32 Rdn.4; Sch-Sch-Lenckner, § 32 Rdn.3; LK-Spendel, § 32 Rdn.23; Wessels, AT, § 8 IV 1.
3) Im gleichen Sinne: Kion, JuS 1967,499(503).
4) Vgl. statt vieler: BGHSt 18,271(272); Schünemann, JA 1975,787(793ff.); Schaffstein, Bruns-FS, S.89ff.; Horn, S.7ff. Problematisch und umstritten ist dabei allerdings der erforderliche Wahrscheinlichkeitsgrad, vgl. hierzu: Sch-Sch-Lenckner, § 34 Rdn.15; LK-Hirsch, § 34 Rdn.32 m.w.N.

das Schadensereignis nicht unmittelbar bevorstehen muß.

Die Notwendigkeit einer engeren Auslegung in zeitlicher Hinsicht ergibt sich auch nicht dadurch, daß der Gesetzgeber der "Gefahr" das Wort "gegenwärtig" beigefügt hat. Damit verfolgt er nämlich nicht den Zweck einer zeitlichen Begrenzung[1)] dergestalt, daß der Schadenseintritt bereits in der Gegenwart drohen muß, sondern er beschreibt lediglich den Zeitpunkt näher, in dem Indizien auftauchen, die auf den Schadenseintritt in der Zukunft schließen lassen. Danach kann eine Gefahr bereits dann als "gegenwärtig" bezeichnet werden, wenn in der Gegenwart Anhaltspunkte vorliegen, aufgrund derer ein zukünftiger Schadenseintritt mit gewisser Wahrscheinlichkeit prognostiziert werden kann.

Dem Umstand, daß bei Rechtfertigungsgründen mit prognostisch gefärbten Rechtfertigungsvoraussetzungen (§§ 34 StGB, 228, 904 BGB) ein Wahrscheinlichkeitsurteil hinsichtlich zukünftiger Entwicklungen notwendig ist, wobei mit größerer zeitlicher Entfernung auch die Irrtumsrisiken wachsen, trägt der Gesetzgeber einmal dadurch Rechnung, daß die Notstandshandlung nur dann erfolgen darf, wenn sie zur Gefahrabwendung erforderlich ist (§§ 228, 904 BGB) bzw. wenn die Gefahr nicht anders abwendbar ist (§ 34 StGB). Somit ist der Bedrohte beispielsweise in Fällen einer zweifelhaften künftigen Rechtsgutsverletzung durch menschliches Verhalten stets verpflichtet, dem Konflikt - soweit möglich - auszuweichen. Auch die bei den Notstandsrechten bestehende Begrenzung der Solidaritätsverpflichtung durch die Proportionalitätsmaßstäbe der §§ 34 StGB, 904 BGB (Eingriff setzt wesentliches Überwiegen des geschützten Interesses voraus[2)]) und des § 228 BGB (Notstandshandlung nicht gestattet, wenn

---

1) Anders: H.Mayer, JW 1932,2291(2293).
2) So der Wortlaut des § 34 StGB. Die Formulierung des § 904 BGB, der drohende Schaden müsse gegenüber dem durch die Einwirkung entstehenden Schaden unverhältnismäßig groß sein, beinhaltet keinen sachlichen Unterschied, vgl. dazu Hruschka, Strafrecht, S.116.

der durch die Einwirkung entstehende Schaden zu der Gefahr außer Verhältnis steht) resultiert aus der Überlegung, daß wegen des Gefahrerfordernisses der Schutz des bedrohten Interesses nur auf der Grundlage eines - möglicherweise irrigen - Wahrscheinlichkeitsurteils erfolgt[1].

Dagegen trifft den Angegriffenen bei der Notwehr grundsätzlich keine Verpflichtung zur Solidarität mit dem Angreifer, was u.a. zur Folge hat, daß er nach einhelliger Auffassung in Rechtsprechung und Lehre prinzipiell nicht zu einer Konfliktlösung durch Ausweichen verpflichtet ist[2].

Diese ganz erhebliche Stärkung der Stellung des Bedrohten bei der Notwehr erscheint nur dann gerechtfertigt, wenn sich das Wahrscheinlichkeitsurteil hinsichtlich der bevorstehenden Verletzungshandlung so stark verdichtet hat, daß Irrtumsrisiken weitgehend ausgeschlossen sind und damit dem Prinzip Genüge getan ist, daß Notwehr nicht gegen unbeteiligte Dritte geübt werden darf[3]. Eben dies ist durch das Angriffserfordernis weitgehend gewährleistet, weil der "Angriff" keine Prognosen über zukünftige Entwicklungen und Ereignisse fordert, sondern ein aktuelles Verhalten darstellt, in dem der Verletzungswille einer Person regelmäßig deutlich nach außen in Erscheinung tritt. Der Bedrohte ist beim Vorliegen eines "Angriffs" lediglich zur Bewertung von Umständen verpflichtet, die hic et nunc entweder gegeben oder nicht gegeben sind, nicht aber zur Stellung von Prognosen über zukünftige Geschehensabläufe. Dies führt zu einer weitgehenden Reduktion von Irrtumsrisiken, wenn auch nicht zu deren völligem Ausschluß[4]. So ist beispielsweise im "Beretta-Fall"[5] die Angriffsabsicht des Sch. bei seiner Handbewegung in Richtung

---

1) Frisch, S.428f.
2) Vgl. Sch-Sch-Lenckner, § 32 Rdn.40 m.w.N.
3) Vgl. zur Gefahr der Risikoabwälzung auf Unbeteiligte: Kratzsch, StrV 1987,224(226f.).
4) Auf das geringere Irrtumsrisiko bei "gegenwärtigen" und "unmittelbaren Gefahren" weisen auch Kratzsch (StrV 1987, 224(226f.)) und Fuchs (S.98) hin.
5) Vgl. oben S.24f.

der "Beretta" entweder aktuell vorhanden oder nicht, nur weiß das niemand außer Sch. selbst, und A. ist trotz der zeitlichen Zuspitzung der Situation zu einem Wahrscheinlichkeitsurteil darüber gezwungen, ob ihm tatsächlich eine Verletzung droht oder ob die Handbewegung des Sch. in Wahrheit nur eine harmlose Bewegung ohne jede Schieß- oder Drohabsicht darstellt[1].

Indes bilden diese Fälle eines mehrdeutigen Verhaltens, in denen trotz Angriffsbeginns ein hohes Irrtumsrisiko besteht, seltene Ausnahmen. Meist entsteht nämlich mit diesem Stadium eine Situation, die eine relativ zuverlässige Einschätzung und Bewertung der tatsächlichen Gegebenheiten ermöglicht. Dabei erscheint die mit dem Angriffsbeginn verbundene Reduktion des Irrtumsrisikos in diesem Zusammenhang auch deshalb besonders bedeutsam, weil in Fällen einer bedrohlichen Situation die emotionale Betroffenheit durch das Gefühl des Bedrohtseins häufig zu Fehleinschätzungen führen kann[2] und daher das Irrtumsrisiko hier besonders hoch zu veranschlagen ist.

Danach ist der "Angriff" wie folgt zu charakterisieren: Die "Gefahr" muß sich derart konkretisiert haben, daß das Irrtumsrisiko des Bedrohten erheblich reduziert ist und die bevorstehende Verletzungshandlung mit hoher Wahrscheinlichkeit erkannt werden kann. Für ein solches Urteil ist regelmäßig erforderlich, daß das Verhalten einer Person, d.h. die schon erfolgte Betätigung des Entschlusses zur Verletzung rechtlich geschützter Interessen, den Schluß nahelegt, daß diese Person über so viel deliktische Energie verfügt, wie zur Verletzung dieser Interessen tatsächlich notwendig ist, und daß sie ihrem Willen nach dazu auch in der Lage ist. Davon läßt sich aber erst bei solchen Manifestationen des rechtsfeindlichen Willens sprechen, die bereits das Höchstmaß der

---

1) Frisch, S.421f.
2) Kratzsch, StrV 1987,224(226f.); Roxin, Tjong-GS, S.137 (142).

Energie enthalten, welche zur Verletzung der rechtlich geschützten Interessen erforderlich ist.

Somit ergibt sich aus der begrifflichen Abstufung zwischen der "Gefahr" und dem "Angriff" die Erklärung dafür, warum der Gesetzgeber den Interessen einer Person, die sich selbst in keiner Notlage befindet, fast völlig ihre Schutzwürdigkeit abspricht, wenn diese Person einen anderen angreift. Mit dem Angriffsbeginn entfaltet sie nämlich in der Regel das Höchstmaß an deliktischer Energie und rechtfertigt damit die Annahme, daß eine Verletzungshandlung mit hoher Wahrscheinlichkeit bevorsteht. In diesem Zeitpunkt hat sich das Irrtumsrisiko des Gefährdeten schon so erheblich gemindert, daß ihm der Gesetzgeber nicht länger eine Verpflichtung zur zwischenmenschlichen Solidarität auferlegen will. Demgegenüber wird es dem Notwehropfer angesichts seiner bereits dokumentierten konkreten Gefährlichkeit zugemutet, die noch verbleibenden Irrtumsrisiken zu tragen. Es ist somit die Erwägung, daß eine Person in einem fortgeschrittenen zeitlichen Stadium durch die Vornahme eines "Angriffs" ihre konkrete Gefährlichkeit für rechtlich geschützte Interessen anderer Menschen unter Beweis stellt, die dazu führt, daß ihre Interessen fast vollkommen an Schutzwürdigkeit einbüßen.

Es kann danach zusammenfassend festgestellt werden, daß zwei in der Sphäre des Angreifers liegende Gesichtspunkte zu erklären vermögen, weshalb der Gedanke zwischenmenschlicher Solidarität, anders als bei den Notstandsrechten, im geltenden Notwehrrecht im Grundsatz keine Berücksichtigung findet. Zum einen führt der Umstand, daß eine Person einer anderen einen Konflikt aufzwingt und bis zum Zeitpunkt der Verteidigungshandlung in der Lage und verpflichtet ist, die Konfliktlage zu beenden, zu einer Minderung der Schutzwürdigkeit ihrer Interessen. Fast vollständig büßen die Angreiferinteressen ihre Schutzwürdigkeit aber erst dann ein, wenn diese Person ihre Gefährlichkeit konkret durch ein Verhalten unter Beweis gestellt hat, bei dem ein Höchstmaß an deliktischer Energie entfaltet wurde. Wenn in dieser qualifi-

zierten Form die Gefahr dem Angreifer persönlich zuzurechnen ist, verpflichtet das geltende Recht den Verteidiger grundsätzlich nicht mehr zur Solidarität mit dem Angreifer und gewährt ihm das Notwehrrecht. Damit wird bei der Notwehr der Grundsatz der Interessenabwägung zu Lasten des Angreifers durch das Prinzip persönlicher Zurechnung substituiert[1], das lediglich durch die Schranke des "krassen Mißverhältnisses" begrenzt wird.
Die eigentümliche Ausgestaltung der Notwehr nach geltendem Recht kann somit rein individualistisch durch einen Rekurs auf die Interessenlage des Angreifers erklärt werden, wobei maßgebliche Bedeutung den Aspekten "fehlende Notlage des Angreifers" und "Entfaltung eines Höchstmaßes an deliktischer Energie" zukommt.
Die hier entwickelte Notwehrkonzeption soll jedoch erst und nur dann für die Auslegung des Notwehrrechts herangezogen werden, wenn sich mit ihr wesentliche Fragen des Notwehrrechts, die von der herrschenden generalpräventiven Notwehrdeutung nicht überzeugend beantwortet werden können, plausiblen und widerspruchsfreien Lösungen zuführen lassen.

## C. Antworten auf Fragen des Notwehrrechts auf der Grundlage dieser Notwehrkonzeption

Zunächst kann dieses Notwehrverständnis eine Erklärung dafür liefern, warum überindividuellen Rechtsgütern des Staates, der Rechtsordnung im ganzen und Rechtsgütern der Allgemeinheit von der herrschenden Meinung die Notwehrfähigkeit abgesprochen wird[2], denn es beruht auf der Überlegung, daß das Notwehrrecht als ein engumgrenztes Reservat der priva-

---

1) Vgl. zum Zurechnungsgedanken bei der Notwehr: Fuchs, S.54ff. Die Begrenzung des allgemeinen Rechtfertigungsprinzips des überwiegenden Interesses durch das Verantwortungsprinzip betont jüngst auch Rudolphi (A.Kaufmann-GS, S.371(394ff.)); ähnlich bereits Jakobs, AT, 11/3.
2) Vgl. oben S.58.

ten Selbsthilfe im modernen Staat den Bürger nur dort zur Selbstverteidigung ermächtigt, wo der Staat ausnahmsweise Angriffe auf Individualrechtsgüter des Bürgers nicht oder nicht rechtzeitig abwehren kann[1]. Dagegen behält es sich der Staat selbst vor, bei Angriffen auf eigene überindividuelle Rechtsgüter, auf die Rechtsordnung im ganzen und Rechtsgüter der Allgemeinheit diese durch seine Organe abzuwehren, weshalb er dem Privatmann in diesem Bereich die Gewaltausübung nicht gestattet.

Darüber hinaus läßt sich aus dem dargelegten Notwehrverständnis auch die These der herrschenden Meinung, daß Nothilfe einem Angegriffenen nicht aufgedrängt werden darf[2], schlüssig begründen. Danach verpflichtet die Rechtsordnung den Verteidiger dann, wenn die erforderlichen Zurechnungsvoraussetzungen in der Sphäre des Angreifers vorliegen, grundsätzlich nicht zur Wahrung von Solidarität mit dem Angreifer. Jedoch auch wenn der Bedrohte dazu nicht verpflichtet ist, so ist er doch andererseits berechtigt, auf die Ausübung des Notwehrrechts zu verzichten und dem Angreifer ein gewisses Maß an Schonung zukommen zu lassen. Über diese frei getroffene Entscheidung darf sich auch ein Dritter nicht hinwegsetzen, und ihm steht daher kein Nothilferecht zu, wenn der Verletzte den Angriff nicht abwehren will, obwohl er einen solchen Entschluß fassen kann und darf.

Es bleibt weiter zu prüfen, ob der Wertungswiderspruch zwischen dem Recht der staatlichen Gefahrenabwehr und dem privaten Notwehrrecht[3] mit der hier entwickelten Notwehrinterpretation überzeugend aufgelöst werden kann. Nach dieser würde die Notwehr nicht auf einer Gewaltübertragung beruhen, vielmehr würde die Gewaltgestattung in diesem Fall durch eine Gewaltermächtigung erfolgen[4], bei der der Staat als

---

1) Vgl. oben S.61f.
2) Vgl. oben S.59.
3) Vgl. oben S.72.
4) Vgl. zu dieser Differenzierung: Merten, S.56ff.

originärer Gewaltinhaber den Bürger zur Anwendung von Privatgewalt ermächtigt. Zwar wäre auch bei einem solchen derivativen Notwehrverständnis der Staat grundsätzlich nicht gehindert, aus Gründen freiwilliger Selbstbeschränkung seiner Machtausübung dem Bürger in weiterem Umfang Gewalt einzuräumen, wie er sie selbst ausübt. Geschähe dies allerdings in Kernbereichen hoheitlicher Machtausübung, so würde er sich durch eine solche Gewaltermächtigung in einen Wertungswiderspruch zur eigenen Selbstbeschränkung begeben[1].

Während sich eine Einschränkung des Notwehrrechts durch die MRK noch mit plausiblen Argumenten begründen läßt[2], verpflichtet das Notwehrrecht den Angegriffenen prinzipiell weder zur Beachtung der Grundrechte des Angreifers noch des Grundsatzes der Verhältnismäßigkeit. Insoweit bleibt also auch nach der hier entwickelten Notwehrkonzeption ein Widerspruch zwischen öffentlichem Recht und privatem Notwehrrecht bestehen.

Erklären läßt sich die auf den ersten Blick paradox erscheinende Diskrepanz, daß das Recht des Bürgers, in die Rechtssphäre des Angreifers einzugreifen, weiter reichen soll als die Gewaltrechte des Staates, nur, indem man sich die völlig unterschiedliche historische Entwicklung der individuellen und der staatlichen Gewaltrechte vergegenwärtigt und dabei feststellt, daß sich im Zuge dieser Entwicklung Art und Intensität der zulässigen hoheitlichen Zwangsbefugnisse radikal verändert haben[3].

Während der absolute Staat des 17. und 18. Jahrhunderts durch eine uneingeschränkte Eingriffszuständigkeit gekennzeichnet ist, hat sich der moderne Staat des 19. Jahrhunderts zunehmend Schranken beim Gebrauch von Zwangsmitteln gesetzt, wobei sich die Einschränkung der gewaltigen Macht-

---

1) Vgl. oben S.63.
2) Hierzu überzeugend Frister, GA 1985,553ff.; anders aber die h.M., vgl. oben S.65.
3) Vgl. hierzu Maurer, § 2 Rdn.4ff.; Klinkhardt, VerwArch. 55(1964),264ff.

fülle des absolutistischen Staates besonders in zwei Bereichen auswirkte. Einerseits wurde die ursprünglich umfassende Zuständigkeit des allmächtigen Staates auf genau festgelegte Zuständigkeitsbereiche beschränkt und die staatliche Verwaltungstätigkeit auf den Bereich der Abwehr von Gefahren für die öffentliche Sicherheit und Ordnung begrenzt[1]. Neben dieser allgemeinen Kompetenzbeschränkung wurden im liberalen Rechtsstaat des 19. Jahrhunderts die staatlichen Zwangsrechte weiter durch die normative Bindung des Zwangsvollstreckungsverfahrens begrenzt, indem die Volksvertretung gegenüber dem Monarchen durchsetzte, daß die staatliche Verwaltungstätigkeit einer speziellen gesetzlichen Bindung unterworfen wurde und die überwiegend in Verwaltungsvorschriften festgelegten Voraussetzungen für die Anwendung unmittelbaren Zwangs durch förmliche Gesetze verschärft wurden. Eingriffe in Freiheit und Eigentum des Bürgers waren nur noch zulässig, wenn ein vom Parlament beschlossenes Gesetz hierzu ermächtigte (Gesetzesvorbehalt).

Die im historischen Zeitablauf durch die Kompetenzbeschränkung und die normative Bindung des Vollstreckungsverfahrens manifestierte Tendenz zur Mäßigung und Selbstbeschränkung bezog sich aber nur auf die hoheitlichen Zwangsrechte, erfaßte dagegen nicht solche Befugnisse, die jedermann zustehen, wie zum Beispiel Notwehr-, Nothilfe- und Notstandsbefugnisse. Diese individuellen Handlungsbefugnisse wurden in der liberalen Epoche in keiner Weise eingeschränkt, weil es dieser die individuelle Freiheit betonenden Zeitströmung darum ging, dem mit umfassenden Gewaltrechten ausgestatteten Staat in seiner konzentrierten Machtfülle Schranken aufzuerlegen, um damit seine überlegenen Machtbefugnisse für den einzelnen Bürger erträglicher zu gestalten und dadurch

---

1) Vgl. § 10 Teil II Titel 17 ALR, wonach die Aufgabe der Polizei darin besteht, "die nöthigen Anstalten zur Erhaltung der öffentlichen Ruhe, Sicherheit und Ordnung, und zur Abwendung der dem Publico oder einzelnen Mitgliedern derselben bevorstehenden Gefahr zu treffen".

den Schutz der individuellen Freiheit zu erhöhen, nicht aber die individuellen Entfaltungsmöglichkeiten in irgendeiner Form einzuengen[1].
Diesem Ziel der Beschränkung der Staatsgewalt zugunsten des Bürgers und seiner Rechte dient im öffentlichen Recht u.a. der Grundsatz der Verhältnismäßigkeit. Bei einer Einschränkung des privaten Notwehrrechts durch den Verhältnismäßigkeitsgrundsatz würde - so wird argumentiert - dieser jedoch genau umgekehrt die Freiheitsrechte des Angegriffenen reduzieren[2] und damit den ursprünglichen Zielen der Selbstbeschränkung des Staates zuwiderlaufen. Daher fand der Verhältnismäßigkeitsgrundsatz in das Notwehrrecht anders als in das Recht der staatlichen Gefahrenabwehr keinen Eingang.

D. Fazit

Die vorangegangenen Ausführungen haben gezeigt, daß sich wesentliche Fragen des Notwehrrechts, die auf der Grundlage eines generalpräventiven Notwehrverständnisses nicht widerspruchsfrei beantwortet werden können, mit einer individualistischen, auf die Interessenlage des Angreifers rekurrierenden Notwehrkonzeption plausiblen Lösungen zuführen lassen. Auch vermag diese Notwehrdeutung zu erklären, weshalb bei der Notwehr nach geltendem Recht das Prinzip der Eigenständigkeit des Individuums nahezu uneingeschränkt zum Tragen kommt. Deshalb soll diese Konzeption und nicht die mit den Begriffen "Rechtsgüterschutz" und "Verteidigung der Rechtsordnung" argumentierenden dualistischen Notwehrdeutungen die Grundlage für die Auslegung des Notwehrrechts bilden.
Zwar geht es bei der Ausübung des Notwehrrechts stets auch um den Schutz von Rechtsgütern des Betroffenen, und deshalb scheidet die Rechtfertigung einer Verteidigungshandlung auch

---

1) Klinkhardt, VerwArch. 55(1964),264(269).
2) Krey, JZ 1979,702(713 Fn.20); Suppert, S.58 Fn.81.

nach der hier vertretenen Konzeption ohne Rücksicht auf das Vorliegen persönlicher Zurechnungskriterien beim Angreifer von vornherein aus, wenn das Güterschutzprinzip im konkreten Fall - wie etwa beim untauglichen Versuch - überhaupt nicht zum Tragen kommt. Jedoch stellt das Güterschutzprinzip kein Kriterium dar, das gerade zur Erklärung der spezifischen Besonderheiten des Notwehrrechts gegenüber den Notstandsrechten in der Lage wäre, sondern es ist lediglich die gemeinsame Grundlage aller Notrechte.
Auch soll der Notwehr eine gewisse generalpräventive Wirkung nicht abgesprochen werden, jedoch handelt es sich dabei nur um eine mittelbare, sekundäre Auswirkung, die durch jede Form der Rechtsdurchsetzung, z.B. auch das Zwangsvollstrekkungs- oder Schadensersatzrecht hervorgerufen wird[1], so daß auf die generalpräventiven Belange zur Erklärung des Notwehrrechts nicht zurückgegriffen werden kann.

Wenn sich auch, wie dargestellt, mit der hier entwickelten Notwehrkonzeption eine Reihe von wichtigen Fragen des Notwehrrechts widerspruchsfrei beantworten und scheinbare Wertungswidersprüche auflösen lassen, so gilt dies nicht für den Wertungswiderspruch zwischen dem proportionalitätsgebundenen Polizeirecht und dem "schneidigen" Notwehrrecht; dieser ist nur aus der divergierend verlaufenen historischen Entwicklung der individuellen und behördlichen Zwangsbefugnisse heraus zu erklären. Da aber zwischen den Notwehraktionen von Staatsorganen und Privaten, wie nachgewiesen wurde, in der Sache kein entscheidender qualitativer Unterschied besteht und es für einen Angreifer nur schwer nachvollziehbar sein dürfte, daß einer angegriffenen Privatperson gestattet sein soll, was einem Polizisten in gleicher Situation verboten ist[2], dürften im Ergebnis keine durchgreifen-

---

1) Frister, GA 1988,291(303); Geilen, Jura 1981,200: "Die Bewährung der Rechtsordnung als generalpräventiv wünschenswerte Reflexwirkung"; Bitzilekis, S.65.
2) Ähnlich Stratenwerth, AT, Rdn.440; Schwabe, NJW 1974,670 (672).

den Bedenken bestehen, das polizeiliche Proportionalitätserfordernis, welches dem Verhältnismäßigkeitsmaßstab des § 228 BGB entspricht[1], auf das private Notwehrrecht zu übertragen. Im Gegenteil erschiene dies absolut sachgerecht, wenn nicht aus Gründen der Harmonisierung von Polizei- und Strafrecht sogar geboten. De lege ferenda wäre danach die Gewährung des Notwehrrechts davon abhängig zu machen, daß der von der Verteidigung zu erwartende Schaden nicht außer Verhältnis zu dem durch den Angriff drohenden Schaden steht[2].

Die vorgeschlagene Einschränkung des Notwehrrechts steht auch, worauf besonders hinzuweisen ist, nicht etwa im Gegensatz zu der hier entwickelten Notwehrkonzeption. Diese liefert vielmehr lediglich eine Erklärung für die rigorose Ausgestaltung der Notwehr im geltenden Recht, indem sie Kriterien in der Sphäre des Angreifers aufzeigt, die das Notwehrrecht als eine qualifizierte Form defensiver Gefahrenabwehr ausweisen. Dies beinhaltet jedoch noch keine wertende Aussage darüber, ob es auch sachgerecht ist, den persönlichen Zurechnungskriterien in der Sphäre des Angreifers eine solch entscheidende Bedeutung beizumessen, wie dies der Gesetzgeber tut, der im Falle ihres Vorliegens dem Prinzip der zwischenmenschlichen Solidarität eine fast vollständige Absage erteilt.
Diese vom Gesetzgeber vorgenommene Gewichtung der Differenzierungskriterien und die von ihm daraus abgeleitete Folgerung ist nur eine mögliche, nicht aber die einzig mögliche und damit zwingende - verfassungsrechtlich vorgeschriebene - Wertung. Art.3 I GG würde vielmehr trotz der dargelegten Unterschiede zwischen Notwehr und Notstand einer beschränkten Berücksichtigung des allgemeinen Solidaritätsprinzips auch im Notwehrrecht nicht notwendigerweise entgegenstehen.

Art.3 I GG verbietet nämlich dem Gesetzgeber lediglich, we-

---

1) Vgl. oben S.66f.
2) So auch § 24 des Amtlichen Entwurfes eines Allgemeinen Deutschen Strafgesetzbuches von 1927.

sentlich Gleiches w i l l k ü r l i c h ungleich und wesentlich Ungleiches w i l l k ü r l i c h gleich zu behandeln[1], wobei ihm eine weitgehende Gestaltungsfreiheit zukommt und eine den Gleichheitssatz verletzende Willkür nicht schon dann vorliegen soll, wenn er Differenzierungen, die er vornehmen darf, nicht vornimmt[2], sondern erst dann, wenn sich ein vernünftiger, sich aus der Natur der Sache ergebender oder sonstwie sachlich einleuchtender Grund für die gesetzliche Gleichbehandlung trotz Vorliegens von Differenzierungskriterien nicht finden läßt[3].

Würde sich daher der Gesetzgeber, ungeachtet der aufgezeigten spezifischen Zurechnungskriterien, die die geltende Notwehrregelung rechtfertigen, entschließen, dem Prinzip der zwischenmenschlichen Solidarität auch im Rahmen des Notwehrrechts durch Einführung der Proportionalitätsklausel des § 228 BGB Rechnung zu tragen, so könnte eine solche Gestaltung jedenfalls nicht als willkürlich bezeichnet werden; vielmehr stellte die damit erreichte, von der Sache her erwünschte Harmonisierung der privaten Notwehrbefugnisse mit den polizeilichen Eingriffsbefugnissen einen durchaus vernünftigen und sachlich einleuchtenden Grund für eine entsprechende Gesetzesänderung dar.
Auch unter rechtspolitischen Gesichtspunkten wäre eine solche abwägende, auf eine uneingeschränkte Verteidigung verzichtende Konfliktlösung einer unproportionalen Verteidigung vorzuziehen, da die von der Rechtsordnung gestattete unverhältnismäßige Abwehrhandlung letztendlich nicht zur Stabilisierung der Rechtstreue der Bevölkerung beitragen dürfte, sondern im Gegenteil eher die Gefahr einer Eskalation auf seiten des Angreifers erhöhen könnte[4].

Schließlich entspräche die vorgeschlagene Einschränkung des

---

1) St.Rspr. des BVerfG, vgl. BVerfGE 1,14(52); 6,257(280); 9,3(10f.).
2) BVerfGE 4,31(42).
3) BVerfGE 1,14(52); 12,341(348); 14,142(150).
4) Ähnliche Bedenken äußert auch Schroeder, Maurach-FS, S.127(140).

Notwehrrechts auch einem sich wandelnden Rechtsgefühl, dem die rigorose Ablehnung der Idee zwischenmenschlicher Solidarität, wie sie im geltenden Notwehrrecht zum Ausdruck kommt, zunehmend fremder wird[1]. Unangemessene, von der Rechtsordnung gebilligte Reaktionen, etwa die Verteidigung einer Sache im Wert von 100,- DM durch Zufügen erheblicher Körperverletzungen[2], könnten insoweit der Autorität des Rechts in den Augen der Öffentlichkeit eher abträglich sein.

## 4. Kapitel: Die Auslegung des Notwehrrechts aus seinem Grundgedanken

### A. Der "gegenwärtige Angriff" - Versuch einer Harmonisierung von § 32 StGB und § 22 StGB

Es soll nun die Frage untersucht werden, welche Folgerungen sich aus der hier entwickelten Notwehrkonzeption für die Auslegung des "gegenwärtigen Angriffs" ergeben. Dazu muß das zeitliche Stadium näher konkretisiert werden, ab welchem ein gefahrbegründendes Verhalten als "Angriff" qualifiziert werden kann und damit dem Angegriffenen das Notwehrrecht zusteht. Als Anknüpfungspunkt für eine Konkretisierung könnte die Versuchsbestimmung (§ 22 StGB) in Betracht kommen, wenn der Strafgrund des Versuchs im wesentlichen durch ähnliche Erwägungen wie die ratio des Notwehrrechts bestimmt würde. In diesem Fall wäre bei der Festlegung des "gegenwärtigen Angriffs" analog § 22 StGB auf das unmittelbare Ansetzen zur Rechtsgutsverletzung abzustellen. Die Frage nach dem Strafgrund des Versuchs steht daher im Mittelpunkt der folgenden Untersuchung.

---

1) Kritisch gegenüber einer Berücksichtigung des Solidaritätsgedankens im Rahmen des § 32 StGB jüngst jedoch Kühl (Jura 1990,244ff.).

2) Hier wäre noch kein "krasses Mißverhältnis" im Sinne des § 32 StGB, wohl aber eine Unverhältnismäßigkeit im Sinne der einzuführenden Proportionalitätsklausel zu bejahen.

## I. Der Strafgrund des Versuchs

### 1. Die Versuchstheorien

Während die früher herrschende Lehre[1] den Strafgrund des Versuchs in der konkreten Gefährdung des geschützten Handlungsobjekts sah (sog. objektive Theorie), erfolgte später zunehmend eine Blickwendung vom gefährdeten Rechtsgut auf den Täter und damit ein Übergang zur subjektiven Theorie[2], die den Strafgrund des Versuchs in dem durch gefährliche oder ungefährliche Handlungen betätigten rechtsfeindlichen Willen sieht[3]. Dabei stellt sie in der heute vertretenen Form maßgebend darauf ab, daß der Täter durch die Betätigung seines rechtsfeindlichen Willens den allgemeinen Rechtsfrieden stört, d.h. auf den im Versuch hervorgetretenen besonderen Handlungsunwert, während früher - unter stärker spezialpräventiven Aspekten - besonders die durch die Versuchstat manifestierte Gefährlichkeit des Täters betont wurde.

Gegen diese Theorie ist wiederholt eingewandt worden, sie führe zu einer ungebührlichen Ausdehnung des Bereichs des strafbaren Versuchs auf Kosten der Vorbereitungshandlung, weil sich der verbrecherische Wille auch schon im Anfangsstadium der Tat offenbare, so daß bei strenger Handhabung der subjektiven Theorie auch nichtstrafwürdige Vorbereitungshandlungen in den Strafbarkeitsbereich einbezogen werden könnten[4].

---

1) Vgl. hierzu Kohlrausch/Lange, vor § 43 III 2.
2) Vgl. zu dieser Entwicklung ausführlich Albrecht, S.40ff.
3) Vgl. statt vieler: Kohlrausch/Lange, vor § 43 III 4; E. von Liszt, ZStW 25(1905),24(36ff.); Bockelmann, JZ 1954,468(473); ders., JZ 1955,193(195); ders., Strafrechtliche Untersuchungen, S.150ff.; Waiblinger, ZStW 69(1957),189(201ff.); Grünwald, JZ 1959,46ff.; Gössel, GA 1971,225f.; Engisch, DJT-FS, S.401(435); Gallas, Beiträge, S.48; Oehler, S.121.
4) Vgl. Sch-Sch-Eser, vor § 22 Rdn.21; SK-Rudolphi, vor § 22 Rdn.12; Maurach/Gössel/Zipf, AT 2, § 40 Rdn.38; Heinitz, JR 1956, 248 Fn.13; Otto, NJW 1976,578(579).

Diese Kritik geht jedoch insofern ins Leere, als die Vertreter der subjektiven Theorie gerade aus ihr den Strafbarkeitsbereich einschränkende Voraussetzungen ableiten, indem sie stets neben der Betätigung des rechtsfeindlichen Willens ein zeitlich und örtlich "tatnahes" Handeln verlangen. Erfolge nämlich diese Betätigung nicht bereits in einem "tatnahen" Stadium, dann weise sie den Täter auch noch nicht als besonders gefährlich aus, weshalb entferntere Manifestationen des rechtsfeindlichen Willens von vornherein nicht als Versuchshandlungen in Betracht kommen sollen[1]. So kann etwa für Bockelmann als entschiedenen Anhänger einer subjektiven Theorie der Versuch erst da vorliegen, wo der Verbrechensvorsatz die Feuerprobe der kritischen Situation bestanden hat, was erst der Augenblick sei, in dem die letzte maßgebliche Entscheidung über das Ob der Tat gefällt wird. Die generelle Entschlossenheit des Täters müsse sich im Moment der Krisis bewähren[2].

Von der subjektiven Theorie geht auch eine vermittelnde Lehre aus, die den Strafgrund des Versuchs ebenfalls in der Betätigung des verbrecherischen Willens sieht, die Strafwürdigkeit der auf die Tat gerichteten Willensäußerung aber nur dann bejaht, wenn dadurch das Vertrauen der Allgemeinheit auf die Geltung der Rechtsordnung erschüttert und das Gefühl der Rechtssicherheit und damit der Rechtsfriede beeinträchtigt werden kann (sog. Eindruckstheorie)[3].

---

1) Vgl. Waiblinger (ZStW 69(1957),189(202,214)), der den verbrecherischen Willen erst dann als gefährlich ansieht, wenn er ein hochgradig unwiderruflicher ist, wenn also bei dem auf Tatausführung gerichteten Handeln der Moment gekommen ist, wo es für den Täter kein "Zurück" mehr gibt, wobei das Erfordernis eines hochgradig unwiderruflichen Tatverwirklichungsentschlusses garantiere, daß nur objektiv tatnahes Handeln als Versuch gewertet wird.

2) Bockelmann, JZ 1954,468(473).

3) Vgl. statt vieler: Sch-Sch-Eser, vor § 22 Rdn.23; SK-Rudolphi, vor § 22 Rdn.13; Burgstaller, ÖJBl. 1969,521 (529f.); Roxin, JuS 1979,1; Grünwald, Welzel-FS, S.701 (712); von Bar, Bd.II, S.527f.; kritisch gegenüber der Eindruckstheorie: Jakobs, AT, 25/20; Stratenwerth, AT, Rdn.657,658; Nowakowski, ÖJZ 1953,596(599 Fn.21 a); ders.,

## 2. Der Strafgrund des Versuchs nach geltendem Recht

Mit der Neuregelung des Versuchs durch die §§ 22, 23 StGB hat der Gesetzgeber die Entscheidung gegen die objektive Versuchsauffassung getroffen, denn § 22 StGB hebt auf die Vorstellung des Täters von der Tat ab, und § 23 III StGB geht von der Strafbarkeit des untauglichen Versuchs aus[1].

Aber auch einer streng subjektiven Versuchstheorie ist durch § 23 III StGB insofern der Boden entzogen, als danach die Möglichkeit besteht, in den Fällen der auf "grobem Unverstand" beruhenden Untauglichkeit des Versuchs die Strafe zu mildern oder ganz von ihr abzusehen. Diese Bestimmung läßt sich ebenso wie die fakultative Strafmilderung des § 23 II StGB am besten von der Eindruckstheorie her verstehen. Diese kann auch die Strafbarkeit des untauglichen Versuchs erklären und liegt daher dem geltenden Recht zugrunde[2].

Wenn somit nach geltendem Recht für die Strafbarkeit einer Versuchstat auf deren sozialpsychologische Wirkung, den "Eindruck" der Tat auf die Allgemeinheit, abgestellt wird, so geschieht dies doch nicht primär; vielmehr bildet die Grundlage der "Eindruckstheorie" die subjektive Theorie, die lediglich durch Strafwürdigkeitsüberlegungen ergänzt wird[3]. Daher ist auch nach § 22 StGB der Strafgrund des Versuchs in erster Linie in dem besonderen Handlungsunwert der Versuchstat, der Störung des allgemeinen Rechtsfriedens, zu sehen. Derjenige, der die Schwelle zum Versuch überschreitet, hat - im Gegensatz zu Personen im Vorbereitungsstadium -

---

JZ 1958,415f.; Kühl, JuS 1980,506(507); Kratzsch, JA 1983,420(424f.); Walder, SchwZStr 1982,225(240f.).

1) LK-Vogler, vor § 22 Rdn.45.

2) Vgl. statt vieler: SK-Rudolphi, vor § 22 Rdn.14; Grünwald, Welzel-FS, S.701(712).

3) Ebenso SK-Rudolphi, vor § 22 Rdn.13,14; Meyer, ZStW 87 (1975),598(604); Dreßler, S.29f.; anders aber Roxin, der die "Eindruckstheorie" als Alternative zur subjektiven Theorie ansieht, weil er lediglich den Aspekt des rechtserschütternden Eindrucks auf die Allgemeinheit betont, nicht aber auf die Betätigung des rechtsfeindlichen Willens abstellt (Roxin, JuS 1979,1).

schon eine so große Schuld auf sich geladen, daß diese eine Bestrafung rechtfertigt. Daneben ist für den Strafgrund des Versuchs auch nach der geltenden Rechtslage von Bedeutung, daß derjenige, der nach seiner Vorstellung von der Tat unmittelbar zur Tatbestandsverwirklichung ansetzt (§ 22 StGB), dadurch dokumentiert, daß er die zur Tatbegehung erforderliche deliktische Energie besitzt, weil er durch die Betätigung seines rechtsfeindlichen Willens in einem tatnahen Stadium regelmäßig bereits das Höchstmaß der zur Begehung des Delikts notwendigen Energie entfaltet[1].

## II. Die Voraussetzungen des "gegenwärtigen Angriffs"

Aus den vorangegangenen Ausführungen zum Strafgrund des Versuchs ergibt sich, daß dieser mit der ratio des Notwehrrechts eine Reihe von Gemeinsamkeiten aufweist und daß beide Institute von gleichartigen Gesichtspunkten bestimmt werden. Sowohl der Versuchstäter wie auch der die Notwehrsituation auslösende Angreifer hat seinen Willen in einer Form betätigt, die erkennen läßt, daß jeder von ihnen über die zur Deliktsvollendung bzw. zur Verletzung rechtlich geschützter Interessen notwendige deliktische Energie verfügt. Die Person, die die Schwelle von der Vorbereitungshandlung zum Versuch überschreitet, wie auch diejenige, die mit einem Angriff beginnt, entfaltet durch ihr Verhalten das Höchstmaß an deliktischer Energie und stellt damit ihre Gefährlichkeit für andere konkret unter Beweis. Das Verhalten beider führt darüber hinaus zu einer empfindlichen Störung des allgemeinen Rechtsfriedens.

Danach ist festzuhalten, daß die Versuchsbestrafung wie ein Grundgedanke des Notwehrrechts auf dieselben Momente abstellen, nämlich den erhöhten Handlungsunwert einer zeitlich fortgeschrittenen Tat und die konkrete Gefährlichkeit einer Person für die rechtlich geschützten Interessen anderer.

---

1) Grünwald, JZ 1959,46(47).

Diese Parallelität in wesentlichen Punkten läßt es naheliegend erscheinen, den Angriffsbeginn analog der Versuchsbestimmung (§ 22 StGB) festzulegen. Danach liegt ein (gegenwärtiger) "Angriff" dann vor, wenn der Angreifer unmittelbar zur Rechtsgutsverletzung ansetzt, d.h. wenn hic et nunc mit dem Eintritt der Rechtsgutsverletzung zu rechnen ist[1].

Dieser Festlegung des Angriffsbeginns entsprechend der Versuchsbestimmung steht nicht entgegen, daß die Begriffsdefinition des Versuchs in § 22 StGB an die Tatbestandsverwirklichung anknüpft, während der die Notwehr auslösende Angriff nach allgemein anerkannter Auffassung[2] nicht notwendig eine Straftat oder auch nur eine Ordnungswidrigkeit sein muß, sondern hier maßgebend auf die drohende Rechtsgutsverletzung abzustellen ist[3]. Es geht nämlich vorliegend nicht um eine unmittelbare, sondern nur um eine a n a l o g e Heranziehung des Rechtsgedankens von § 22 StGB, welche kein vollständiges Übereinstimmen der den Versuch (§ 22 StGB) und die Notwehr (§ 32 StGB) kennzeichnenden Kriterien voraussetzt, sondern bereits aufgrund der festgestellten Parallelitäten in wesentlichen Aspekten gerechtfertigt erscheint. Dabei drängt sich die Bestimmung des Angriffsbeginns analog § 22 StGB besonders bei den Erfolgsdelikten auf, da hier die Tatbestandsverwirklichung gerade in der Rechtsgutsverletzung besteht. Auch nach der hier vertretenen "Versuchslösung" kommt somit Notwehr gegen straflose Angriffe, z.B. eine Besitzentziehung, in Betracht.
Umgekehrt hat die Heranziehung des Rechtsgedankens von § 22 StGB nicht die Konsequenz, daß auch der untaugliche Versuch für die Begründung der Notwehrlage als ausreichend erachtet wird, denn - wie dargelegt[4] - scheidet die Rechtfertigung

---

1) Ebenso Kratzsch, der diese Konkretisierung der Angriffsformel jedoch aus seiner auf den Verteidiger abstellenden Notwehrkonzeption ableitet (Kratzsch, StrV 1987,224 (228)).
2) Vgl. statt aller: Sch-Sch-Lenckner, § 32 Rdn.4.
3) Auf diesen Unterschied weisen hin: LK(9.Aufl.)-Baldus, § 53 Rdn.5; Geilen, Jura 1981,200(206).
4) Vgl. oben S.93f.

einer Verteidigungshandlung durch Notwehr von vornherein aus, wenn das Güterschutzprinzip im konkreten Fall überhaupt keine Rolle spielt. Hinzu kommt, daß der "Angriff" im Sinne von § 32 StGB schon begrifflich die tatsächlich drohende Verletzung eines rechtlich geschützten Interesses voraussetzt.
Nachdem damit geklärt ist, was unter einem "gegenwärtigen Angriff" zu verstehen ist, soll jetzt geprüft werden, welche Konsequenzen sich aus den Überlegungen zur ratio des Notwehrrechts für die Auslegung des "rechtswidrigen Angriffs" in § 32 StGB ergeben.

## B. Der "rechtswidrige Angriff"

### I. Die Auslegung des "rechtswidrigen Angriffs"

Bei der Auslegung dieses Merkmals unterscheiden sich die in Rechtsprechung und Lehre vertretenen Auffassungen zumindest der Formulierung nach[1)] sehr stark. Während ein Teil der Lehre sich mit der bloßen Verursachung[2)] begnügt, verlangen andere zumindest die Verursachung durch irgendein willkürliches[3)] oder durch ein objektiv sorgfaltswidriges

---

1) Bereits Frister (GA 1988,291(303f. Fn.48)) hat zu Recht darauf hingewiesen, daß die Unterschiede in der Sache nicht so groß sind, wie es nach der Aufzählung scheinen mag, denn auch diejenigen, die für das Vorliegen eines rechtswidrigen Angriffs kein schuldhaftes Verhalten fordern, bejahen bei Angriffen erkennbar schuldlos Handelnder eine "sozialethische Einschränkung" des Notwehrrechts gemäß dem Maßstab des § 228 BGB (vgl. statt vieler: Sch-Sch-Lenckner, § 32 Rdn.52; H.Schumann, JuS 1979,559(565)) und gewähren somit kein Notwehr-, sondern nur ein Defensivnotstandsrecht, so daß - außer dem Fall eines unvermeidbaren Irrtums des Verteidigers bezüglich der Schuldlosigkeit des Angreifers - Einigkeit darüber besteht, daß die Rechtsfolge der Notwehrregelung jedenfalls nur bei schuldhaftem Verhalten Platz greift.
2) So in der neueren Literatur (mit Einschränkungen) LK-Spendel, § 32 Rdn.27.
3) Vgl. Jescheck, AT, § 32 II 1 c; Bockelmann/Volk, AT, § 15 B I 1 d; Geilen, Jura 1981,256.

Verhalten[1]. Sehr stark im Vordringen begriffen ist in der jüngeren Literatur eine Auffassung, die für den rechtswidrigen Angriff ein schuldhaftes Verhalten des Angreifers[2] fordert; teilweise wird dabei sogar ein vorsätzlich-schuldhaftes Verhalten verlangt[3].

Analysiert man die verschiedenen Ansätze zur Bestimmung der "Rechtswidrigkeit" des Angriffs, so stellt man dabei häufig Widersprüche zu der gleichzeitig vertretenen generalpräventiven Notwehrinterpretation fest. Das gilt besonders für diejenigen Vertreter einer dualistischen Notwehrkonzeption, die es für die "Rechtswidrigkeit" des Angriffs bereits genügen lassen, daß der Angegriffene zur Duldung des Angriffs nicht verpflichtet ist[4], womit auch ein objektiv sorgfaltsgemäßes Verhalten erfaßt wird, gegen das im Wege der Notwehr präventiv vorgehen zu wollen jedoch ein Widerspruch in sich

---

1) Vgl. Sch-Sch-Lenckner, § 32 Rdn.21; Hirsch, Dreher-FS, S.211(222ff.); Roxin, ZStW 93(1981),68(84).

2) Vgl. statt vieler: Otto, Grundkurs (3.Aufl.), § 8 II 1 a,b; ders., Würtenberger-FS, S.129(140ff.); Jakobs, AT, 12/14ff.; Bertel, ZStW 84(1972),1(11); Krause, Bruns-FS, S.71(83ff.); ders., GA 1979,329(331ff.); ders., H.Kaufmann-GS, S.673(678ff.); Marxen, S.62; Haas, S.223ff. In der älteren Literatur verlangen Zurechnungsfähigkeit bzw. Schuld: Wegner, S.121ff.; Beling, S.16; Hälschner, System, S.263; zu Dohna, S.131; ders., ZStW 33(1912), 125(126).

3) Vgl. Schmidhäuser, Studienbuch AT, 6/62ff.; ders., Lehrbuch AT, 9/86; Frister, GA 1988,291(305); ähnlich will Hruschka die Notwehr nur gegenüber solchen Angriffen zulassen, die willentlich, wissentlich und freiwillig erfolgen (Hruschka, Dreher-FS, S.189(202); ders., Strafrecht, S.141f.).
Auch in der älteren Literatur wird diese Auffassung häufiger vertreten, vgl. statt vieler: Hold v.Ferneck, Rechtswidrigkeit, Bd.II, S.122ff., der einen böswilligen Angriff verlangt; ähnlich Coenders, JW 1925,891; Baumgarten fordert zwar für einen Angriff eine Tätigkeit mit dem Vorsatz der Verletzung, läßt aber auch ein Verhalten genügen, das den Eindruck einer vorsätzlichen Verletzung erweckt (Baumgarten, S.119); H.Mayer, Strafrecht 1936, S.256; ders., AT 1953, S.204; ders., AT 1967, S.98; Schaffstein, MDR 1952,132(136).

4) Baumann/Weber, AT, § 21 II 1 a ß; Bockelmann/Volk, AT, § 15 B I 1 d; Geilen, Jura 1981,256.

ist[1]. Ähnlich problematisch erscheint aber auch die Position derjenigen, die im Rahmen eines dualistischen Notwehrverständnisses für einen "rechtswidrigen Angriff" zwar ein objektiv sorgfaltswidriges Verhalten fordern, aber auf ein Verschulden verzichten[2], denn es erscheint zweifelhaft, ob eine Notwehrhandlung gegenüber einem schuldlosen Angriff geeignet ist, zur Stärkung der Rechtstreue der Bevölkerung beizutragen[3].

Vielmehr müßte dann, wenn der Notwehr in erster Linie eine generalpräventive Zielsetzung innewohnt, die Ausübung des Notwehrrechts unmittelbar von der Größe des den Angreifer treffenden Verschuldens abhängen[4]. In der Lehre von den Strafzwecken wird es nämlich als unzulässig erachtet, daß gegen einen Täter zur Verfolgung generalpräventiver Zwecke eine den Umfang seiner Schuld übersteigende Strafe verhängt wird, weil er dadurch zu einem "Vehikel" für die Erreichung eines staatlichen Zwecks degradiert würde, was gegen Art.1 I GG verstoße[5]. Ebenso wie in der Straftheorie müßte nun auch im Rahmen des Notwehrrechts, wenn bei diesem Gesichtspunkte der Generalprävention im Vordergrund stünden, die

---

1) Roxin, ZStW 93(1981),68(84f.); Fuchs, S.80.
2) So die heute h.L., vgl. statt vieler: Sch-Sch-Lenckner, § 32 Rdn.21; Roxin, ZStW 93(1981),68(82ff.); Hirsch, Dreher-FS, S.211(215ff.).
3) Die Frage, ob nur die Reaktion auf schuldhaftes Verhalten generalpräventive Wirkung haben kann, wird in der Straftheorie unterschiedlich behandelt. Dies wird u.a. bejaht von: Rudolphi, Grundfragen, S.69(72) und Noll, Mayer-FS, S.219ff.; die gegenteilige Auffassung vertreten u.a.: Baurmann, S.27f.; Burkhardt, GA 1976,321(336); Schöneborn, ZStW 88(1976),349(351 Fn.12).
Im Rahmen des Notwehrrechts vertritt beispielsweise Roxin die Auffassung, der Notwehrgesichtspunkt der Bewährung der Rechtsordnung komme auch bei schuldlosen Attacken zur Geltung (Roxin, JuS 1988,425(428); ebenso Hirsch, Dreher-FS, S.211(217)), während andererseits Haas die Eignung der Notwehrhandlung zur Stärkung der Rechtstreue der Bevölkerung bei schuldlosen Angriffen verneint (Haas, S.237f.); ähnlich wie Haas auch Schlüchter, JR 1987,309 (311).
4) Ähnlich Fuchs, S.45ff.
5) Vgl. statt vieler: Sch-Sch-Stree, Rdn.13 vor §§ 38ff.; Badura, JZ 1964,337(344).

Berücksichtigung des Strafziels der "Erhaltung der Rechtstreue der Bevölkerung" über das Maß des Verschuldens hinaus untersagt sein[1], d.h. das Notwehrrecht dürfte nur im Rahmen der Schuldangemessenheit ausgeübt werden.

Dementgegen lassen sich auf der Grundlage der hier entwikkelten Notwehrkonzeption problemlos und eindeutig jene Erfordernisse bestimmen, die erfüllt sein müssen, um einen "Angriff" als "rechtswidrigen Angriff" im Sinne des § 32 StGB zu qualifizieren.
Da diese Konzeption zum einen durch die fehlende Notlage des Angreifers charakterisiert wird, dieser sich also durch Verzicht auf die Fortsetzung des Angriffs selbst schützen kann, ergibt sich zunächst einmal die Notwendigkeit schuldhaften Verhaltens des Angreifers. Ist der Angreifer nämlich schuldunfähig oder handelt er bei seinem Angriff schuldlos, so ist ihm häufig ein selbstschützendes Verhalten durch Beendigung des Konflikts nicht möglich und nicht zumutbar[2].

Darüber hinaus muß auch ein vorsätzliches Verhalten des Angreifers gefordert werden, weil unsere Rechtsordnung eine Verpflichtung zur zwischenmenschlichen Solidarität auch in den Fällen bejaht, in denen eine gefährdete Person sich an sich selbst helfen könnte, das Vorliegen der Gefahr jedoch fahrlässig verkennt[3]. Dies bedeutet in Anwendung auf die Notwehr, daß die Verpflichtung zur zwischenmenschlichen Solidarität auch nach geltendem Recht nur dann entfallen kann, wenn der Angreifer b e w u ß t darauf verzichtet, sich den Gefahren einer Abwehrhandlung des Angegriffenen durch rechtmäßiges Handeln zu entziehen[4].

---

1) In die gleiche Richtung: Felber, S.102ff.
2) So auch Frister, GA 1988,291(305).
3) Vgl. § 323 c StGB, wo eine Hilfeleistungspflicht nur dann nicht besteht, wenn der Gefährdete sich ohne weiteres selbst helfen kann (Sch-Sch-Cramer, § 323 c Rdn.26 m.w.N.), was dann nicht der Fall ist, wenn der Betroffene die Gefahr verkennt.
4) Ähnlich Frister, GA 1988,291(305).

Schließlich erfordert der "gegenwärtige Angriff" als subjektive Komponente einen Angriffswillen, den der Angreifer in dem Zeitpunkt, in dem er unmittelbar zur Rechtsgutsverletzung ansetzt, nach außen hin betätigen muß[1]. Dabei muß diese Manifestation den Verletzungswillen allerdings nicht in völlig eindeutiger Weise erkennen lassen, weil bei einer Bestimmung des Angriffsbeginns analog § 22 StGB notwendigerweise auch mehrdeutige Versuchshandlungen als "gegenwärtiger Angriff" erfaßt werden.

Zu prüfen ist nunmehr, ob die hier vertretene Auslegung des "rechtswidrigen Angriffs" mit dem Wortlaut des § 32 StGB vereinbar ist.

## II. Verstoß gegen den Wortlaut (Art.103 II GG)?

Ein Teil der Lehre sieht in dieser Auslegung einen Verstoß gegen den Wortlaut des § 32 StGB. Die Ausklammerung unvorsätzlicher und schuldloser Angriffe führe - so wird argumentiert - zu einer häufigen Versagung des Notwehrrechts, erweitere damit die Strafbarkeit des Verteidigers über das gesetzlich vorgesehene Maß hinaus und sei daher wegen Verstoßes gegen das Analogieverbot (Art.103 II GG, § 1 StGB) unzulässig[2].

Ein solcher Verstoß läge indes dann nicht vor, wenn der Begriff "rechtswidriger Angriff" auslegungsfähig wäre und eine Auslegung als "vorsätzlicher, schuldhafter Angriff" schon den möglichen Wortsinn erreichen würde. Bei einer Auslegung ergäbe sich einerseits die Möglichkeit, diese restriktiven

---

1) Eine Betätigung des Verletzungswillens nach außen verlangen auch: BayObLG StrV 1987,203(204); Sch-Sch-Lenckner, § 32 Rdn.14; Maurach/Zipf, AT 1, § 26 II A 5; Kratzsch, StrV 1987,224(228).

2) Roxin, ZStW 93(1981),68(82f.); ders., ZStW 83(1971),369 (387); ders., Jescheck-FS, S.457(459); Hirsch, Dreher-FS, S.211(216).

Erfordernisse bereits aus dem "Angriff"[1] abzuleiten, oder aber die "Rechtswidrigkeit"[2] des Angriffs könnte Anknüpfungspunkt für eine derartige Einschränkung sein.

Zunächst soll nun der Frage nachgegangen werden, ob eine Gleichsetzung des "Angriffs" mit dem vorsätzlich-schuldhaften Angriff nach dem allgemeinen Sprachgebrauch möglich ist oder ob dieser unter keinen Umständen eine solche Auslegung deckt. Nach dem natürlichen Sprachgebrauch hat das Wort "Angriff" durchaus eine subjektive Komponente; es bezeichnet eine finale Tätigkeit und beinhaltet ein Moment der Feindseligkeit bzw. der Aggressivität[3]. So würde in der Umgangssprache beispielsweise nicht von einem Angriff gesprochen werden, wenn ein Kraftfahrer aus bloßer Unachtsamkeit mit seinem Wagen auf den Bürgersteig gerät und dort einen Passanten anzufahren droht. Da somit "Angriff" zumindest in Richtung "vorsätzliche Tätigkeit" auslegungsfähig ist, liegt, jedenfalls was das Vorsatzerfordernis betrifft, kein Verstoß gegen das Analogieverbot vor[4].

---

1) Die Ableitung des Schulderfordernisses aus dem "Angriff" findet sich bei: Jakobs, AT, 12/16 Fn.24; Stratenwerth, AT, Rdn.435; Otto, Würtenberger-FS, S.129(141f.); Suppert, S.321f.; Marxen, S.62.

2) H.Mayer, AT 1953, S.204; Schmidhäuser, Lehrbuch AT, 9/86; ders., Studienbuch AT, 6/65; ders., Honig-FS, S.185 (194ff.); Bertel, ZStW 84(1972),1(11); Krause, Bruns-FS, S.71(83); Hruschka, Dreher-FS, S.189(202); Haas, S.238ff.

3) Sch-Sch-Lenckner, § 32 Rdn.3; Staudinger(11.Aufl.)-Coing, § 227 Rdn.3; Frister, GA 1988,291(306); Kunert, MDR 1969,705(710); Geilen, Jura 1981,200(201f.); Münzberg, S.355f.; Preuß, S.86; Haas, S.240.

4) Problematisch ist dagegen die Ableitung der subjektiven Komponente des "Angriffs" aus einem Vergleich mit dem Parallelbegriff der "Verteidigung", dem ein Verteidigungswille innewohne (so Frister, GA 1988,291(306 Fn.59); Schaffstein, MDR 1952,132(136)), denn bereits die Prämisse, daß die Verteidigung ein finales Element aufweist, ist keineswegs unumstritten und daher ungesichert (Felber, S.14). Außerdem ist selbst dann, wenn man bei § 32 StGB einen Verteidigungswillen verlangt, doch fraglich, ob sich dieser aus dem Begriff "Verteidigung", der finalen Fassung des § 32 StGB ("um zu") oder aus der generellen Notwendigkeit subjektiver Rechtfertigungselemente im Rahmen der personalen Unrechtslehre ergibt.

Dagegen ist eine Interpretation des "Angriffs" als "schuldhafter Angriff" unvereinbar mit dem natürlichen Sprachgebrauch, denn danach kann man sehr wohl etwa von einem Geisteskranken, einem Kind oder einem Betrunkenen "angegriffen" werden[1]. Auch aus dem Parallelbegriff der "Verteidigung" läßt sich, wenn überhaupt[2], nur ein Angriffswille als subjektive Komponente des Angriffs ableiten, nicht aber die Qualifizierung des Angriffs als "schuldhafter" Angriff. Ebenso wie ein Geisteskranker sich verteidigen kann, ist er auch in der Lage, einen Angriff auszuführen.

Es verbleibt somit nur noch die Möglichkeit, das Schulderfordernis mit der "Rechtswidrigkeit" des Angriffs zu begründen. Dies versucht Haas, indem er darauf hinweist, daß der Gesetzgeber darauf verzichtet hat, die "Rechtswidrigkeit" des Angriffs in § 32 StGB eindeutig festzulegen, wie das beispielsweise in § 11 I Nr.5 StGB mit der "rechtswidrigen Tat" geschehen sei. Da der Komplexbegriff des "rechtswidrigen Angriffs" zudem weit genug sei, um das Schulderfordernis auch formell abzudecken, stehe einer Auslegung im Sinne eines schuldhaften Verhaltens nichts im Wege[3].

Diese Argumentation ist jedoch nicht haltbar, weil nicht alle Begriffe, die im Gesetz, etwa in § 11 StGB, nicht eindeutig definiert sind, damit einer beliebigen Interpretation zugänglich sind. Vielmehr bildet die Grenze jeder Auslegung der natürliche Sprachgebrauch, welcher keine Handhabe für eine Beschränkung der "Rechtswidrigkeit" auf "schuldhafte Angriffe" bietet. Der allgemeine Sprachgebrauch gestattet nämlich beispielsweise durchaus die Feststellung, ein Betrunkener oder Geisteskranker habe einen anderen rechtswidrig angegriffen.
Zudem entspricht die These, die "Rechtswidrigkeit" des An-

---

1) Ähnlich Roxin, ZStW 93(1981),68(82f.); ders., ZStW 83 (1971),369(387); ders., Jescheck-FS, S.457(459); Hirsch, Dreher-FS, S.211(216); Kühl, Jura 1990,244(251).
2) Zu den Bedenken vgl. oben S.108 Fn.4.
3) Haas, S.240f.

griffs erfordere ein schuldhaftes Verhalten, nicht dem geltenden Recht. Zwar bestehen keine grundsätzlichen Bedenken, die "Rechtswidrigkeit" bei der Notwehr anders als in ihrer Funktion als allgemeines Verbrechensmerkmal zu interpretieren[1]. Da der Reformgesetzgeber bei der Neufassung des Strafgesetzbuches jedoch ausdrücklich und deutlich die Kategorien der Rechtswidrigkeit und der Schuld unterscheidet, erscheint es unverständlich, warum gerade von der "Rechtswidrigkeit" in § 32 StGB auch die Schuld erfaßt werden sollte[2].

Schließlich ist auch in der Gesetzesbegründung darauf hingewiesen worden, daß sogenannte "sozialethische Einschränkungen" nur über das Merkmal der "Gebotenheit" vorgenommen werden dürfen und Notwehr gegenüber Schuldlosen keineswegs prinzipiell ausgeschlossen ist[3]. Somit kann auch aus der "Rechtswidrigkeit" des Angriffs das Schulderfordernis nicht abgeleitet werden.

Faßt man zusammen, so ergibt sich folgendes: Während der "Angriff" nach dem natürlichen Sprachgebrauch zumindest in Richtung "vorsätzliches Verhalten" auslegungsfähig ist, kann das Schulderfordernis weder dem "Angriff" noch der "Rechtswidrigkeit" des Angriffs entnommen werden.

Die aus der ratio des § 32 StGB folgende Beschränkung des Notwehrrechts auf schuldhafte Angriffe ist daher mit dem Wortlaut des § 32 StGB und mit Art.103 II GG unvereinbar. Aus Art.103 II GG ergibt sich nämlich nach zutreffender, ganz herrschender Meinung nicht nur ein Verbot der analogen Anwendung von Straftatbeständen, sondern auch ein Verbot der teleologischen Reduktion gesetzlicher Rechtfertigungsgründe[4], was zur Folge hat, daß jede mit dem Wortlaut

---

1) So die ganz h.M., vgl. Roxin, ZStW 93(1981),68(83); Hirsch, Dreher-FS, S.211(223); Haas, S.239ff.
2) Geilen, Jura 1981,256; Roxin, ZStW 93(1981),68(83); Hirsch, Dreher-FS, S.211(216).
3) Vgl. hierzu Roxin, ZStW 93(1981),68(83).
4) Vgl. statt vieler: SK-Rudolphi, § 1 Rdn.25 a; Grünwald, ZStW 76(1964),1(3f.); a.A.: Roxin, ZStW 93(1981),68(79f.).

des § 32 StGB nicht zu vereinbarende Einschränkung des Notwehrrechts verfassungswidrig ist, mag sie auch von der ratio der Notwehr her geboten sein.
De lege ferenda sollte deshalb der Gesetzgeber die Notwehrvoraussetzung des "rechtswidrigen Angriffs" durch die des "vorsätzlichen, schuldhaften Angriffs" ersetzen. Von der Rechtslage de lege ferenda soll auch bereits bei den nachfolgenden Untersuchungen ausgegangen werden, wobei die hier entwickelte Notwehrkonzeption und die daraus abgeleiteten Auslegungsergebnisse zugrunde gelegt werden.

Zwar könnten diese Auslegungsergebnisse zunächst als bedenklich eng erscheinen. Ob dadurch die Rechtsstellung des Verteidigers in unerträglicher Weise beeinträchtigt wird oder ob dem Bedrohten hinreichender Schutz durch die Gewährung eines Defensivnotstandsrechts garantiert werden kann, soll jedoch erst dann untersucht werden, wenn die Voraussetzungen des Notstandes geklärt sind und anhand von Beispielen überprüft werden kann, ob die enge Notwehrinterpretation wirklich zu inakzeptablen Ergebnissen führt.

## C. Der "gegenwärtige rechtswidrige Angriff" als Zurechnungselement in der Sphäre des Angreifers

Die Auslegung des "rechtswidrigen Angriffs" wie auch die des "gegenwärtigen Angriffs" lassen erkennen, daß die Notwehr als eine qualifizierte Form der defensiven Gefahrenabwehr ein ganz spezifisches Verhalten des Angreifers erfordert und daß diesem die Verursachung der Gefahr persönlich zuzurechnen sein muß.
Darüber hinaus zeigt sich bei der Notwehr eine wechselseitige Korrespondenz zwischen den Anforderungen an den Verhältnismäßigkeitsmaßstab und an die persönlichen Zurechnungskriterien[1]. Während nämlich der Verteidiger nach herrschender

---

1) Auf diese Wechselbeziehung haben bereits hingewiesen: Felber, der jedoch nur den "rechtswidrigen Angriff" als

Meinung nur in den Fällen des sog. "krassen Mißverhältnisses" eine Einschränkung seines Notwehrrechts hinzunehmen hat, regelmäßig also auf Verhältnismäßigkeitsgesichtspunkte keinerlei Rücksicht zu nehmen braucht, bestehen auf der Angreiferseite strengste Zurechnungsvoraussetzungen. Dieser braucht sich die Notwehrfolgen nur dann zurechnen zu lassen, wenn er im Zeitpunkt der Verteidigungshandlung bereits unmittelbar zur Rechtsgutsverletzung angesetzt hat, er dabei vorsätzlich und schuldhaft handelt und seinen Angriffswillen nach außen hin betätigt. Nur unter diesen Umständen tritt der Grundsatz der Interessenabwägung hinter das Zurechnungsprinzip zurück, und die Angreiferinteressen büßen fast vollständig ihre Schutzwürdigkeit ein.

## D. Abgrenzung der Notwehr von dem durch den Menschen ausgelösten Defensivnotstand

Aus der Notwendigkeit strenger Zurechnungskriterien beim Angreifer ergibt sich, daß es Fälle defensiver Gefahrenabwehr gibt, bei denen zwar eine Gefahr von einem Menschen ausgeht, die spezifischen persönlichen Notwehrerfordernisse aber nicht erfüllt sind, so daß dem Bedrohten nicht das Notwehrrecht gewährt werden kann. Wenn ein wesentlicher Grundgedanke der Notwehr darin zu erblicken ist, daß sich hier der Angreifer durch Abbruch des Angriffs vor gefährlichen Verteidigungsmaßnahmen selbst schützen kann, so sind als eine wichtige Fallgruppe des durch den Menschen ausgelösten Defensivnotstandes aus dem Notwehrrecht zunächst die Konstellationen auszuklammern, in denen der Angreifer nicht die volle Herr-

---

persönliches Zurechnungskriterium ansieht und dabei verkennt, daß auch an den "gegenwärtigen Angriff" ganz spezifische Erfordernisse zu stellen sind, damit eine Gefahr dem Angreifer persönlich zugerechnet werden kann, somit also auch der "gegenwärtige Angriff" ein persönliches Zurechnungskriterium darstellt (Felber, S.116f.,129ff.); Jakobs, AT, 12/16ff.

schaft über das auf die Rechtsgutsverletzung hinsteuernde Geschehen hat. Hier liegen nämlich besondere, vom Normalfall abweichende Umstände in seiner Sphäre vor, die seine Fähigkeit, auf die Fortsetzung des Angriffs im eigenen Interesse zu verzichten, mindern und ihn deshalb als besonders rücksichtnahmebedürftig ausweisen.

Dies ist beispielsweise dann der Fall, wenn der von einem Menschen ausgehenden Gefahr die Handlungsqualität fehlt, also etwa ein Kraftfahrer bei Schneeglätte unvermeidbar auf den Bürgersteig gerät und der Wagen unsteuerbar über das Eis rutscht[1]. Zu dieser Fallgruppe sind weiter die Fälle zu rechnen, bei denen die Gefahr auf einem nicht sorgfaltswidrigen Verhalten beruht, also etwa ein Kraftfahrer trotz sorgfaltsgemäßer Fahrweise für einen plötzlich hervortretenden Fußgänger zur Bedrohung wird[2]. Auch bei einer fahrlässigen Gefahrverursachung hat derjenige, der die Gefahr herbeiführt, nicht die volle Herrschaft über das auf die Rechtsgutsverletzung hinsteuernde Geschehen, und ihm ist das selbstschützende Verhalten, nämlich die Beendigung des Konflikts, im Zeitpunkt der Verteidigungshandlung unmöglich.

Schließlich wären in diese Fallgruppe des Defensivnotstandes auch die zahlreichen Angriffe schuldlos handelnder Menschen einzubeziehen. So können etwa die Angriffe, die von einem Geisteskranken ausgehen, diesem nicht zugerechnet werden, denn sein Verhalten wird entscheidend durch innere Kausalvorgänge beherrscht, die seine Einsichts- und Handlungsfähigkeit beeinträchtigen und auf deren Ablauf er keinen Einfluß hat. Der Zustand des geisteskranken Angreifers, der durch die Verteidigung des Bedrohten erheblich in seinen Rechtsgütern beeinträchtigt werden kann, ähnelt dem eines Menschen, der ohne eigenes Verschulden durch ein Unglück in eine Notlage gerät, die gemäß § 323 c StGB bei anderen eine

---

1) Vgl. zu diesem Beispielsfall: Roxin, Jescheck-FS, S.457 (468f.).
2) Zur Behandlung dieser Fälle: Roxin, Jescheck-FS, S.457 (458,473ff.).

Verpflichtung zur Solidarität und Hilfeleistung auslöst[1]. Da der Geisteskranke regelmäßig nicht in der Lage ist, sein Verhalten hinreichend zu steuern, ist der Verteidiger verpflichtet, ihm im Rahmen des Defensivnotstandes ein gewisses Maß an Solidarität entgegenzubringen.

Die gleiche Verpflichtung trifft ihn auch gegenüber angreifenden Kindern, denn diese können, wenn sie eine andere Person angreifen, regelmäßig die Gefährlichkeit einer daraus resultierenden Abwehrhandlung für ihre eigenen Rechtsgüter nicht sachgerecht einschätzen.
Einer ähnlichen Rücksichtnahme bedürfen auch die in erheblich verminderter Schuld handelnden Personen, z.B. der stark Betrunkene, dessen alkoholische Beeinflussung seine Einsichts- und Steuerungsfähigkeit wesentlich herabsetzt und sein Hemmungsvermögen mindert, so daß auch er die sich aus einer Verteidigungshandlung ergebenden Gefahren nicht richtig beurteilen kann. Deshalb ist es gerechtfertigt, auch gegenüber den Angriffen dergestalt Betrunkener die Notwehrbefugnis zu versagen und der zwischenmenschlichen Solidaritätsverpflichtung durch die Gewährung eines Defensivnotstandsrechts Rechnung zu tragen, und zwar völlig unabhängig davon, ob sich der Betrunkene schuldhaft oder schuldlos in den Rausch versetzt hat[2].

---

1) Ähnlich Kratzsch, S.178ff.
2) Anders Krause, der zwar prinzipiell für den "rechtswidrigen Angriff" im Sinne des § 32 StGB ein Schulderfordernis statuiert, gegenüber Angriffen Betrunkener jedoch regelmäßig eine Notwehrbefugnis bejaht, denn es handele sich bis auf die extremen Ausnahmefälle, in denen der Angreifer sich nicht schuldhaft in einen die Zurechnungsfähigkeit ausschließenden Zustand versetzt hat, hier nicht um einen schuldlosen Angriff, vielmehr liege in aller Regel bei Volltrunkenen eine tatbestandsmäßige, rechtswidrige und schuldhafte Tat nach § 330 a StGB a.F. (§ 323 a StGB) vor (so Krause, Bruns-FS, S.71(83ff.); ders., GA 1979,329(333); ders., H.Kaufmann-GS, S.673 (679)); dagegen Spendel mit dem Hinweis, daß der Angriff des Betrunkenen ja nicht im schuldhaften Sich-Berauschen, sondern in der gerade schuldlosen Rauschtat liege (LK-Spendel, § 32 Rdn.63).

Solidaritätsbedürftig sind ferner die gemäß § 35 StGB schuldlos handelnden Personen, die unter eigener Gefahr für Leben, Leib oder Freiheit stehen und unter dem Druck der Situation einen Angriff durchführen.
Schließlich sind in diese Fallgruppe auch die Fälle einzuordnen, bei denen sich eine Person aufgrund eines Tatbestands- oder Erlaubnistatbestandsirrtums zum Angriff für berechtigt hält, sie also beispielsweise einem anderen eine Sache entwendet, weil sie sich für deren Eigentümer hält. Einem solchen gutgläubigen Angreifer ist der Verzicht auf die Fortsetzung des Angriffs nicht zumutbar, und ihm kann daher nur im Wege des Defensivnotstandes entgegengetreten werden.

Neben dieser ersten Fallgruppe des Defensivnotstandes, die sich von der Notwehr dadurch unterscheidet, daß dem Angreifer das selbstschützende Verhalten nicht möglich oder unzumutbar ist, ergibt sich aufgrund der strengen Zurechnungskriterien der Notwehr noch eine zweite Fallgruppe. Es sind dies die Fälle, in denen die eine Gefahrenquelle darstellende Person zwar die volle Herrschaft über das auf die Rechtsgutsverletzung hinsteuernde Geschehen hat, sie ihre persönliche Gefährlichkeit jedoch - anders als bei der Notwehr - noch nicht konkret durch die Entfaltung eines Höchstmaßes an deliktischer Energie manifestiert hat. Damit werden aus dem Notwehrbereich die Fälle der präventiven Verteidigung gegen anhaltend gefährliche Menschen - wie beispielsweise in den "Haustyrannenfällen" - ausgeklammert und dem Bereich des Defensivnotstandes zugeordnet.

Somit läßt sich mit den die "schneidige" Ausgestaltung der Notwehr im geltenden Recht legitimierenden persönlichen Zurechnungskriterien vorerst eine recht genaue Abgrenzung zwischen dem Notwehrbereich als einem spezifischen Ausschnitt defensiver Gefahrenabwehr und dem Bereich des durch den Menschen ausgelösten Defensivnotstandes vornehmen. Welche Unterschiede im einzelnen zwischen den Befugnissen des Verteidigers bei der Notwehr und den Rechten des Defensivnotstandstäters bestehen und welche Voraussetzungen für die Gewährung eines Defensivnotstandsrechts erfüllt sein müssen, soll an dieser Stelle jedoch noch offenbleiben und erst im zweiten Teil einer näheren Prüfung unterzogen werden.

## TEIL 2: Die "gegenwärtige Gefahr" im Notstandsrecht

Nachdem es im ersten Teil im wesentlichen um die Auslegung des "gegenwärtigen rechtswidrigen Angriffs" bei der Notwehr ging, gilt das besondere Interesse dieses Teils der näheren Bestimmung der "gegenwärtigen" bzw. "drohenden Gefahr" im Notstandsrecht. Dabei soll zwischen dem aggressiven Notstand (§§ 34 StGB, 904 BGB), dem durch Sachen (§ 228 BGB) und dem durch Menschen ausgelösten Defensivnotstand sowie dem entschuldigenden Notstand (§ 35 StGB) unterschieden werden, und es soll versucht werden, aus der ratio dieser Regelungen Hinweise für die Auslegung der "gegenwärtigen" (§§ 34, 35 StGB, 904 BGB) bzw. "drohenden Gefahr" (§ 228 BGB) zu erlangen.

### 1. Kapitel: Der Aggressivnotstand (§§ 34 StGB, 904 BGB)

Durch die Aggressivnotstandsbestimmungen (§§ 34 StGB, 904 BCB) wird dem Notstandstäter zur Abwehr einer ihm drohenden Gefahr der Eingriff in die Rechtsgüter von an der Gefahrentstehung Unbeteiligten gestattet, wenn das geschützte Interesse gegenüber dem beeinträchtigten wesentlich überwiegt[1]. Worin dieser Proportionalitätsmaßstab seine Legitimation findet, was also der Grundgedanke des Aggressivnotstandes ist, soll nunmehr näher untersucht werden.

#### A. Der Grundgedanke des Aggressivnotstandes

In der einschlägigen Literatur findet sich bei der Frage nach der ratio von § 904 BGB häufig die Formulierung, die-

---

1) So formuliert es § 34 StGB. Keine andere Bedeutung hat die Formulierung des § 904 BGB, wonach der drohende Schaden gegenüber dem durch die Einwirkung entstehenden Schaden unverhältnismäßig groß sein muß, vgl. Hruschka, Strafrecht, S.116.

ser stelle eine gesetzliche Ausformung des Güterabwägungsprinzips dar[1], bzw. § 904 BGB sei der konsequente Ausdruck des Güterabwägungsgedankens[2]. Da die §§ 34 StGB, 904 BGB jedoch fordern, daß der drohende Schaden gegenüber dem aus der Einwirkung entstehenden Schaden unverhältnismäßig groß sein bzw. wesentlich überwiegen muß, kann das Güterabwägungsprinzip, obwohl diesem maßgebliche Bedeutung zukommt, a l l e i n den Proportionalitätsmaßstab der §§ 34 StGB, 904 BGB nicht vollständig erklären[3].

Dieses Erklärungsdefizit wird z.T. auch in der Literatur erkannt und das Erfordernis der Unverhältnismäßigkeit damit begründet, daß die Notstandshandlung das "äußerst wertvolle Rechtsgut des öffentlichen Friedens" bedrohe[4], bzw. sich als eine Verletzung fremder Autonomie, d.h. des fremden Selbstbestimmungsrechts, erweise[5].

Überzeugend erklären läßt sich die Ausgestaltung der Aggressivnotstandsregelungen jedoch lediglich, wenn man diese als Teil des umfassenden Systems der Notrechte versteht, eines Systems, das durch die gegensätzlichen Grundprinzipien der Eigenständigkeit des Individuums und der zwischenmenschlichen Solidarität bestimmt wird. Durch die Aggressivnotstandsregelungen wird das Prinzip der Eigenständigkeit des Individuums zugunsten des Gedankens zwischenmenschlicher Solidarität durchbrochen, weil der Gesetzgeber davon ausging, daß von dem einzelnen in bestimmten Fällen der Not, in denen sich besonders wertvolle Rechtsgüter eines Mitbürgers in Gefahr befinden, ein gewisses Maß an Opferbereitschaft gefordert werden kann[6]. Dabei ist allerdings die

---

1) Vgl. statt vieler: SK-Samson, vor § 32 Rdn.33; Welzel, § 14 III 2; Hueck, JherJb 68(1968),205(210); Oetker, Über Notwehr und Notstand, S.57.
2) Jescheck, AT, § 33 III 1.
3) Stratenwerth, ZStW 68(1956),41(49).
4) Hammacher, S.52; Henkel, Notstand, S.85f.
5) Stratenwerth, ZStW 68(1956),41(52ff.).
6) Ähnlich SK-Samson, vor § 32 Rdn.33; Wessels, AT, § 8 III 2; Brox, AT, Rdn.651; Frister, GA 1988,291(292); Schröder, ZStW 76(1960),1(9ff.). Vgl. auch die Protokolle der

Sonderopferverpflichtung in zweifacher Hinsicht begrenzt. Erstens wird demjenigen, der an der Entstehung der Notlage unbeteiligt ist, die Aufopferung seiner Rechtsgüter im Fremdinteresse nur dann zugemutet, wenn die Güterabwägung eindeutig zu seinen Ungunsten ausfällt. Und zweitens besteht für die Notstandsinanspruchnahme nach allgemeiner Auffassung eine - in der Angemessenheitsklausel des § 34 S.2 StGB allerdings nur unvollkommen zum Ausdruck gekommene - absolute Opfergrenze[1].
Bevor auf die Folgerungen aus dem Grundgedanken für die Bestimmung der "gegenwärtigen Gefahr" in den Aggressivnotstandsvorschriften näher eingegangen wird, soll kurz die Auslegung der "gegenwärtigen Gefahr" bei § 904 BGB[2] in Rechtsprechung und Lehre beleuchtet werden.

## B. Die Auslegung der "gegenwärtigen Gefahr" bei § 904 BGB in Rechtsprechung und Lehre

Bei genauerer Analyse der Rechtsprechung zur "gegenwärtigen Gefahr" in § 904 BGB kann man feststellen, daß die zur Begründung der "gegenwärtigen Gefahr" herangezogenen Kriterien völlig uneinheitlich sind. Teilweise wird dabei das zeitliche Moment stark betont und die "gegenwärtige Gefahr" als ein außergewöhnliches, plötzlich eintretendes Ereignis charakterisiert, durch das die bestehenden Verhältnisse, mit denen man rechnen muß, derartig verändert würden, daß alsbaldige Abhilfe notwendig sei[3]. Dagegen stellen andere Entscheidungen neben dem zeitlichen Aspekt besonders den hohen Wahrscheinlichkeitsgrad des drohenden Schadenseintritts in den Vordergrund und definieren die "gegenwärtige Gefahr" so, daß darunter entweder eine unmittelbar drohende Gefahr zu verstehen sei oder aber zumindest ein höherer Wahrschein-

---

Kommission für die 2. Lesung des BGB (Bd.I, S.214), in denen der Enteignungscharakter von § 904 BGB betont wird.
1) Vgl. Frister, GA 1988,291(292f.) m.w.N.
2) Zur "gegenwärtigen Gefahr" bei § 34 StGB vgl. oben S.31ff.
3) OLG Hamm OLGE 12,121f.

lichkeitsgrad des Schadenseintritts vorliegen müsse, der sofortige Abhilfe erfordere[1]. Daneben wird in einer Entscheidung des Bundesgerichtshofes zu § 904 BGB auch dem Aspekt der Erheblichkeit des drohenden Schadens bei der Bestimmung der "gegenwärtigen Gefahr" Bedeutung beigemessen[2].

Ähnlich uneinheitlich wie in der Rechtsprechung sind auch die in der Lehre zur Konkretisierung der "gegenwärtigen Gefahr" bei § 904 BGB herangezogenen Kriterien. Auch hier wird z.T. eine extreme zeitliche Zuspitzung der Gefahr verlangt und dabei beispielshalber auf die Rechtsprechung zum "gegenwärtigen Angriff" bei der Notwehr verwiesen[3], während andere die "gegenwärtige Gefahr" weniger durch eine zeitliche Komponente als durch den hohen Wahrscheinlichkeitsgrad charakterisieren[4] oder auf die Schwere des drohenden Schadens abstellen[5].
An anderen Stellen[6] wiederum wird die "gegenwärtige Gefahr" als ein schadensdrohendes Ereignis charakterisiert, das zur Vermeidung des Schadenseintritts sofortige Abhilfe notwendig macht, wobei ein hoher Wahrscheinlichkeitsgrad hinsichtlich des Schadenseintritts genügen soll. Diese Definition bedeu-

---

1) OLG Hamm NJW 1972,1374(1375).
2) BGH LM § 904 BGB Nr.3: "Steht, wie im vorliegenden Fall, fest, daß keine Möglichkeit mehr besteht, daß die Gefahr wieder verschwindet oder doch durch andere Mittel abgewendet werden kann, vergrößert sich die Gefahr ständig und ist es bei Beginn ihrer Verwirklichung aller Voraussicht nach zu spät, sie abzuwenden, so handelt es sich um eine gegenwärtige Gefahr im Sinne des § 904 BGB mindestens dann, wenn Gefahr für Leib und Leben besteht."
3) Meisner/Stern/Hodes, § 14 II 2 Fn.20.
4) Vgl. statt vieler: Meisner/Ring, § 12 II Nr.2: "'Gegenwärtige Gefahr' ist eine Gefahr, die mit großer Wahrscheinlichkeit - wenn auch nicht unmittelbar - bevorsteht, so daß ein verständiger und sachkundiger Mann Anlaß nimmt, Gegenmaßnahmen zu treffen"; Heck, § 49 Nr.11.
5) Staudinger(11.Aufl.)-Seufert, § 904 Rdn.9; RGRK(12.Aufl.)-Augustin, § 904 Rdn.6.
6) Vgl. statt vieler: Soergel-Baur, § 904 Rdn.5; ähnlich die strafrechtliche Literatur zur "gegenwärtigen Gefahr" bei § 34 StGB, wo die Notwendigkeit sofortigen Handelns als ausschlaggebendes Kriterium betont wird, vgl. oben S.40.

tet eine erhebliche Erweiterung des Anwendungsbereichs der "gegenwärtigen Gefahr"; denn danach würden durch § 904 BGB nicht nur solche Fälle erfaßt, bei denen jederzeit mit dem Schadenseintritt zu rechnen ist, sondern auch solche Konstellationen, bei denen der Schadenseintritt erst in der Zukunft zu erwarten, sofortiges Handeln aber zur wirksamen Gefahrenabwehr notwendig ist.

In einem nächsten Schritt soll jetzt - ausgehend vom Grundgedanken - eine sachgerechte Auslegung der "gegenwärtigen Gefahr" bei den Aggressivnotstandsregelungen versucht werden. Dabei soll geprüft werden, ob hier ähnlich strenge temporale Erfordernisse wie bei der Notwehr bestehen oder andere Kriterien zur Konkretisierung der "gegenwärtigen Gefahr" geeigneter sind und ob eventuell auch bereits präventiv in die Rechtssphäre Unbeteiligter eingegriffen werden darf.

## C. Die Auslegung der Aggressivnotstandsregelungen aus ihrem Grundgedanken

Zwar erscheint es auf den ersten Blick naheliegend, an die "gegenwärtige Gefahr" im Aggressivnotstand besonders strenge Anforderungen in zeitlicher Hinsicht zu stellen und eine akute zeitliche Zuspitzung zu verlangen, weil hier in Rechtsgüter eines an der Gefahrentstehung Unbeteiligten eingegriffen wird, dem durch den Eingriff ein "Sonderopfer" abverlangt wird. Bei genauerer Betrachtung ergeben sich jedoch Zweifel, ob gerade über eine restriktive Auslegung der "gegenwärtigen Gefahr" einer zu weitgehenden Verpflichtung zur zwischenmenschlichen Solidarität Schranken gesetzt werden können und sollen. Dabei ist vorab zu berücksichtigen, daß dem Umstand, daß beim Aggressivnotstand ein Schaden auf einen unbeteiligten Dritten abgewälzt wird, bereits durch die Proportionalitätsmaßstäbe der §§ 34 StGB, 904 BGB Rechnung getragen wird, denn diese bieten die Garantie dafür, daß die Notstandshandlung nicht zu untragbaren bzw. unverhältnismäßigen Konsequenzen für das Eingriffsopfer führt. Überwiegt nämlich das geschützte Interesse das beeinträchtigte nicht wesentlich, dann handelt der Notstandstäter rechtswidrig, und dem davon Betroffenen steht meist ein Notwehrrecht zu. Ob das Eingriffsopfer unter diesen Umständen noch zusätzlich durch eine enge Auslegung der "gegenwärtigen Gefahr" zu schützen ist, erscheint deshalb zumindest fraglich.

Die Situation beim Aggressivnotstand stellt sich insoweit in umgekehrter Entsprechung zu derjenigen bei der Notwehr dar. Während deren rigorose Ausgestaltung im geltenden Recht nur durch das Vorliegen strenger Zurechnungsvoraussetzungen beim Angreifer legitimiert werden kann, beruht beim Aggressivnotstand die Opferverpflichtung nicht auf einem dem Eingriffsopfer irgendwie zurechenbaren Verhalten, sondern findet in der Verpflichtung zur gegenseitigen Solidarität der Rechtsgenossen in der Rechtsgemeinschaft ihre Rechtfertigung. Dem Fehlen eines persönlichen Zurechnungszusammenhangs entspricht dafür auf der anderen Seite der strenge Proportionalitätsmaßstab der §§ 904 BGB, 34 StGB.

Stellt man bei der Bestimmung der "gegenwärtigen Gefahr" im Rahmen des aggressiven Notstandes auf dessen maßgeblichen Grundgedanken, das Güterschutzprinzip, ab, so macht es aber keinen Unterschied, ob mit dem sofortigen Schadenseintritt zu rechnen ist oder ob der Schaden zwar jederzeit eintreten kann, aber auch die Möglichkeit besteht, daß er noch eine Zeitlang auf sich warten läßt (sog. "Dauergefahr"). Es dürfte insoweit Einigkeit darüber zu erzielen sein, daß man die Zulässigkeit der Notstandshandlung nicht davon abhängig machen darf, ob die Maßnahme schon vor dem allerletzten Augenblick vor dem Schadenseintritt ergriffen wurde, den zu erraten häufig ein reines Glücksspiel ist, oder erst später[1]. In diesen Fällen einer "Dauergefahr", wo die Möglichkeit des

---

1) BGH LM § 904 BGB Nr.3.

Schadenseintritts ständig "in der Luft liegt", besteht auch nach dem natürlichen Sprachgebrauch eine "gegenwärtige Gefahr"[1].
Problematischer wird die Frage nach der Verpflichtung zur Aufopferung eigener Rechtsgüter für Unbeteiligte in den Fällen, in denen der Schadenseintritt erst nach gewisser Zeit zu erwarten, aber sofortiges Handeln angezeigt ist, um der Gefahr wirksam begegnen zu können. Bedenken ergeben sich hier insoweit, als sich Prognosen, die sich auf zeitlich entferntere Ereignisse beziehen, oft nachträglich als falsch erweisen. Entgegen menschlicher Voraussicht verschwindet möglicherweise die Gefahr später, oder es kann sich zu einem späteren Zeitpunkt doch noch die Möglichkeit ergeben, die Gefahr auf andere Weise als durch den Notstandseingriff zu beseitigen[2]. Es stellt sich dann die Frage: Soll unter diesen Umständen nicht abgewartet werden, ob die Gefahr wieder verschwindet, oder soll bereits in dieser frühen Phase von einem Unbeteiligten, der dann das mit jeder Prognose verbundene Irrtumsrisiko zu tragen hätte, ein "Sonderopfer" verlangt werden?
Stellt man auf das den Aggressivnotstandsregelungen zugrundeliegende Güterschutzprinzip ab, so muß man wohl letzteres bejahen, denn danach ist es gleichgültig, ob der Schadenseintritt bereits unmittelbar bevorsteht oder ob er erst in der Zukunft zu erwarten ist, eine wirksame Gefahrenabwehr zu diesem Zeitpunkt aber nicht mehr möglich ist. Erforderlich ist insofern lediglich, daß der zukünftige Schadenseintritt und die Notwendigkeit sofortigen Handelns prognostiziert werden können. Hat sich beispielsweise A eine Krankheit zugezogen, die nach dem derzeitigen medizinischen Erkenntnisstand nur durch eine sofortige Spritze mit einem Gegenmittel bekämpft werden kann, andernfalls der Todeseintritt nach einigen Wochen zu erwarten ist, und besteht für

---

1) Roxin, Tjong-GS, S.137(141).
2) Stratenwerth, ZStW 68(1956),41(53f.).

A im Moment nur die Möglichkeit, sich dieses Mittel bei B durch Wegnahme zu verschaffen, so wird man dem A dies nicht versagen können. Obwohl die Lebensgefahr für A noch nicht in akuter Form vorliegt, wird man die Wegnahme des lebensrettenden Medikaments bei der gegebenen Sachlage nicht als Unrecht empfinden, sondern A gemäß § 904 S.1 BGB als gerechtfertigt ansehen müssen[1]. Das gleiche dürfte auch für den Fall gelten, daß starkes Hochwasser die Prognose zuläßt, in wenigen Stunden werde ein Damm brechen mit der Folge, daß dadurch riesiger Sachschaden angerichtet würde, der Bruch des Dammes aber durch die sofortige Verwendung in der Nähe lagernder fremder Baumaterialien zu seiner Befestigung vermieden werden kann. Auch in diesem Fall wird Einigkeit darüber zu erzielen sein, daß der Eigentümer der Baumaterialien sich gegen deren Verwendung nicht mit der Begründung zur Wehr setzen darf, hier läge noch keine "gegenwärtige Gefahr" vor[2].

Zwar ist in beiden Beispielsfällen der Schadenseintritt erst in der Zukunft zu erwarten, jedoch ist der Verzicht auf eine streng temporale Interpretation der "gegenwärtigen Gefahr" möglich, weil es unter dem Aspekt des Güterschutzes entscheidend ist, daß die Zwangslage, entweder zu handeln oder den drohenden Schaden hinzunehmen, eine gegenwärtige ist[3]. Ohne Rücksicht auf ein bestimmtes zeitliches Stadium der Gefahr ist daher für den aggressiven Notstand die Notwendigkeit zu sofortigem Handeln das maßgebliche Kriterium.

Fraglich ist jedoch, welcher Wahrscheinlichkeitsgrad bezüglich des drohenden Schadenseintritts erforderlich ist, damit von einer (gegenwärtigen) Gefahr im Sinne der §§ 34 StGB, 904 BGB gesprochen werden kann. Fest steht hier zwar, daß eine Gefahr nicht erst dann bejaht werden kann, wenn der

---

1) Eine Rechtfertigung gemäß § 34 StGB bejaht in diesem Fall auch Schmidhäuser, Studienbuch AT, 6/37.
2) Larenz, AT, § 15 II.
3) Im gleichen Sinne: Sch-Sch-Lenckner, § 34 Rdn.17.

Schaden mit Sicherheit zu erwarten ist[1], weil ein derartiges Erfordernis den Gefahrbegriff allzusehr einengen würde und sich insbesondere bei zeitlich weiter entfernten Geschehensabläufen eine solche Prognose regelmäßig nicht stellen läßt. Im übrigen sind hier aber exakte begriffliche Fixierungen ebensowenig möglich wie die Bestimmung des Gefahrbegriffs mit Hilfe von Prozentzahlen[2]. Daß der Wahrscheinlichkeitsgrad der Gefahr beim Aggressivnotstand nicht generell für alle Notstandsfälle bestimmt werden kann, ergibt sich schon aus dem Wortlaut des § 34 StGB, der den Notstandstäter ausdrücklich zu einer Abwägung der widerstreitenden Interessen, namentlich der betroffenen Rechtsgüter und des Grades der ihnen drohenden Gefahr, verpflichtet[3]. Dies bedeutet, daß der Wahrscheinlichkeitsgrad vom Wert des jeweils gefährdeten Rechtsguts abhängig ist mit der Folge, daß die an ihn gestellten Anforderungen sinken, je größer der drohende Schaden ist und je leichter die Verletzungshandlung wiegt, und daß umgekehrt die Wahrscheinlichkeit eines Schadens um so höher sein muß, je schwerwiegender der Eingriff in fremde Güter ist und je geringer das geschützte Interesse wiegt[4]. Danach wäre in dem oben geschilderten Beispielsfall, in dem A die Lebensgefahr nur durch die Wegnahme des lebensrettenden Medikaments abwenden kann, eine "gegenwärtige Gefahr" im Sinne des § 904 BGB und damit eine Notstandsrechtfertigung auch schon dann zu bejahen, wenn der Todeseintritt lediglich mit 10 %iger Wahrscheinlichkeit zu erwarten ist, denn dem geschützten Rechtsgut, dem Leben des A, kommt ein besonders hoher Stellenwert zu, während die Verletzung fremden Eigentums nur relativ geringes Gewicht hat.

---

1) So aber RGSt 61,242(255).
2) Sch-Sch-Lenckner, § 34 Rdn.15; LK-Hirsch, § 34 Rdn.32; in der Rechtsprechung wird ein unterschiedlicher Grad der Wahrscheinlichkeit gefordert, vgl. RGSt 66,222(225); OGHSt 1,369; BGHSt 18,271(272); BGH NJW 1951,769.
3) Schaffstein, Bruns-FS, S.89(104f.).
4) Sch-Sch-Lenckner, § 34 Rdn.15; Grebing, GA 1979,81(102f. Fn.126); Schaffstein, Bruns-FS, S.89(104f.); Rudolphi, A.Kaufmann-GS, S.371(385).

Zusammenfassend läßt sich danach für die "gegenwärtige Gefahr" beim Aggressivnotstand sagen, daß hier keine akute zeitliche Zuspitzung erforderlich ist, sondern es genügt bereits ein Zustand, der für die Zukunft die Prognose gestattet, daß eine Rechtsgutsverletzung nach dem zu erwartenden Verlauf der Ereignisse möglich ist, daß es wenig wahrscheinlich ist, daß die Gefahr wieder entfällt und daß es bei Beginn des drohenden Erfolgseintritts voraussichtlich zu spät wäre, ihr wirksam entgegenzutreten. Somit werden beim Aggressivnotstand als "gegenwärtige Gefahren" sowohl Gefahren erfaßt, die als "Dauergefahr" jederzeit in eine Rechtsgutsbeeinträchtigung umschlagen können, als auch solche, bei denen der drohende Schadenseintritt erst nach Ablauf einer gewissen Zeit zu erwarten, zur wirksamen Gefahrenabwehr aber sofortiges Handeln angezeigt ist.

## D. Bedenken gegen die Auslegung der Aggressivnotstandsregelungen

In diesem Teil soll in einer Art Gegenprobe der Frage nachgegangen werden, ob die hier vorgenommene Ausdehnung der Befugnisse des aggressiven Notstandstäters in temporaler Hinsicht mit dem Grundsatz der Subsidiarität privaten Handelns gegenüber dem des Staates vereinbar ist. Dabei ist davon auszugehen, daß auch privates Handeln im rechtfertigenden Notstand eine Durchbrechung des Gewaltmonopols des Staates darstellt, wobei letzterer die ihm originär zustehenden Machtbefugnisse auf den Bürger überträgt und diesem die Gewaltausübung gestattet. Ergäbe sich bei dieser Untersuchung, daß den staatlichen Organen in zeitlicher Hinsicht weitergehende Schranken auferlegt sind als den im Aggressivnotstand handelnden Privatpersonen, so würde dies einen Wertungswiderspruch in einem wesentlichen Bereich hoheitlicher Gewaltausübung darstellen.

Bei der Prüfung der temporalen Erfordernisse für ein Tätigwerden der Polizei in diesem Bereich sind die Vorschriften über den polizeilichen Notstand heranzuziehen, der das polizeirechtliche Gegenstück zu §§ 904 BGB, 34 StGB bildet. Auch hier wird nämlich eine Person zur Gefahrenabwehr herangezogen, ohne daß die Gefahr ihr persönlich zugerechnet werden kann, wenn ansonsten ein unverhältnismäßiger Schaden drohte[1]. Außerdem schützen die engumrissenen Voraussetzungen der Bestimmungen über die Notstandsinanspruchnahme - ähnlich wie die Proportionalitätsmaßstäbe der §§ 904 BGB, 34 StGB - das Eingriffsopfer vor einer zu weitgehenden Sonderopferverpflichtung[2].

Eine Voraussetzung für die Inanspruchnahme Notstandspflichtiger ist nach einigen Landesgesetzen das Vorliegen einer "gegenwärtigen erheblichen Gefahr", während andere Landesgesetze darauf abstellen, daß eine Gefahr "unmittelbar bevorstehen" muß[3]. Zu prüfen ist, ob durch dieses Erfordernis die Befugnisse der Polizei in zeitlicher Hinsicht so stark eingeschränkt werden, daß sie hinter denen von Privatpersonen zurückbleiben, wobei davon ausgegangen werden kann, daß trotz der unterschiedlichen Formulierungen in den einzelnen Landesgesetzen de Vorschriften einheitlich zu interpretieren sind[4].

---

1) Vgl. zu den Voraussetzungen im einzelnen beispielsweise § 6 PolG NW; ähnlich § 10 bay.PAG; § 7 brem.PG; § 7 rhpf.PVG.
2) Vgl. etwa Rietdorf/Heise/Böckenförde/Strehlau-Böckenförde, § 19 Rdn.1: "Beim ordnungsbehördlichen Notstand wird in die Rechtssphäre eines unbeteiligten Dritten eingegriffen. Es wird von ihm kein für einen Staatsbürger normales Verhalten, sondern ein besonderes Opfer abverlangt"; Knemeyer, Rdn.269.
3) Im Anschluß an § 6 I Nr.1 ME PG verlangen einige Landesgesetze eine gegenwärtige erhebliche Gefahr: Art.10 I Nr.1 bay.PAG; § 13 I Nr.1 berl.ASOG; § 7 I Nr.1 brem.PG; § 8 I Nr.1 nds.SOG; § 6 I Nr.1 PolG NW; § 19 I Nr.1 OBG NW sowie § 7 I Nr.1 rhpf. PVG; z.T. wird eine unmittelbar bevorstehende oder bereits eingetretene Störung verlangt (§ 9 I bad.-württ.PG) bzw. eine Störung oder eine unmittelbar bevorstehende Gefahr (§ 10 I hamb.SOG; § 21 S.1 PrPVG), vgl. Drews/Wacke/Vogel/Martens, S.333.
4) Drews/Wacke/Vogel/Martens, S.333.

Die ganz herrschende öffentlich-rechtliche Lehre sieht eine Gefahr dann als "unmittelbar bevorstehend" bzw. als "gegenwärtig" an, wenn ein akuter Gefahrzusammenhang besteht und der Eintritt des schädigenden Ereignisses in allernächster Zeit mit an Sicherheit grenzender Wahrscheinlichkeit zu erwarten ist[1]. Dabei wird jedoch in der polizeirechtlichen Literatur nicht die Frage erörtert, ob von der "gegenwärtigen Gefahr" beim polizeilichen Notstand auch die Fälle erfaßt werden, in denen der Schadenseintritt erst für die Zukunft zu erwarten steht, aber sofortiges Handeln zur wirksamen Gefahrenabwehr angezeigt ist.

Eine Behandlung dieser Frage findet sich auch nicht in der Rechtsprechung. Diese betont zwar einerseits, daß an die zeitliche Nähe des Störungseintritts und an den Wahrscheinlichkeitsgrad strengste Anforderungen zu stellen sind, so daß eine "unmittelbar bevorstehende Gefahr" nur eine solche sei, die nicht nur in naher Zeit, sondern in allernächster Zeit mit einer an Sicherheit grenzenden Wahrscheinlichkeit zu erwarten sei[2]. Andererseits werden diese strengen Anforderungen etwa in einer Entscheidung des OVG Saarlouis wiederum relativiert, indem dieses hervorhebt, daß bei der

---

1) Vgl. statt vieler: von Brauchitsch, § 6 Rdn.3, § 1 Rdn.14; von Münch-Friauf, S.244; Wöhrle/Belz, § 9 Rdn.5; Krämer/Müller, § 19 Rdn.4; Knemeyer, Rdn.268; Klapper, § 6 Rdn.2, vor § 1 Rdn.17; Habermehl, Rdn.274; Hippel/Rehborn, VV OBG zu § 19 19.11.; Samper, Art.12 Rdn.4.
Z.T. geht man auch von einer Identität der Begriffe "gegenwärtige Gefahr" im Polizeigesetz und "gegenwärtiger Angriff" in den Notwehrvorschriften (§§ 32 StGB, 227 BGB) aus, vgl. K.-H.Schumann, S.35; Heise, § 6 Rdn.2, § 1 Rdn.19.
Nur vereinzelt finden sich Formulierungen, die eine etwas weitere Auslegung der "gegenwärtigen Gefahr" beim polizeilichen Notstand gestatten würden; so soll etwa unter bestimmten Voraussetzungen auch eine Dauergefahr im Rahmen des polizeilichen Notstandes genügen (Wolff/Bachof, S.74), bzw. der erforderliche Grad der Wahrscheinlichkeit soll von der Art des zu schützenden Rechtsgutes abhängen (K.-H.Schumann, S.35).

2) OVG Saarlouis DÖV 1973,863(864); VG Köln NJW 1971,210 (212).

Auslegung der "unmittelbar bevorstehenden Gefahr" eine Gesamtabwägung stattzufinden habe, bei der berücksichtigt werden müsse, welche Bedeutung das Gut habe, das durch den polizeilichen Eingriff zu schützen sei und in welches Rechtsgut eingegriffen werde. Die Abwägung und insbesondere die Schwere des möglicherweise entstehenden Schadens sollen sich dann unmittelbar auf den erforderlichen Wahrscheinlichkeitsgrad und auch auf die notwendige zeitliche Nähe auswirken[1]. Zumindest in dieser Entscheidung wird polizeiliches Einschreiten somit auch dann u.U. als zulässig erachtet, wenn der Schadenseintritt zeitlich noch etwas weiter entfernt, aber sofortiges Einschreiten zur wirksamen Gefahrenabwehr unbedingt erforderlich ist.
Eine derartige Auslegung der "gegenwärtigen" bzw. "unmittelbar bevorstehenden Gefahr" im Sinne des polizeilichen Notstandes erscheint zur Vermeidung von Wertungswidersprüchen zum privaten Notstandsrecht auch als notwendig, damit die polizeilichen Befugnisse bei der Inanspruchnahme Notstandspflichtiger nicht hinter denen von Privatpersonen beim aggressiven Notstand zurückbleiben und somit keine Diskrepanz zwischen Straf- und Polizeirecht besteht. Eine Gefahr ist danach bereits dann im Sinne des polizeilichen Notstandes "gegenwärtig", wenn ein Schadenseintritt für die Zukunft prognostiziert werden kann, wenn es wenig wahrscheinlich ist, daß die Gefahr wieder entfällt, und es bei Beginn des drohenden Schadenseintritts voraussichtlich zu spät wäre, ihr wirksam entgegenzutreten. Polizeirechtliche und Privatbefugnisse sind daher insoweit im Ergebnis kongruent.

---

1) OVG Saarlouis DÖV 1973,863(864).

## 2. Kapitel: Die Sachwehr (§ 228 BGB)

Während in die Rechtssphäre eines Unbeteiligten nur bei wesentlichem Überwiegen des geschützten Interesses (§ 34 StGB) bzw. bei einem unverhältnismäßig großen drohenden Schaden (§ 904 BGB) eingegriffen werden darf, ist der Proportionalitätsmaßstab bei § 228 BGB gerade umgekehrt; der durch den Notstandseingriff entstehende Schaden darf hier sogar größer sein als der durch die Sache drohende, nur darf er nicht außer Verhältnis zu der abgewendeten Gefahr stehen. Diese Verschiebung des Verhältnismäßigkeitsmaßstabes zwingt zu dem Schluß, daß dem Güterabwägungsprinzip bei der Bestimmung des Grundgedankens von § 228 BGB keine entscheidende Bedeutung zukommt[1]. In der Lehre finden sich insoweit unterschiedliche Begründungsversuche.

### A. Der Grundgedanke der Sachwehrvorschrift (§ 228 BGB)

#### I. Schutzwürdigkeitseinbuße bei bloßer Gefahrenursächlichkeit?

Ein Teil der Literatur begründet die verminderte Schutzwürdigkeit der gefahrdrohenden - und später beschädigten oder zerstörten - Sache bei § 228 BGB mit deren bloßer Gefahrenursächlichkeit[2]. Aus dieser Notstandsregelung werde nämlich deutlich, daß der Gesetzgeber dem Inhaber der gefahrdrohenden Sache hier unabhängig von jedem Verschulden bereits die bloße Tatsache negativ zurechne, daß der Schaden in jenem

---

1) Ähnlich Stratenwerth, ZStW 68(1956),41(54).
2) Haas, S.212ff.; SK-Samson, vor § 32 Rdn.35: "§ 228 BGB ... beruht aber vor allem auf dem Gedanken, daß der Eigentümer der Sache, von der eine Gefahr ausgeht, die zur Beseitigung der Gefahr erforderliche Beschädigung oder Zerstörung der Sache hinzunehmen hat"; in diese Richtung auch Oetker, VDA II, S.359: "Schädigung trifft denjenigen, der nicht gehindert hat (nicht hindern wollte oder konnte), daß seine Sache Quelle der Gefahr für einen andern wurde."

Bereich entstanden ist, der dieser Person als individuelle Herrschaftssphäre zugeordnet ist. Das Prinzip negativer Zurechnung sei, so wird zur Begründung geltend gemacht, unserer Rechtsordnung nicht so fremd, sondern komme beispielsweise in der öffentlich-rechtlichen Störerhaftung sehr deutlich zum Ausdruck; bei dieser reiche es zur Rechtfertigung einschneidender Maßnahmen aus, daß objektive Polizeiwidrigkeit vorliege, Vermeidbarkeit oder gar Schuld seien aber nicht vorausgesetzt[1].

## II. Grundsatz der Interessenabwägung und Verursachung der Gefahrenlage

Daneben wird - insbesondere im zivilrechtlichen Schrifttum[2] - § 228 BGB oft mit dem Prinzip der Interessenabwägung bzw. des "überwiegenden Interesses" in Verbindung gebracht und darin der Rechtsgrund von § 228 BGB gesehen. Dadurch wird § 228 BGB in die Nähe von § 904 BGB gerückt, der als eine gesetzliche Ausformung des Güterabwägungsprinzips betrachtet wird[3].

Zur Erklärung des unterschiedlichen Proportionalitätsmaßstabs von § 228 BGB und § 904 BGB wird dabei besonders auf die Verursachung der Gefahrenlage abgestellt. Weil bei § 228 BGB die Gefahr vom in Anspruch genommenen Rechtsgut selbst ausgeht, dürfe es in stärkerem Maße bei der Gefahrenabwehr herangezogen werden als beim aggressiven Notstand, bei dem die Gefahr das in Anspruch genommene Rechtsgut "eigentlich gar nichts angeht"[4].

---

1) Haas, S.213.
2) Vgl. statt vieler: MüKo-von Säcker, § 904 Rdn.1; Staudinger(11.Aufl.)-Coing, § 228 Rdn.1; Larenz, AT, § 15 II; Brox, AT, Rdn.650.
3) Vgl. oben S.117f.
4) Baur, § 25 III 1 a.

## III. Der Wehrgedanke

Neben dieser - die Nähe zu § 904 BGB betonenden - Auffassung rücken andere wiederum die besondere Situation des von einer fremden Sache Bedrohten in den Mittelpunkt ihrer Betrachtung[1].

Dabei wird teilweise unter völliger Ausklammerung des Güter- bzw. Interessenabwägungsgedankens die besondere Nähe von Sach- und Notwehr betont. Die Notstandshandlung gemäß § 228 BGB sei Selbstverteidigung, und daß die gefahrdrohende höherwertige Sache zerstört werden könne, folge aus dem notwehrähnlichen Charakter von § 228 BGB ("Quasi-Notwehr")[2]. Die Interessenabwägung gebe hier nur die Grenze der Ausübung des Notstandsrechts, nicht aber den Rechtsgrund an[3]. So sieht Jescheck den Grundgedanken der Rechtfertigung nach § 228 BGB nicht in der Rettung des höherwertigen Gutes, sondern in dem natürlichen Recht zur Verteidigung des bedrohten Interesses[4], und für Stratenwerth ist der defensive Notstandsakt deshalb zulässig, weil im defensiven Notstand die Integrität des Gutes, dem durch die fremde Sache Schaden droht, und zugleich auch die Integrität des Herrschaftsbereiches geschützt werde, wobei die Güterabwägung lediglich ein Korrektiv bilde, wenn die Abwehr größere Werte vernichten würde, als zur Wahrung der Ordnung und im Hinblick auf den durch die Sache drohenden Schaden vertretbar ist[5].

---

1) Vgl. in der älteren Literatur: Oetker, der auf den Selbsterhaltungstrieb des Notstandstäters besonders abstellt (Oetker, Frank-FG, Bd.I, S.359(372)); vgl. in der jüngeren Literatur Felber, für den der Bedrohte bei der Sachwehr die Rechtsordnung im Sinne einer Güterordnung verteidigt (Felber, S.96).
2) Vgl. statt vieler: Welzel, § 14 III 2; Maurach/Zipf, AT 1, § 27 V 1. Auch die Väter des Bürgerlichen Gesetzbuchs verstanden den defensiven Notstand des § 228 BGB als Ausfluß der Notwehr auf die Fälle, in denen der Angriff nicht von Menschen, sondern von einem Tier oder einer Sache ausgeht, vgl. Mugdan, 1. Band, S.544; Planck(4.Aufl.)-Knoke, § 228 Anm.8; hierzu ausführlich Lampe, NJW 1968,88(92).
3) Oertmann, § 228 Anm.1 c; ähnlich Hueck, JherJb 68(1968), 205(210).
4) Jescheck, AT, § 33 II 1.
5) Stratenwerth, ZStW 68(1956),41(58f.).

Andere[1] wiederum verbinden den Wehrgedanken mit dem der Güter- bzw. Interessenabwägung. Bei dieser Abwägung müßten die Interessen des Geschädigten im Rahmen des § 228 BGB weit mehr zurücktreten als bei § 904 BGB, weil der Schädiger sich in Verteidigungsstellung befinde und daher § 228 BGB der Notwehr nahestehe.

## IV. Stellungnahme

Eine sachgerechte Erfassung des Grundgedankens von § 228 BGB erscheint nur dann möglich, wenn man § 228 BGB im systematischen Zusammenhang mit § 227 BGB (§ 32 StGB) und § 904 BGB sieht. Alle diese Vorschriften beruhen auf dem Grundsatz der Güter- bzw. Interessenabwägung. Während bei dieser Abwägung im Rahmen der §§ 904 BGB, 34 StGB zu berücksichtigen ist, daß einem an der Gefahrentstehung Unbeteiligten die Aufopferung eigener Rechtsgüter abverlangt wird und deshalb nur unter strengen Voraussetzungen in seine Rechtssphäre eingegriffen werden darf, tritt bei der Notwehr der Grundsatz der Interessenabwägung völlig hinter das Prinzip persönlicher Zurechnung zurück, denn dort ist der Ursprung der Gefahr einer Person als gegenwärtiger rechtswidriger Angriff konkret zurechenbar.
Der Gesichtspunkt des Gefahrenursprungs spielt auch bei der Abwägung im Rahmen von § 228 BGB eine gewichtige Rolle. Führt bei der Notwehr der Umstand, daß eine Person sich als konkrete Gefahrenquelle für die Rechtsgüter anderer darstellt, zu einer fast völligen Minderung der Schutzwürdigkeit ihrer Interessen, so wird bei § 228 BGB die Sache, die eine Gefahrenquelle für andere bedeutet, als weniger schutzwürdig erachtet. Es ist daher nicht so sehr der Wehrgedanke als der Aspekt des Gefahrenursprungs, der die ratio von Not- und Sachwehr prägt.

---

1) Vgl. Soergel-Fahse, § 228 Rdn.6; LK(9.Aufl.)-Baldus, § 54 Rdn.25; Schmidhäuser, Lehrbuch AT, 9/82; ders., Studienbuch AT, 6/50.

Ein Vergleich der §§ 228, 904 BGB zeigt aber auch, daß es für die Verringerung der Schutzwürdigkeit einer Sache noch nicht ausreichen kann, daß die Sache, auf die eingewirkt wird, bloß ursächlich im Sinne der Äquivalenztheorie für die Entstehung der Gefahr ist. Das Recht, eine fremde Sache beschädigen oder zerstören zu können, ohne im Normalfall zum Schadensersatz verpflichtet zu sein, stellt nämlich nicht nur eine Ausnahme von dem in § 903 BGB anerkannten Grundsatz der Freiheit und Ausschließlichkeit des Eigentums dar, dem beim Aggressivnotstand dadurch Rechnung getragen wird, daß die Einwirkung trotz ihrer Rechtmäßigkeit nach § 904 S.2 BGB eine Schadensersatzpflicht nach sich zieht[1], sondern auch eine Ausnahme von der Grundregel, daß ein Eingriff in fremdes Vermögen stets ersatzpflichtig macht. Die Ausnahme der Nichthaftung bedeutet deshalb eine besondere Belastung des Sacheigentümers und bedarf daher einer inneren Rechtfertigung. Sie läßt sich nur durch ein Moment erklären, das mit der beschädigten Sache zusammenhängt, und besteht darin, daß diese Sache selbst *eigentliche* und *ausschlaggebende* Ursache der Gefahr ist[2].

Gegen eine solche Deutung des Grundgedankens von § 228 BGB kann auch nicht die Regelung der öffentlich-rechtlichen Störerhaftung ins Feld geführt werden, denn diese stellt nicht - wie behauptet wird - auf die bloße Gefahrenursächlichkeit (Polizeiwidrigkeit) ab[3], vielmehr werden gerade im Rahmen der Zustandsstörerhaftung, dem polizeirechtlichen Gegenstück zu § 228 BGB[4], von Lehre und Rechtsprechung Kriterien entwickelt, die diese Haftung einschränken. Auch wenn insoweit Streit besteht, ob eine Einschränkung

---

1) MüKo-von Feldmann, § 228 Rdn.2.
2) Ähnlich Staudinger(11.Aufl.)-Seufert, § 904 Rdn.10.
3) So Haas, S.213; kritisch gegenüber Haas auch Hoyer (JuS 1988,89(95)), der jedoch verkennt, daß das polizeirechtliche Gegenstück zu § 228 BGB die Zustands- und nicht die Handlungsstörerhaftung ist.
4) Rupprecht, JZ 1973,263(267 Fn.53).

dadurch erfolgen soll, daß man verlangt, daß die Gefahr u n m i t t e l b a r durch die Sache ausgehen muß[1], oder ob man das Erfordernis aufstellt, daß erst derjenige als kausal für eine Gefahr zu betrachten ist, der als erster die Schwelle zur Rechtswidrigkeit überschritten hat[2], so besteht doch Einigkeit darüber, daß die im Strafrecht geltende Äquivalenztheorie hier keine Anwendung findet. Somit widerspricht auch die Regelung der Zustandsstörerhaftung nicht der Feststellung, daß die Schutzwürdigkeitseinbuße der beeinträchtigten Sache bei § 228 BGB nicht auf deren bloße Gefahrenursächlichkeit zurückgeführt werden kann.

Zusammenfassend läßt sich damit feststellen, daß für den Grundgedanken des § 228 BGB dem Güterschutzprinzip eine gewisse - wenn auch nicht entscheidende - Bedeutung zukommt. Maßgeblich bei der insoweit stattfindenden Güterabwägung ist vielmehr der Umstand, daß eine Sache, die überwiegend und ausschlaggebend an der Entstehung einer Gefahr beteiligt ist, dadurch an Schutzwürdigkeit einbüßt. Dem trägt der Proportionalitätsmaßstab des § 228 BGB Rechnung.

Es stellt sich nun die Frage, wie die Sachwehrvorschrift - ausgehend von diesem Grundgedanken - auszulegen ist.

## B. Die Auslegung der Sachwehrvorschrift (§ 228 BGB) aus ihrem Grundgedanken

Die Frage, ob eine Gefahr durch die fremde Sache droht, stellt das Hauptproblem des § 228 BGB dar und hat in Literatur und Rechtsprechung erhebliche Kontroversen ausgelöst, die bereits in der verwendeten Terminologie deutlich werden. Zum Teil wird von der Gefahr gesprochen, die " v o n " der Sache drohe, oder von einer Gefahr, die " d u r c h "

---

1) Vgl. statt vieler: Kraemer, NJW 1965,183(186f.); Kirchhof, DÖV 1974,449(453f.).
2) So z.B.: Schnur DVBl. 1962,1ff.; Vollmuth, VerwArch. 1977,45ff.

die Sache[1], ihre Beschaffenheit, ihren Zustand[2] drohe; andere wiederum stellen darauf ab, die Sache müsse die "ursprüngliche" Ursache der Gefahr sein, sie müsse die Gefahr "erzeugen"[3], während eine weitere Ansicht es als ausreichend erachtet, daß durch die Sache die Gefahr "vermittelt" werde[4]. Hinter diesen Formulierungen verbirgt sich die Frage, ob der Begriff der "gefahrdrohenden Sache" restriktiv zu interpretieren ist oder einer weiteren Auslegung zugänglich ist.
Insoweit ergibt sich bereits aus dem Grundgedanken von § 228 BGB, daß als "gefahrdrohend" nicht jede Sache bezeichnet werden kann, die im Sinne der Äquivalenztheorie an der Gefahrentstehung mitgewirkt hat, weil ansonsten nach § 228 BGB jede Sache beeinträchtigt werden könnte, die lediglich ein Glied in der Ursachenkette bildet, welche schließlich bei dem Schaden endet - ein sicher nicht zu vertretendes Ergebnis.
Es soll daher jetzt der Frage nachgegangen werden, wie § 228 BGB sachgerecht einzuschränken ist, d.h. welche Erfordernisse erfüllt sein müssen, damit das Defensivnotstandsrecht gewährt werden darf.

## I. Restriktionsbemühungen in der Literatur

In der Lehre wurde die Notwendigkeit einer restriktiven Auslegung des § 228 BGB seit jeher erkannt und daher häufig der Versuch unternommen, mit Hilfe der unterschiedlichsten Kriterien den Anwendungsbereich des § 228 BGB zu begrenzen.

---

1) Vgl. zur ständig wechselnden Terminologie: Planck (4.Aufl.)-Knoke, § 228 Anm.1 b,c; von Tuhr, AT, S.588 ("Gefahr droht d u r c h die fremde Sache"), S.600 ("Gefahr droht v o n der fremden Sache").
2) Soergel-Fahse, § 228 Rdn.13; Erman-Hefermehl, § 228 Rdn.3.
3) RGZ 71,240(242); 88,211(213f.); Hueck, JherJb 68(1968), 205(214).
4) Vgl. RGZ 143,382(387); OGHZ 4,99(102ff.); Ballerstedt, JZ 1951,227(228).

So wurde bereits im Anschluß an die Entstehungsgeschichte des Bürgerlichen Gesetzbuches die Auffassung vertreten, daß § 228 BGB dem § 227 BGB nachgebildet sei und daher - wie die Notwehr - nur die Verteidigung gegen einen wirklichen Angriff, besonders gegen den eines Tieres, und außerdem noch gegen angriffsähnliche Zustände erfasse, daß es aber für § 228 BGB nicht genüge, wenn aus dem Zustand einer Sache oder aus ihrem bloßen Vorhandensein die Gefahr drohe[1].

Neben dieser extrem engen Auffassung, für deren Richtigkeit sich weder aus dem Wortlaut noch aus der ratio des § 228 BGB Anhaltspunkte ergeben[2], wird oft in der Literatur als "gefahrdrohend" nur eine solche Sache angesehen, durch die u n m i t t e l b a r die Gefahr hervorgerufen wird; dagegen könne eine bloß mittelbar die Gefahr bewirkende Sache kein Notstandsrecht gemäß § 228 BGB begründen[3].

Außer diesem Unmittelbarkeitskriterium wird häufig eine zeitliche Zuspitzung in Form einer "gegenwärtigen Gefahr" verlangt, weil bei fehlender Gegenwärtigkeit die Abwehrhandlung noch nicht erforderlich sei[4].

Teilweise wird auch ein rechtswidriges Verhalten des Eigentümers der betroffenen Sache gefordert, denn die Minderung seiner Schutzwürdigkeit sei bei rechtmäßigem Verhalten unverständlich; wer nämlich den Geboten der Rechtsordnung in vollem Umfange Genüge tue, verdiene auch den vollen Schutz der Rechtsordnung[5].

---

1) F. von Liszt, Deliktsobligationen, S.91.
2) Ausführlich hierzu Hueck, JherJb 68(1968),204(211f.).
3) Vgl. statt vieler: RGRK-Johannsen, § 228 Rdn.6; Palandt (49.Aufl.)-Heinrichs, § 228 Anm.2 d (anders noch Palandt (41.Aufl.)-Heinrichs, § 228 Anm.2 a).
4) Vgl. statt vieler: Titze, S.104.
5) Hoyer, JuS 1988,89(94f.). Neben diesen Einschränkungskriterien - Unmittelbarkeit, Gegenwärtigkeit, Rechtswidrigkeit - finden sich in der Lehre noch vereinzelt andere Aspekte. Jakobs beispielsweise will § 228 BGB nur dann anwenden, wenn die Person, in deren Güter zur Rettung vor der Gefahr eingegriffen wird, für die Gefahr zuständig sei, d.h. die Pflicht habe, die Gefahr zu beseitigen oder nur infolge von Unfähigkeit diese Pflicht nicht habe, so

## II. Die Auslegung des § 228 BGB durch die Rechtsprechung

In der frühen Rechtsprechung des Reichsgerichts wurde § 228 BGB in enger Auslegung so interpretiert, daß davon nur solche Fälle erfaßt werden, in denen die Sache u n m i t t e l b a r aus sich heraus ein fremdes Rechtsgut gefährde und - als Person gedacht - als Angreifer zu behandeln wäre[1]. Obwohl § 228 BGB dann in einer späteren Entscheidung des Reichsgerichts[2] und in einem Urteil des Obersten Gerichtshofes der britischen Zone[3] eine weitere Interpretation insofern erfuhr, als hier auch mittelbar verursachte Gefahren einbezogen wurden, ist hierin doch kein effektiver Wandel der Rechtsprechung zu sehen, denn der Bundesgerichtshof ist später[4] zu der engen Auslegung des § 228 BGB zurückgekehrt, so daß man insgesamt wohl von einer eher restriktiven Interpretation des § 228 BGB durch die Rechtsprechung ausgehen kann.

## III. Stellungnahme

Im folgenden Teil sollen die zur Einschränkung von § 228 BGB in der Lehre entwickelten Kriterien der Rechtswidrigkeit,

---

daß die nur äußerliche Verbindung der Gefahr mit einer Herrschaftssphäre ohne Verantwortlichkeit noch nicht ausreiche (Jakobs, AT, 13/47), ähnlich Rudolphi, A.Kaufmann-GS, S.371(396). Z.T. werden auch an den für die "Gefahr" erforderlichen Wahrscheinlichkeitsgrad besonders hohe Anforderungen gestellt (vgl. RGRK(1.Aufl.)-Kiehl, § 228 Rdn.3), oder es wird verlangt, daß der drohende Schaden erheblich sein muß (vgl. Oetker, Über Notwehr und Notstand, S.19; ders., VDA II, S.366; Titze, S.100). Teilweise läßt man auch solche Gefahren für § 228 BGB nicht ausreichen, die nur auf psychisch vermitteltem Wege Schaden verwirklichen können (etwa sittlich bedenkliche Bilder), und verlangt statt dessen eine von der Sache drohende physische Schadenskausalität (vgl. A.Köhler, S.365; F. von Liszt, Deutsches Strafrecht, S.150).

1) RGZ 71,240(242); 88,211(213f.).
2) RGZ 143,382(387).
3) OGHZ 4,99(102ff.).
4) BGHZ 2,37(44); ebenso verneint das OLG Freiburg in einem Urteil implizit die Anwendbarkeit des § 228 BGB, indem es sich von einem engen Verständnis des § 228 BGB leiten läßt (OLG Freiburg JZ 1951,223).

der Gegenwärtigkeit und der Unmittelbarkeit auf ihre Stichhaltigkeit und Praktikabilität hin überprüft werden, und es soll untersucht werden, welches Kriterium am besten dafür geeignet ist, nach der ratio des § 228 BGB eine sachgerechte Einschränkung zu ermöglichen.

### 1. Notwendigkeit eines rechtswidrigen Verhaltens des Rechtsgutsinhabers bei § 228 BGB?

Insoweit kann man der Auffassung, daß § 228 BGB nur bei einem rechtswidrigen Verhalten des Inhabers der beeinträchtigten Sache anwendbar sei, auf den ersten Blick eine gewisse Plausibilität nicht absprechen, denn es erscheint zunächst tatsächlich wenig einsichtig, weshalb die Realisierung eines mit der Rechtsordnung in Übereinstimmung stehenden - wenngleich gefahrenursächlichen - Verhaltens zugleich dazu führen soll, daß die Rechtsordnung den Interessen des betreffenden Rechtsgutsinhabers (zumindest partiell) die Schutzwürdigkeit abspricht.
Jedoch entstehen bei genauerem Zusehen Bedenken, die durch folgendes Beispiel verdeutlicht werden: Droht bei einem unvorhersehbar an der See aufkommenden Sturm ein im Hafen liegendes kleineres Boot durch ein größeres, danebenliegendes Boot, dessen Vertäuung sich ohne Verschulden seines Eigentümers gelockert hat, zerstört zu werden, und kann diese Gefahr nur dadurch beseitigt werden, daß das größere Boot losgemacht und der Zerstörung auf offener See anheimgegeben wird, so muß der Eigentümer des größeren Bootes, selbst wenn dieses etwas wertvoller ist, dulden, daß der Eigentümer des kleineren Bootes die Gefahr in der beschriebenen Form beseitigt. Es erscheint nämlich als inakzeptabel, in einem solchen Fall den defensiven Notstandseingriff zu versagen und damit von dem Eigentümer des kleineren Bootes zu verlangen, der Zerstörung seines Bootes, ohne einzugreifen, passiv zuzusehen. Vielmehr dürfte die Preisgabe des größeren Bootes unter diesen Umständen kein Unrecht darstellen, wenn sie zur Gefahrenabwehr erforderlich ist, und zwar völlig unabhängig

davon, ob dessen Eigentümer ein Verschulden an der Gefahrentstehung trifft oder nicht. Entscheidend ist insoweit allein, daß dieses Boot einen Gefahrenherd darstellt und dadurch bereits ein gewisses Maß an Schutzwürdigkeit einbüßt.

Ebenso wird in dem Fall, in dem sich ein scharfer Hund ohne Verschulden seines Eigentümers auf unvorhersehbare Weise von der Kette löst und einige auf dem Nachbargrundstück frei herumlaufende Rassekaninchen zu reißen droht, Einigkeit darüber zu erzielen sein, daß die Verletzung des Hundes zum Zwecke der Gefahrenabwehr nicht als Unrecht anzusehen ist, auch wenn der Hund einen etwas höheren Wert als die Kaninchen hat.
Für eine andere Auffassung ergeben sich weder aus dem Wortlaut noch aus der ratio von § 228 BGB Anhaltspunkte. Aus dem Güterschutzgedanken läßt sich nämlich das Erfordernis eines rechtswidrigen Verhaltens des Sacheigentümers nicht ableiten; maßgebend ist insoweit allein die bestehende Zwangslage. Eine Sache kann danach auch dann überwiegend an der Gefahrentstehung beteiligt sein, wenn dem Eigentümer diesbezüglich kein Schuldvorwurf zu machen ist.

Die Notwendigkeit rechtswidrigen Verhaltens ergibt sich schließlich auch nicht aus der parallelen Regelung im allgemeinen Polizei- und Ordnungsrecht[1]. Danach wäre nämlich in den Beispielen der Eigentümer des größeren Bootes und des Hundes unabhängig von jedem Verschulden als Zustandsstörer anzusehen, denn dafür reicht es nach zutreffender herrschender Meinung[2] aus, daß eine Gefahr u n m i t t e l b a r durch eine Sache herbeigeführt wird, diese

---

1) Anders aber Hoyer, der darauf hinweist, daß im Polizei- und Ordnungsrecht die Auffassung vertreten wird, daß erst derjenige als kausal für eine Gefahr zu betrachten sei, der sich rechtswidrig verhalten habe, und daraus ein Rechtswidrigkeitserfordernis für § 228 BGB ableitet (Hoyer, JuS 1988,89(95)).
2) Vgl. statt vieler: Kraemer, NJW 1965,183(186f.); Kirchhof, DÖV 1974,449(453f.); anders z.B. Schnur, DVBl. 1962, 1ff. und Vollmuth, VerwArch. 1977,45ff., die ein rechtswidriges Verhalten fordern.

Sache also einen Gefahrenherd darstellt. Rechtswidrigkeit oder gar Schuld sind danach aber gerade nicht erforderlich.

### 2. Notwendigkeit eines temporalen Erfordernisses bei § 228 BGB?

Wenn man zutreffend davon ausgeht, daß Sach- und Notwehr eng miteinander verwandt sind, so erscheint der Gedanke zunächst nicht fernliegend, die Defensivnotstandsbefugnisse gemäß § 228 BGB, ebenso wie die Notwehrbefugnisse, an ein zeitliches Kriterium zu knüpfen und für § 228 BGB - wie dies häufig in der Lehre geschieht[1] - ein "Gegenwärtigkeitserfordernis" aufzustellen. Fraglich ist in diesem Fall jedoch, ob § 228 BGB dann in zeitlicher Hinsicht ebenso eng wie die Notwehrvorschrift ("gegenwärtiger Angriff") auszulegen ist oder ob auch schon eine "gegenwärtige Gefahr" im Sinne der §§ 34 StGB, 904 BGB den Anforderungen des § 228 BGB genügt.
Gegen eine streng temporale Interpretation des § 228 BGB, ähnlich der des § 227 BGB, läßt sich zunächst der Wortlaut dieser Bestimmung ins Feld führen, denn § 228 BGB verzichtet im Gegensatz zu § 227 BGB ("gegenwärtiger Angriff") und §§ 34 StGB, 904 BGB ("gegenwärtige Gefahr") auf jede Form der "Gegenwärtigkeit" und begnügt sich mit einer "drohenden Gefahr". Ob durch diese Formulierung jedoch darüber hinaus eine zeitliche Vorverlagerung des Notstandsrechts gemäß § 228 BGB gegenüber den Aggressivnotstandsregelungen bezweckt wird, erscheint zweifelhaft, denn auch in § 904 BGB ist von einem "drohenden Schaden" und in § 34 StGB von "drohenden Gefahren" die Rede, obwohl beide Bestimmungen

---

1) Vgl. statt vieler: Enneccerus/Nipperdey, § 241 Fn.10; Planck(2.Aufl.)-Planck, § 228 Anm.1 a; Hübner, AT, Rdn.319; Titze, S.104; Hachenburg, S.76; Leonhard, S.214; Hellmann, S.170. A.A.: Staudinger(11.Aufl.)-Coing, § 228 Rdn.8; Staudinger(12.Aufl.)-Dilcher, § 228 Rdn.7; MüKo-von Feldmann, § 228 Rdn.2; Oertmann, § 228 Anm.2 a; Goldmann/Lilienthal, § 228 Anm.2; H.Köhler, BGB AT, § 7 II 3 b.

ihrem Wortlaut nach nur bei "gegenwärtiger Gefahr" eingreifen[1].
Gegen das Erfordernis einer akuten zeitlichen Zuspitzung der Gefahr bei § 228 BGB spricht auch die ratio der Sachwehrvorschrift. Unter dem Aspekt des Güterschutzes ist es nämlich - wie bereits ausgeführt[2] - gleichgültig, ob eine Rechtsgutsverletzung unmittelbar bevorsteht oder ob sie erst in der Zukunft zu erwarten, dann aber eine wirksame Beseitigung der Gefahr nicht mehr möglich ist. Auch im letzteren Fall läßt sich gegebenenfalls die Feststellung treffen, daß eine Sache überwiegend an der Gefahrentstehung beteiligt ist und damit ein gewisses Maß an Schutzwürdigkeit einbüßt, was die Anwendung von § 228 BGB rechtfertigt. Lauert beispielsweise eine Katze auf einem fremden Hühnerhof den dort herumlaufenden Küken auf, und ist erfahrungsgemäß damit zu rechnen, daß sie die Küken fressen wird, so müßte man sich darauf einigen können, daß mit der Tötung der Katze nicht gewartet zu werden braucht, bis sie unmittelbar zum Angriff ansetzt, wenn in diesem Zeitpunkt die Tötung der Küken nicht mehr wirksam abgewendet werden kann[3]. Das gleiche dürfte auch dann gelten, wenn ein mit einem schwachen Strick an einer Hütte angebundener Hund durch heftiges Zerren den Strick immer weiter abwetzt und abzusehen ist, daß dieser alsbald reißen und der Hund sich auf einige auf dem Nachbargrundstück frei herumlaufende Rassekaninchen stürzen wird. Auch hier sollte es erlaubt sein, mangels anderer Möglichkeiten den Hund zu töten, bevor der Strick vollends durchgewetzt ist, wenn später die Gefahr nicht mehr wirksam beseitigt werden kann[4].

In beiden Beispielsfällen steht zwar der Schadenseintritt noch nicht unmittelbar bevor, jedoch stellen der Hund bzw.

---

1) Hellmann, S.169.
2) Vgl. oben S.123.
3) So auch Planck(4.Aufl.)-Knoke, § 228 Anm.1 b.
4) Im gleichen Sinne: Staudinger(11.Aufl.)-Coing, § 228 Rdn.8.

die Katze die eigentliche und unmittelbare Gefahrenquelle für die Rechtsgüter anderer dar, weshalb sie an Schutzwürdigkeit einbüßen und in weiterem Umfang als beim Aggressivnotstand durch den Defensivnotstandstäter in Anspruch genommen werden dürfen.
Für die Auslegung der "drohenden Gefahr" im Sinne des § 228 BGB ergibt sich daraus, daß insoweit eine akute zeitliche Zuspitzung der Situation nicht erforderlich ist, vielmehr genügt - wie bei der "gegenwärtigen Gefahr" im Rahmen des Aggressivnotstandes - ein Zustand, der für die Zukunft die Prognose gestattet, daß eine Rechtsgutsverletzung nach dem zu erwartenden Verlauf der Ereignisse möglich ist, daß es wenig wahrscheinlich ist, daß die Gefahr wieder entfällt und daß es bei Beginn des drohenden Erfolgseintritts voraussichtlich zu spät wäre, ihr wirksam entgegenzutreten[1].

### 3. Das Unmittelbarkeitskriterium bei § 228 BGB?

Schließlich soll noch geprüft werden, ob das häufig in Rechtsprechung und Lehre geforderte "Unmittelbarkeitskriterium"[2] zu einer sachgerechten Restriktion des § 228 BGB geeignet ist oder ob für § 228 BGB auch eine mittelbar von der geschädigten Sache ausgehende Kausalität genügt. Erforderlich ist damit eine nähere Bestimmung der "gefahrdrohenden Sache".
Stützt man sich bei der Auslegung dieses Begriffs auf den Wortlaut des § 228 BGB, so wird durch diesen eine enge Interpretation im Sinne eines Unmittelbarkeitskriteriums noch nicht präjudiziert, denn § 228 BGB spricht nicht von einer Gefahr, die "von" einer Sache droht, was ein Unmittelbarkeitserfordernis nahelegen würde, sondern läßt es genügen, daß "durch" eine fremde Sache ein Schaden droht. "Durch" eine Sache kann ein Schaden aber nicht nur dann drohen,

---

1) Vgl. oben S.126.
2) Vgl. statt vieler: RGZ 71,240(242); MüKo-von Feldmann, § 228 Rdn.2; Endemann, S.375.

wenn die Sache unmittelbar die Gefahr herbeiführt, sondern auch dann, wenn sie lediglich über eine Kausalkette an der Gefahrentstehung beteiligt ist.
Es stellt sich damit die Frage, was sich aus dem Grundgedanken von § 228 BGB für die Auslegung der "gefahrdrohenden Sache" ergibt. Da hiernach eine Sache nur dann an Schutzwürdigkeit einbüßt, wenn sie selbst eigentliche und ausschlaggebende Ursache der Gefahr ist, wird man zumindest verlangen müssen, daß eine "enge Beziehung" zwischen der Sache und dem drohenden Schadenseintritt besteht. Eine solche Beziehung ist immer dann zu bejahen, wenn die später beeinträchtigte Sache ohne Zwischenschaltung eines weiteren Kausalelementes u n m i t t e l b a r als Gefahrenquelle wirkt, also beispielsweise der Hund des Nachbarn ein fremdes Kind anfällt oder der abgestellte Wagen sich infolge Lockerung der Bremsen selbständig macht, die abfallende Straße hinunterrollt und damit die Rechtsgüter anderer bedroht. In diesen Fällen drängt sich von der Sache her die Anwendung des Proportionalitätsmaßstabs von § 228 BGB auf, weil sich in der Gefahr unmittelbar und ausschließlich die spezifische, einer Sache innewohnende Gefährlichkeit realisiert.
Problematischer erscheint dagegen die Behandlung der Fälle, in denen eine Sache lediglich in den zu einem Schaden führenden Kausalverlauf eingeschaltet ist, die Entstehung der Gefahr aber auch auf der Wirkung anderer Kausalfaktoren beruht. Hierbei kann man hinsichtlich des Zusammenspiels der verschiedenen Kausalfaktoren zwei Fallgruppen unterscheiden.
Zum einen die Fälle, bei denen die gefahrverursachenden Faktoren kausal dergestalt miteinander verknüpft sind, daß die eine Ursache die andere auslöst und diese dann den Schaden herbeizuführen droht. Beispiele hierfür sind der morsche Baum, der infolge eines schweren Sturms auf die Glasbeete des Nachbarn zu stürzen droht oder der Fall, daß das Bellen eines ungefährlichen Hundes einen anderen Hund herbeilockt,

der nicht nur zu bellen, sondern auch zu beißen pflegt[1]. An dieser Stelle wäre auch die Entscheidung RGZ 143,382 zu erwähnen. In diesem Fall wurde ein im Maschinenraum eines Schiffes entstandener Brand mit chemischen Löschmitteln bekämpft, wobei Chemikalien auch in den Tank eindrangen, in dem sich das in fremdem Eigentum stehende Schmieröl befand und dieses unbrauchbar machten. Das Reichsgericht bejahte hier die Anwendbarkeit von § 228 BGB, weil die Maßnahme zur Abwendung der Gefahr einer weiteren Ausdehnung des Brandes, besonders auch durch Entzündung des Schmieröls, erforderlich gewesen sei und der Ölschaden nicht außer Verhältnis zu dieser Gefahr gestanden habe[2]. Es betrachtet somit das Öl als "gefahrdrohende Sache", obwohl dieses nur das Medium bildet, das die durch den Brand geschaffene Gefahr weiterleitet.
Von diesen Fällen einer "Kausalkette" ist eine zweite Fallgruppe zu unterscheiden, in der verschiedene Kausalfaktoren kumulativ eine Gefahr herbeiführen, ihrerseits aber unabhängig voneinander entstehen. Ein Beispiel hierfür findet sich in der Entscheidung RGZ 71,240. Dort befand sich zwischen zwei Grundstücken ein Damm, und der Eigentümer A des höhergelegenen Grundstücks durchbrach bei einem Unwetter diesen dem B gehörenden Damm, um das sich oberhalb des Dammes anstauende Wasser ablaufen zu lassen. Es stellte sich damit die Frage, ob der Damm, der erst infolge des Unwetters als Hindernis für den Abfluß von Wassermassen zu einer gefährlichen Sache für A wird, als "gefahrdrohende Sache" im Sinne des § 228 BGB zu qualifizieren ist. Das Reichsgericht verneinte diese Frage, weil die Gefahr hier unmittelbar durch die Wassermassen und nicht den Damm verursacht werde[3].

---

1) Vgl. zu diesem Beispiel: Oetker, Über Notwehr und Notstand, S.29.
2) RGZ 143,382(387).
3) RGZ 71,240(242).

Stellt man bei der Bestimmung der "gefahrdrohenden Sache" auf die ratio von § 228 BGB ab, so ist entscheidend, ob die Sache trotz der Mitwirkung anderer Kausalfaktoren "eigentliche" und "ausschlaggebende" Quelle der Gefahr ist und deshalb an Schutzwürdigkeit einbüßt. Dies ist dann nicht der Fall, wenn die anderen Kausalfaktoren so gewichtig sind, daß sie die an der Gefahrentstehung beteiligte Sache in den Hintergrund drängen. Andererseits erscheint es aber sachgerecht, einer Sache auch dann eine gewisse Schutzwürdigkeit abzusprechen, wenn sie zwar nicht unmittelbar die Gefahr herbeiführt, jedoch als mittelbare Gefahrenquelle von Anfang an einen Gefahrenherd in sich trägt, so daß es nur einer Veränderung der äußeren Umstände bedarf, damit sich die vorhandene Gefahrenneigung aktualisiert und die Sache kumulativ mit dem anderen Kausalfaktor die Gefahr herbeiführt.
So lag es beispielsweise in dem "Damm-Fall"[1], wo die Gefahr zwar unmittelbar durch die ungeheuren Wassermassen infolge des Unwetters herbeigeführt wird, andererseits aber der Damm von vornherein eine erhöhte Gefahrentendenz aufweist und es daher von Anfang an absehbar ist, daß er wegen seiner Stauwirkung bei erheblichen Regenfällen ein Hindernis für den Abfluß von Wassermassen darstellen wird. Da der Damm somit latent einen jederzeit beim Zusammentreffen mit anderen Kausalfaktoren realisierbaren Gefahrenherd in sich birgt, büßt er ein gewisses Maß an Schutzwürdigkeit ein und ist als "gefahrdrohende Sache" zu qualifizieren, so daß das Durchstechen des Dammes auch dann gemäß § 228 BGB gerechtfertigt ist, wenn der durch seine Zerstörung entstehende Schaden etwas größer ist als der durch die Zerstörung des Grundstücks drohende Schaden.

Als "gefahrdrohende Sache" ist nach den hier entwickelten Kriterien auch das Schmieröl in der Entscheidung RGZ 143, 382 anzusehen, denn aufgrund seiner Eigenschaften weist es

---

1) RGZ 71,240.

von vornherein eine erhöhte Tendenz auf, zur weiteren Ausdehnung eines Brandes beizutragen. Seine Vernichtung kann deshalb gemäß § 228 BGB gerechtfertigt sein.

Einen latenten Gefahrenherd für die Glasbeete des Nachbarn stellt in dem oben geschilderten Beispiel[1)] auch der morsche Baum dar. Daß es zur Aktualisierung der Gefahrenneigung eines Sturmes bedarf, steht deshalb einer Qualifizierung des Baumes als "gefahrdrohende Sache" nicht entgegen.

Dagegen genügt in dem "Hundebeispiel"[2)] das Verhalten des ersten Hundes, der durch sein Bellen die gefährliche Kausalkette in Gang setzt, nicht, um ihn als "gefahrdrohende Sache" bezeichnen zu können, denn er birgt keinen spezifischen Gefahrenherd, und im späteren Schadenseintritt realisiert sich keine immanente und typische Gefahrenneigung des bellenden Hundes. Die "eigentliche" und "ausschlaggebende" Quelle der Gefahr stellt hier der bissige Hund dar; dahinter tritt die Beteiligung des bellenden Hundes völlig zurück.

Es kann somit zusammenfassend festgehalten werden, daß als "gefahrdrohend" im Sinne des § 228 BGB einmal solche Sachen qualifiziert werden können, die ohne Zwischenschaltung eines weiteren Kausalelementes *unmittelbar* als Gefahrenquelle wirken, zum anderen aber auch die Sachen, die im Zusammenspiel mit anderen Kausalfaktoren die Gefahr herbeiführen, wenn sie von Anfang an einen Gefahrenherd in sich tragen, so daß es nur einer Veränderung der äußeren Umstände bedarf, damit sich die vorhandene Gefahrenneigung aktualisiert.
Ausgehend davon soll nunmehr noch die Frage erörtert werden, unter welchen Voraussetzungen die Polizei im Rahmen der Gefahrenabwehr in den von § 228 BGB erfaßten Fällen tätig werden darf. Ähnlich wie beim aggressiven Notstand soll also geprüft werden, ob zwischen den Befugnissen der Privatpersonen und denen der Polizei eine Diskrepanz besteht.

---

1) Vgl. oben S.144.
2) Vgl. oben S.144f.

## C. Die Harmonisierung des Defensivnotstandsrechts nach § 228 BGB mit der polizeirechtlichen Zustandsstörerhaftung

Analysiert man die Beschränkungen, denen die Polizei in diesem Bereich unterliegt, so ist an die Zustandsstörerhaftung anzuknüpfen, die das polizeirechtliche Pendant zu § 228 BGB bildet[1]. Auch dort wird nämlich auf den Zustand oder die Beschaffenheit einer Sache abgestellt, die sich als Gefahrenquelle darstellt und daher ein polizeiliches Einschreiten zur Beseitigung der drohenden Gefahr notwendig erscheinen läßt.

Dabei bejaht die herrschende Meinung grundsätzlich nur dann eine Zustandsstörerhaftung und gestattet damit ein Eingreifen der Polizei, wenn die Sache selbst unmittelbar die Gefahrenquelle bildet[2]. Sie lockert dann aber wiederum diesen strengen Unmittelbarkeitsgrundsatz durch zusätzliche Bewertungskriterien ("Überschreiten der Gefahrengrenze")[3] und sonstige Hilfskonstruktionen ("Zweckveranlasser", "latente Gefahr")[4] auf. Mit den Erfordernissen der Unmittelbarkeit und der "latenten Gefahr" finden sich somit auch im Recht der staatlichen Gefahrenabwehr Gesichtspunkte, die darauf hinweisen, daß eine Sache die eigentliche Gefahrenquelle darstellt und deshalb an Schutzwürdigkeit einbüßt.

Es besteht damit eine weitgehende Kongruenz zwischen den zur Restriktion des § 228 BGB entwickelten und den von der herrschenden öffentlich-rechtlichen Meinung zur Einschränkung der Zustandsstörerhaftung verwendeten Kriterien. Auch

---

1) Rupprecht, JZ 1973,263(267 Fn.53).
2) Vgl. statt vieler: Hess.VGH MDR 1970,791f.; Götz, Rdn. 191ff.; Reiff/Wöhrle/Wolf, § 6 Rdn.8ff. Ein Teil der Lehre stellt auf die Rechtswidrigkeit der Ursache ab, vgl. Vollmuth, VerwArch. 1977,45ff.; Henning, DVBl. 1968,740(743); nur für die Zustandsstörerhaftung fordern Rechtswidrigkeit: Friauf, DVBl. 1971,713 (717f.); Bartlsperger, DVBl. 1971,723 (726f.).
3) Vgl. zum Kriterium des "Überschreitens der Gefahrengrenze": Drews/Wacke/Vogel/Martens, S.313.
4) PrOVGE 85,270; 40,391; OVG Münster OVGE 11,250; vgl. hierzu Vieth, S.43ff.

in diesem Bereich kann daher kein Wertungswiderspruch zwischen den privaten Notstandsbefugnissen und dem Recht der staatlichen Gefahrenabwehr festgestellt werden.

Als Teilaspekt des allgemeinen Defensivnotstandsrechts soll im folgenden Kapitel speziell der durch Menschen ausgelöste Defensivnotstand einer näheren Prüfung unterzogen werden. Dabei ist zu berücksichtigen, daß diese Form des Defensivnotstandes und die Sachwehr nach § 228 BGB nicht beziehungslos nebeneinanderstehen, vielmehr überschneiden sich beide Notstandsarten, weil auch bei der Sachwehr (§ 228 BGB) hinter der in Anspruch genommenen Sache eine Person, der Sacheigentümer, als Eingriffsopfer steht.

Auch bei der folgenden Untersuchung sollen die im ersten Teil entwickelte Notwehrkonzeption und die daraus abgeleiteten Auslegungsergebnisse zugrunde gelegt werden, d.h. was die Notwehrvoraussetzung des "rechtswidrigen Angriffs" angeht, soll bereits von der de lege ferenda vorgeschlagenen Beschränkung des Notwehrrechts auf vorsätzlich-schuldhafte Angriffe ausgegangen werden.

## 3. Kapitel: Der durch Menschen ausgelöste Defensivnotstand

### A. Problemstellung

Aus der Notwehrkonzeption ergab sich, daß es Fälle defensiver Gefahrenabwehr gibt, in denen die Gefahr zwar von einem Menschen geschaffen wird, die spezifischen Zurechnungsvoraussetzungen der Notwehr aber nicht erfüllt sind, so daß dem Bedrohten in diesen Fällen kein Notwehrrecht gewährt werden kann[1]. Zum einen kann nämlich ein bestimmter Umstand in der Sphäre des Angreifers vorliegen, der seine Fähigkeit, auf

1) Vgl. oben S.112ff.

die Fortsetzung des Angriffs im eigenen Interesse zu verzichten, mindert, so daß ihm zumindest ein gewisses Maß an Solidarität entgegengebracht werden muß. Andererseits ist hier auch an die Fälle zu denken, bei denen eine Person eine ständige Gefahrenquelle für andere Menschen darstellt, ohne jedoch ihre persönliche Gefährlichkeit konkret zu dokumentieren, d.h. die Fälle der präventiven Verteidigung[1]. In beiden Fallgruppen ist die Gewährung einer Defensivnotstandsbefugnis notwendig, obwohl die Regelung des § 228 BGB - sie bezieht sich nur auf die Abwehr von Sachgefahren - ihrem Wortlaut nach nicht eingreift. Doch resultiert das Bedürfnis nach einem allgemeinen Defensivnotstandsrecht aus der Deutung der Notwehr als qualifizierter Form defensiver Gefahrenabwehr. Über das Bestehen eines solchen Notrechts herrscht daher heute in der Sache fast allgemein Einigkeit[2].

In den folgenden Ausführungen gilt nun das besondere Interesse den Fällen präventiver Verteidigung gegen Personen, die für andere eine permanente Gefahrenquelle bedeuten. Zu dieser Fallgruppe gehört beispielsweise der "Spanner-Fall"[3]. In den verschiedenen Stellungnahmen der Literatur[4] zu der dazu ergangenen Entscheidung des Bundesgerichtshofes wird es für das Vorliegen einer "gegenwärtigen Gefahr" beim Defensivnotstand[5] regelmäßig als ausreichend erachtet, daß

---

1) Daß die Fälle der präventiven Verteidigung einen Unterfall des Defensivnotstandes darstellen, wurde bereits von Lenckner (S.102f.) und von Lampe (NJW 1968,88(91 Fn.47)) erkannt.
2) Frister, GA 1988,291(294 m.w.N.).
3) BGH NJW 1979,2053, vgl. oben S.38ff.
4) Vgl. LK-Hirsch, § 34 Rdn.37; Hirsch, JR 1980,115(116); Hruschka, NJW 1980,21(22); Schroeder, JuS 1980,336(338f.).
5) In der Literatur wird dem Umstand, daß beim Defensivnotstand nach dem Wortlaut des § 228 BGB keine "gegenwärtige", sondern nur eine "drohende Gefahr" erforderlich ist, keine Beachtung geschenkt. Irrigerweise prüfen daher auch diejenigen Autoren, die in Fällen des durch den Menschen ausgelösten Defensivnotstandes § 228 BGB analog anwenden wollen, das Vorliegen einer "gegenwärtigen Gefahr" (vgl. Hruschka, NJW 1980,21(22)).

der Eintritt des drohenden Schadens zwar erst nach Ablauf einer gewissen Zeit zu erwarten ist, er jedoch nur durch sofortiges Handeln wirksam abgewendet werden kann. Zur Begründung der "gegenwärtigen Gefahr" im Rahmen des rechtfertigenden Notstandes (§§ 34 StGB, 228 BGB) wird dabei teilweise auf den Begriff der "Dauergefahr" zurückgegriffen[1], die insoweit stets genügen soll, völlig unabhängig davon, ob es sich um einen Fall des Defensiv- oder des Aggressivnotstandes handelt.

Diese nicht differenzierende Haltung soll nunmehr einer kritischen Prüfung unterzogen werden; insbesondere soll dabei untersucht werden, ob sich die Unterscheidung zwischen Fällen des Aggressivnotstandes und des durch Menschen ausgelösten Defensivnotstandes auch auf die Auslegung der "gegenwärtigen" (§§ 34 StGB, 904 BGB) bzw. "drohenden Gefahr" (§ 228 BGB (analog)) auswirkt. Zur Beantwortung dieser Frage ist zunächst zu prüfen, wie weit die Befugnisse des Defensivnotstandstäters reichen.

## B. Dogmatische Grundlage und Reichweite der Defensivnotstandsbefugnis

### I. Der Meinungsstand in der Lehre

Wenn auch über die Existenz eines allgemeinen Defensivnotstandsrechts in der Literatur weitgehend Einigkeit besteht und fast allgemein anerkannt wird, daß bei einer defensiven Notstandshandlung, mit der in die Gütersphäre desjenigen eingegriffen wird, von dem die abzuwendende Gefahr ausgeht, für die Interessenabwägung andere Maßstäbe gelten als im

---

1) Vgl. LK-Hirsch, § 34 Rdn.37; Hirsch, JR 1980,115(116); in Wirklichkeit lag hier überhaupt keine "Dauergefahr" vor, vgl. oben S.17f. Fn.3.

typischen Fall des aggressiven Notstandes[1], so besteht doch über die dogmatische Konstruktion dieses Rechts Streit.

Ein Teil der Lehre sieht in der allgemeinen Defensivnotstandsbefugnis einen eigenständigen Rechtfertigungsgrund, dessen dogmatische Grundlage in einer Analogie zu § 228 BGB bestehe[2].

Demgegenüber glaubt die herrschende Lehre, für den Defensivnotstand auf einen neuen, selbständigen Rechtfertigungsgrund verzichten zu können, weil der Defensivnotstand schon durch § 34 StGB einer angemessenen Regelung zugeführt sei[3]. Sie wendet daher § 34 StGB unmittelbar an, befürwortet jedoch eine analoge Heranziehung des Rechtsgedankens von § 228 BGB bei der Interessenabwägung im Rahmen des § 34 StGB. Der

---

1) Vgl. statt vieler: Sch-Sch-Lenckner, § 34 Rdn.30; LK (9.Aufl.)-Hirsch, vor § 51 Rdn.76; LK-Hirsch, § 34 Rdn. 72ff.; Hirsch, Tatbestandsmerkmale, S.331 Fn.189; ders., Dreher-FS, S.211(225ff.); SK-Samson, § 34 Rdn.16; Lackner, § 34 Anm.2 e, cc; Lampe, NJW 1968, 88(91); Küper, JuS 1981,785(793 Fn.66); ders., Pflichtenkollision, S.72ff.; ders., Notstand, S.15; Hruschka, JuS 1979,385 (391); ders., Dreher-FS, S.189(203); Tenckhoff, JR 1981, 255(257); Seelmann, S.34f.; Hellmann, S.164ff.; Lenckner, S.102f.; anders Maurach/ Zipf, für die sich der defensive Notstand in den Fällen des § 228 BGB erschöpft (Maurach/ Zipf, AT 1, § 27 III 5 b).

2) Lampe entwickelte als erste den "defensiven übergesetzlichen Notstand" als selbständigen Rechtfertigungsgrund in Analogie zu § 228 BGB, dies jedoch zu einer Zeit, als § 34 StGB noch nicht existierte. Dabei beschränkte sie allerdings den Anwendungsbereich ihrer neuen Kategorie auf Gefährdungen durch die Leibesfrucht oder durch Gegenstände, die nicht Sachen im Sinne von § 90 BGB sind, wie etwa Strahlungen (Lampe, NJW 1968,88(91)); vgl. Roxin, Jescheck-FS, S.457.
Heute sprechen sich für einen in Analogie zu § 228 BGB zu bildenden selbständigen Rechtfertigungsgrund aus: Jakobs, AT, 13/6,46ff.; Hruschka, NJW 1980,21(22); ders., Dreher-FS, S.189(203 Fn.23); Frister, GA 1988,291(295).

3) Vgl. statt vieler: LK-Hirsch, § 34 Rdn.72ff.; Sch-Sch-Lenckner, § 34 Rdn.30; SK-Samson, § 34 Rdn.16; Jescheck, AT, § 33 IV 3 c; Hellmann, S.164ff.; Felber, S.174; anscheinend will auch der BGH den defensiven Notstand dem Anwendungsbereich des § 34 StGB unterstellen (vgl. BGH NJW 1979,2053f.), obwohl er die Frage in dieser "Spanner-Entscheidung" letztlich offenläßt.

Abwägungsmaßstab des § 34 StGB soll danach entsprechend der Regelung des § 228 BGB modifiziert werden, so daß beim Defensivnotstand ein "wesentliches Überwiegen" des vom Täter geschützten Interesses im Sinne des § 34 S.1 StGB schon dann zu bejahen sei, wenn der von ihm bei seiner Abwehr verursachte Schaden den seitens des Angreifers drohenden Schaden nicht unverhältnismäßig übersteige.

Die Vertreter dieser Auffassung wenden gegen die Konstruktion eines selbständigen Rechtfertigungsgrundes analog § 228 BGB zum einen ein, daß § 34 StGB eine umfassende Interessenabwägung vorsehe, bei der sämtliche in der konkreten Situation relevanten Entscheidungsgesichtspunkte zu berücksichtigen seien[1]. Insoweit sei es unverständlich, wenn ausgerechnet der Umstand, aus wessen Sphäre die Gefahr herrühre, bei dieser Abwägung nicht berücksichtigt werden dürfe[2]. Zum anderen sei ein Rechtfertigungsgrund analog § 228 BGB auch teleologisch verfehlt, weil der Abwägungsmaßstab des § 228 BGB entscheidend dadurch geprägt sei, daß das Eingriffsgut "nur" eine Sache sei. Mit Menschen (und noch dazu mit solchen, die in den meisten Fällen die von ihnen verursachte Situation nicht einmal zu verantworten haben) dürfe man jedoch nicht so umgehen wie mit Sachen[3]. Zudem sei der allein auf die Schadensproportionalität abstellende Maßstab des § 228 BGB viel zu starr und bei der Kollision höchstpersönlicher Rechtsgüter wenig brauchbar. Hier könne eine Abwägung nur unter Berücksichtigung aller Umstände der konkreten Situation erfolgen, was allein § 34 StGB ermögliche, wo etwa auch ein auslösendes Verschulden des Abwehrenden, die Nähe der Gefahr oder besondere Pflichtenstellungen in die Interessenabwägung einbezogen werden könnten[4]. Schließlich könnte - so die herrschende Lehre - über eine unmittel-

---

1) Vgl. Niederschriften 12, S.152-184, Anhang A, Nr.36-38 (S.495-501).
2) Roxin, Jescheck-FS, S.457(466).
3) Vgl. statt vieler: Geilen, Jura 1981,256(257); Roxin, Jescheck-FS, S.457(466f.); ders., Oehler-FS, S.181(190).
4) Roxin, Jescheck-FS, S.457(467).

bare Anwendung des § 34 StGB auch dem Umstand Rechnung getragen werden, daß sich die Fallgruppen des defensiven Notstandes zum Teil so stark unterscheiden, daß sie nicht über den Leisten einer einheitlichen Lösung geschlagen werden könnten; eine differenzierende Lösung gestatte insoweit allein § 34 StGB[1].

Obwohl innerhalb der herrschenden Lehre Einigkeit über die dogmatische Verankerung der Defensivnotstandsbefugnis in § 34 StGB besteht, ergeben sich bei der Beantwortung der Frage nach dem Umfang dieses Rechts im konkreten Fall nicht unerhebliche Unterschiede, die teilweise wohl auch darauf zurückzuführen sind, daß einige Autoren beim durch Menschen ausgelösten Defensivnotstand in erster Linie an Fälle denken, in denen sich der Bedrohte einem unmittelbar bevorstehenden Angriff einer Person gegenübersieht, in deren Sphäre aber ein Umstand vorliegt, der ihr das selbstschützende Verhalten unmöglich oder unzumutbar macht (Abwehr eines Geisteskranken, Amokläufers etc.)[2], während andere dabei vor allem Fälle der präventiven Verteidigung im Blick haben[3].

So will Küper beispielsweise den notwehrähnlichen Charakter des Defensivnotstandes im Rahmen der Interessenabwägung des § 34 StGB analog § 228 BGB berücksichtigen und dann eventuell auch Tötungshandlungen im Defensivnotstand gestatten, weil der Schutz des Lebens des Bedrohten Vorrang vor dem Schutz des Lebens desjenigen habe, von dem die Bedrohung ausgehe[4]. Dabei hat Küper aber offensichtlich nur solche Fälle im Auge, in denen das Verhalten des Angreifers eine gegenwärtige Lebensgefahr für den Angegriffenen bedeutet[5], d.h. die Defensivnotstandsfälle, in denen aufgrund eines

---

1) Roxin, Jescheck-FS, S.457(467).
2) So etwa: Schmidhäuser, Studienbuch AT, 6/41; Küper, Pflichtenkollision, S.76.
3) Lackner, § 34 Anm.2 e, cc; Wessels, AT, § 8 IV 3.
4) Küper, Pflichtenkollision, S.72ff.; ders., JuS 1981,785 (793 Fn.66).
5) Küper, Pflichtenkollision, S.76.

bestimmten Defekts in der Angreifersphäre eine besondere Pflicht zur Rücksichtnahme besteht; dagegen will er dem Bedrohten solch weitgehende Befugnisse nicht schon für eine präventive Verteidigung einräumen[1].

Demgegenüber gewährt Lenckner dem Defensivnotstandstäter erheblich geringere Eingriffsrechte. Der Rechtsgedanke des § 228 BGB führe - wie er meint - nur dazu, daß bei der Interessenabwägung des § 34 StGB in Fällen des Defensivnotstandes ein überwiegendes Interesse des Notstandstäters wesentlich früher anzunehmen sei[2]. Die Verletzung höchstpersönlicher Rechtsgüter wie Körperintegrität und Freiheit sei nur in "maßvollen Grenzen" gestattet[3], und Tötungen seien grundsätzlich auch im Defensivnotstand unzulässig, selbst dann, wenn Leben gegen Leben stehe[4].

## II. Stellungnahme

Bei der Frage nach der dogmatischen Konstruktion einer allgemeinen Defensivnotstandsbefugnis ergeben sich gegenüber der herrschenden Lehre, die § 34 StGB unmittelbar anwendet, Einwände.

Zunächst einmal ist die Argumentation, daß § 34 StGB eine umfassende Interessenabwägung vorsieht, bei der auch das Vorliegen eines Defensivnotstandes derart zu berücksich-

---

1) Ähnlich weitgehende Verteidigungsbefugnisse räumt auch Hirsch generell dem Defensivnotstandstäter ein, ohne dabei zwischen den verschiedenen Falltypen des Defensivnotstandes zu differenzieren. Bei der Interessenabwägung des § 34 StGB solle es stets entsprechend dem in § 228 BGB zum Ausdruck kommenden Rechtsgedanken genügen, daß der durch den Eingriff angerichtete Schaden nicht außer Verhältnis zu der Gefahr steht (vgl. LK-Hirsch, § 34 Rdn.74; Hirsch, Dreher-FS, S.211(225ff.); ders., Tatbestandsmerkmale, S.331 Fn.189).

2) Sch-Sch-Lenckner, § 34 Rdn.30.

3) Sch-Sch-Lenckner, § 34 Rdn.31; ähnlich Felber, S.121 Fn.18; Hillenkamp, S.118f.

4) Sch-Sch-Lenckner, § 34 Rdn.30. Eine ausnahmsweise Tötung im Defensivnotstand gestattet Lenckner nur in den Fällen der sog. Perforation (Sch-Sch-Lenckner, § 34 Rdn.30).

tigen sei, daß ein "wesentliches Überwiegen" des vom Notstandstäter geschützten Interesses im Sinne des § 34 S.1 StGB schon dann bejaht werden könne, wenn der von ihm im Rahmen seiner Abwehr verursachte Schaden den drohenden Schaden nicht unverhältnismäßig übersteige, nicht überzeugend. Es geht nämlich aus § 34 StGB nicht hervor, daß die Interessen einer Person deshalb weniger wertvoll sind, weil diese Person gefährlich ist, so daß es zumindest unverständlich bleibt, weshalb das Vorliegen eines Defensivnotstandes ausreichen soll, das Interesse des Notstandstäters gegenüber allen nicht außer Verhältnis stehenden Schäden des Gefahrverursachers als "wesentlich überwiegend" anzusehen[1].

Zudem entzieht sich der Abwägungsvorgang des § 34 StGB, bei dem sämtliche in der konkreten Situation relevanten Entscheidungsgesichtspunkte einzubeziehen sind, weitgehend einer rationalen Kontrolle. Würde der Umstand, daß es sich um einen Fall des Defensivnotstandes handelt, als ein Faktor bei der Interessenabwägung Berücksichtigung finden, so bestünde die große Gefahr, daß dieser Aspekt willkürlich zur Erzielung jeweils erwünschter Ergebnisse herangezogen würde.

Darüber hinaus argumentiert die herrschende Lehre widersprüchlich, wenn sie gegen einen Rechtfertigungsgrund des Defensivnotstandes analog § 228 BGB ins Feld führt, daß sich die Maßstäbe, die für die Beeinträchtigung gefahrdrohender Sachen gelten, nicht auf Menschen, denen man viel schonender begegnen müsse[2], übertragen ließen, sie andererseits aber im Rahmen des § 34 StGB den Rechtsgedanken von § 228 BGB doch entsprechend heranzieht, obwohl § 228 BGB sich nicht auf Eingriffe in höchstpersönliche Rechtsgüter bezieht.

Außerdem scheint die herrschende Lehre zu übersehen, daß

---

1) Ähnlich Günther, S.340: "Das von § 34 S.1 StGB postulierte Wertverhältnis wird damit geradezu in sein Gegenteil verkehrt"; Hruschka, NJW 1980,21(22).

2) Vgl. Roxin, Jescheck-FS, S.457(466f.); ders., Oehler-FS, S.181(190).

auch bei dem in Analogie zu § 228 BGB entwickelten Rechtfertigungsgrund dem Umstand, daß es hier um Eingriffe in höchstpersönliche Rechtsgüter geht, bei der Frage der Schadensproportionalität hinreichend Rechnung getragen werden kann. So kann etwa die Tatsache, daß höchstpersönliche Rechtsgüter wie Leben und körperliche Integrität einen weitaus höheren Stellenwert als bloße Sachwerte haben, bei einer analogen Anwendung von § 228 BGB dergestalt berücksichtigt werden, daß grundsätzlich eine Körperverletzung oder gar Tötung eines Menschen zur Abwehr von Sachbeschädigungen im Sinne des § 228 BGB als unverhältnismäßig zu qualifizieren und daher rechtswidrig wäre[1]. Wenn beispielsweise der geisteskranke A, der aus einer psychiatrischen Anstalt entwichen ist, gerade im Begriff ist, in einem Museum ein Gemälde mit Säure zu verätzen, und er dabei von einem Aufseher ertappt wird, der nur durch einen gezielten Schuß in den Arm des A das Gemälde vor der Zerstörung bewahren kann, so stünde angesichts des Wertverhältnisses zwischen der menschlichen Gesundheit und bloßen Sachgütern der durch den Schuß entstehende Schaden für A zu dem drohenden Sachschaden außer Verhältnis, so daß die Abgabe eines Schusses auch analog § 228 BGB rechtswidrig wäre[2]. Dagegen wäre die Notstandshandlung dann rechtmäßig, wenn die drohende Gefahr durch eine geringfügige Körperbeeinträchtigung, etwa durch gewaltsames Wegreißen des A, abgewendet werden könnte.

Im Rahmen der Schadensproportionalität des § 228 BGB könnte auch dem besonderen Stellenwert des Rechtsgutes Leben und dem Wertgefälle zwischen dem menschlichen Leben und der körperlichen Integrität dadurch Rechnung getragen werden, daß regelmäßig die Tötung einer Person, durch die leichte

---

1) Nur ausnahmsweise käme eine Rechtfertigung analog § 228 BGB in Betracht, nämlich dann, wenn zur Rettung bedeutender Sachwerte einem Menschen lediglich geringfügige Körperbeeinträchtigungen zugefügt werden müßten. Eine Rechtfertigung nach § 34 StGB bejaht in diesen Fällen Roxin (Jescheck-FS, S.457(469)).
2) So auch Geilen, Jura 1981,256(257).

oder mittlere Körperverletzungen drohen, als unzulässig angesehen würde. Wenn etwa der volltrunkene A den am Boden sitzenden, beidseitig beinamputierten Bettler B anrempelt und ihm mehrere leichte Schläge versetzt, deren endgültige Abwehr dem B, der zur Selbstverteidigung immer eine Schußwaffe bei sich führt, nur durch die Tötung des A möglich wäre, so stünde der dem A dadurch entstehende Schaden zu der dem B drohenden Gefahr weiterer körperlicher Beeinträchtigungen außer Verhältnis, so daß eine entsprechende Notstandshandlung rechtswidrig wäre. Würde sich A dagegen anschicken, dem B eine schwere Körperverletzung zuzufügen, etwa einen Messerstich in den Augenbereich, so wäre angesichts dieser erheblichen Gefahr auch eine Tötung des A nicht mehr unverhältnismäßig und daher analog § 228 BGB gerechtfertigt.
Diese Beispiele zeigen, daß die Fälle des durch den Menschen ausgelösten Defensivnotstandes nicht nur - wie die herrschende Lehre behauptet - durch § 34 StGB einer angemessenen Regelung zugeführt werden können, vielmehr bestehen keine prinzipiellen Bedenken, den Umstand, daß das Eingriffsgut nicht "nur" eine Sache, sondern ein höchstpersönliches Rechtsgut ist, bei der Schadensproportionalität im Rahmen des § 228 BGB zu berücksichtigen.

Schließlich unterliegt die herrschende Lehre einem grundlegenden Irrtum, wenn sie gegen eine Rechtfertigung analog § 228 BGB geltend macht, der allein auf Sachgefahren zugeschnittene Abwägungsmaßstab des § 228 BGB sei viel zu starr und bei der Kollision höchstpersönlicher Rechtsgüter wenig brauchbar, weil hier allein § 34 StGB eine alle Umstände der konkreten Situation berücksichtigende Abwägung ermögliche[1]. Durch die Konstruktion eines eigenständigen Rechtfertigungsgrundes analog § 228 BGB würde nämlich lediglich von vornherein deutlich gemacht, daß in Defensivnotstandsfällen ein anderer Proportionalitätsmaßstab als bei § 34 StGB gilt;

---

1) Roxin, Jescheck-FS, S.457(467).

dadurch würde aber nicht eine umfassende Interessenabwägung, bei der beispielsweise der Grad und die Nähe der Gefahr, besondere Gefahrtragungspflichten des Bedrohten oder ein auslösendes Verschulden des Notstandstäters zu berücksichtigen wären, ausgeschlossen.
Einer Berücksichtigung dieses Verschuldens steht auch § 228 S.2 BGB nicht entgegen, denn diese Bestimmung zwingt keineswegs zu dem Schluß, daß die Art der Notstandsbegründung für die Rechtfertigungsfrage belanglos ist; vielmehr kann § 228 BGB durchaus auch so interpretiert werden, daß die verschuldete Verursachung der Gefahr die Rechtfertigung ausschließen kann, sie aber nicht ausschließen muß, und § 228 S.2 BGB stellt dann lediglich klar, daß sogar im Falle rechtmäßigen Verhaltens eine Schadensersatzpflicht besteht, wenn der Handelnde die Gefahr schuldhaft herbeigeführt hat[1]. Eine solche Interpretation findet auch im zivilrechtlichen Schrifttum Unterstützung, wo sich vielfach Ansätze zur Berücksichtigung des gefahrverursachenden Verhaltens bei der Frage der Rechtswidrigkeit gemäß § 228 BGB finden[2].

Die von der herrschenden Lehre für die unmittelbare Anwendung des § 34 StGB angeführten Argumente sind somit nicht stichhaltig. Daß die Interessen einer Person, von der die Gefahr ausgeht, gegenüber den gefährdeten Interessen zurückstehen müssen, auch wenn das verletzte Interesse - isoliert betrachtet - gegenüber dem gewahrten Interesse höherwertig ist, kann allenfalls § 228 BGB als Rechtsgedanke entnommen werden[3].

Aber auch eine Lösung, die § 228 BGB als tragfähige Grundlage für einen Analogieschluß in Fällen des durch Menschen ausgelösten Defensivnotstandes ansieht, setzt sich gewis-

---

1) Im gleichen Sinne: Hellmann, S.169; Küper, Notstand, S.88 Fn.290.
2) Vgl. z.B.: Soergel-Fahse, § 228 Rdn.21: "Das Maß des Verschuldens kann ein Abwägungsfaktor im Rahmen des § 228 BGB sein"; ders., § 228 Rdn.24.
3) Hruschka, NJW 1980,21(22).

sen Bedenken aus. Es ist nämlich zu berücksichtigen, daß der Notstandstäter bei der Sachwehr lediglich in die Sache eingreift, durch die unmittelbar eine Gefahr herbeigeführt wird und die dadurch erheblich an Schutzwürdigkeit einbüßt. Geht nun aber die Gefahr von einem Menschen aus, so läßt sich die "eigentliche Gefahrenquelle" weniger genau lokalisieren, so daß es schwer vorstellbar ist, daß die Gefährdung gerade durch Verweisung des gefährdenden Rechtsgutes in seine Schranken abgewendet werden kann. Denkbar ist auch, daß durch die Ausübung des Defensivnotstandsrechts andere Rechtsgüter des Gefährdenden beeinträchtigt werden als jene, von denen die Gefahr unmittelbar ausgeht, die also "eigentliche Gefahrenquelle" sind; beispielsweise könnte in die körperliche Unversehrtheit eines Menschen eingegriffen werden, obwohl die Gefahr nur generell aus seiner Sphäre droht[1].

Trotz dieser Bedenken erscheint letztlich sowohl aus den dargelegten teleologischen Gründen als auch aus systematischen Erwägungen die Konstruktion eines selbständigen Rechtfertigungsgrundes des Defensivnotstandes in Analogie zu § 228 BGB sinnvoll, da damit der grundlegende Unterschied zwischen aggressiver und defensiver Gefahrenabwehr auch in der dogmatischen Konstruktion zum Ausdruck kommt[2].

Analog § 228 BGB ist somit bei durch Menschen drohenden Gefahren ein Eingriff in die Sphäre dieser Personen rechtmäßig, wenn die Notstandshandlung zur Abwendung der Gefahr erforderlich ist und der durch den Eingriff entstehende Schaden nicht außer Verhältnis zu der Gefahr steht. Dem

---

1) Ähnlich Felber, S.120f.
2) Ebenso Frister, GA 1988,291(295).
Nicht eingegangen werden soll hier auf den von Günther für Fälle des von Menschen ausgelösten Defensivnotstandes entwickelten "Strafunrechtsausschließungsgrund" der "notstandsähnlichen Lage", wonach die Strafrechtswidrigkeit schon dann ausgeschlossen sein soll, wenn geschütztes und beeinträchtigtes Interesse gleichwertig sind (Günther, S.337ff.); dagegen Roxin, Jescheck-FS, S.457(468); Hellmann, S.166; Bernsmann, S.60.

Defensivnotstandstäter gestattet der Abwägungsmaßstab des § 228 BGB damit erheblich weitergehende Beeinträchtigungen als im Aggressivnotstand handelnden Personen. Eingriffe in höchstpersönliche Rechtsgüter können infolgedessen auch außerhalb der Notwehr analog § 228 BGB gerechtfertigt werden; das Defensivnotstandsrecht kann eventuell sogar die Rechtmäßigkeit einer Tötung begründen. Wenn beispielsweise ein bewaffneter Geisteskranker sich anschickt, andere Menschen zu töten oder ihnen schwere Körperverletzungen im Sinne des § 224 StGB zuzufügen, so dürften ihn die Bedrohten notfalls niederschießen; ihr Vorgehen wäre analog § 228 BGB gerechtfertigt.

Während dieses Ergebnis wohl auf einhellige Zustimmung stoßen dürfte, könnte es als problematischer angesehen werden, § 228 BGB auch bei einer präventiven Verteidigung gegen eine gefährliche Person analog anzuwenden. Dann dürfte nämlich beispielsweise, wenn A dem B in ernstzunehmender Weise mit schlimmen Gewalttätigkeiten in einer Stunde droht, B schon vorbeugend auf A einen Schuß abgeben, der A an der Realisierung seines Planes hindern würde, wenn B ein Ausweichen nicht möglich ist.

Die bereits bei Notwehr und Aggressivnotstand festgestellte wechselseitige Korrespondenz zwischen dem Proportionalitätserfordernis und den persönlichen Zurechnungskriterien legt die Vermutung nahe, daß auch beim durch Menschen ausgelösten Defensivnotstand die weitgehenden Verteidigungsbefugnisse des Gefährdeten nur durch strenge Zurechnungserfordernisse in der Sphäre des von der Notstandshandlung Betroffenen legitimiert werden können. Allein der Umstand, daß eine Gefahr aus einer fremden Sphäre droht, erscheint zur Rechtfertigung der umfangreichen Defensivnotstandsbefugnis nicht als ausreichend.

Ähnlich wie der "gegenwärtige Angriff" bei der Notwehr kommt bei § 228 BGB die "drohende Gefahr" als Anknüpfungspunkt für eine Restriktion des Defensivnotstandsrechts in Betracht. Bei der Auslegung dieses Begriffs ergeben sich nämlich angesichts des Umfangs der Defensivnotstandsbefugnis von vornherein erhebliche Bedenken dahin gehend, ob insoweit auf jede zeitliche Komponente verzichtet und das Defensivnotstandsrecht bereits dann gewährt werden kann, wenn mit dem Schadenseintritt erst in fernerer Zukunft zu rechnen ist. Es soll daher nun der Versuch unternommen werden, einschränkende Kriterien zur Konkretisierung der "drohenden Gefahr" und damit der persönlichen Zurechnungskriterien beim durch Menschen ausgelösten Defensivnotstand zu entwickeln, wobei eine Differenzierung zwischen den verschiedenen Fallgruppen des Defensivnotstandes notwendig sein wird.

## C. Die Zurechnungsvoraussetzungen beim durch Menschen ausgelösten Defensivnotstand

### I. Der Defensivnotstand gegenüber besonders rücksichtnahmebedürftigen Angreifern

Von geringerem Interesse sind in diesem Zusammenhang die Defensivnotstandsfälle, bei denen der Angreifer nicht die volle Herrschaft über das auf die Rechtsgutsverletzung hinsteuernde Geschehen hat, also beispielsweise ein Geisteskranker eine Pistole auf einen Menschen richtet, um ihn zu erschießen. Diese Fallgruppe zeichnet sich nämlich gerade dadurch aus, daß das zeitliche Zurechnungskriterium der Notwehr erfüllt ist, entfaltet der Angreifer hier doch bereits ein Höchstmaß an deliktischer Energie; es liegt aber ein Umstand in seiner Sphäre vor, der ihm das selbstschützende Verhalten unmöglich macht und der den Bedrohten dazu verpflichtet, ihm ein gewisses Maß an Solidarität entgegenzubringen. Somit ist hier eine Voraussetzung für die Gewährung des Defensivnotstandsrechts analog § 228 BGB, daß der Angreifer unmittelbar zur Rechtsgutsverletzung ansetzt. Die "drohende Gefahr" ist damit in gleicher Weise wie der "gegenwärtige Angriff" bei der Notwehr auszulegen.

## II. Der präventive Defensivnotstand

Weitaus schwieriger als bei der soeben behandelten Fallgruppe erscheint dagegen die Bestimmung der persönlichen Zurechnungserfordernisse in den Fällen präventiver Verteidigung gegen einen potentiellen Angreifer. Es stellt sich dann nämlich die Frage, ob die "drohende Gefahr" hier ebenso weit interpretiert werden soll wie die "gegenwärtige Gefahr" beim Aggressivnotstand (§§ 34 StGB, 904 BGB)[1], mit anderen Worten: Sollen dem Bedrohten die umfangreichen Defensivnotstandsbefugnisse analog § 228 BGB bereits dann gewährt werden, wenn - wie beispielsweise im "Spanner-Fall"[2] - erst in einigen Wochen wieder mit dem Eintreffen des Voyeurs zu rechnen ist, oder etwa in den "Haustyrannenfällen" neue Gewalttaten des "Familientyrannen" erst in einigen Stunden zu erwarten sind?

Die Beantwortung dieser Frage und die Festlegung der Grenzen des präventiven Defensivnotstandsrechts soll durch einen Vergleich mit den korrespondierenden Vorschriften des öffentlichen Rechts erfolgen, denn auch durch das Defensivnotstandsrecht des Privatmannes wird das staatliche Gewaltmonopol durchbrochen, und angesichts dieses Gewaltmonopols würde es einen Wertungswiderspruch bedeuten, wenn dem einzelnen in diesem Kernbereich hoheitlicher Gewaltanwendung weitergehende Befugnisse als dem Staat eingeräumt würden[3].

Ausgangspunkt der Untersuchung ist dabei die Überlegung, daß dem durch Menschen ausgelösten Defensivnotstand im Polizeirecht die Verhaltensstörerhaftung entspricht und daß die polizeilichen Befugnisse zur Gefahrenabwehr in diesem Bereich beschränkt sind. Untersucht werden soll zunächst am Beispiel der "Haustyrannenfälle" das Ausmaß dieser Beschränkungen, um dann zu zeigen, daß die für staatliche Organe geltenden

---

1) Die herrschende Lehre bejaht diese Frage nahezu einhellig, vgl. oben S.150f.
2) BGH NJW 1979,2053.
3) Insoweit zutreffend Schroeder, JuS 1980,336(341).

Beschränkungen im Wege der "Ausstrahlung" oder "Rückwirkung" auch dem Defensivnotstandsrecht von Privatpersonen Schranken setzen[1].

Es stellt sich zunächst die Frage, ob ein Einschreiten der Polizei in diesen Fällen schon dann zulässig ist, wenn jederzeit mit neuen Wutanfällen des "Familientyrannen" - des Verhaltensstörers in den Kategorien des Polizeirechts - zu rechnen ist oder sogar in den Fällen, in denen neue Gewalttaten erst wieder in einigen Stunden zu erwarten sind, sofortiges Einschreiten aber zur wirksamen Gefahrenabwehr angezeigt erscheint. Entscheidend ist insoweit, ob diese Formen der Gefahr für ein Einschreiten der Polizei nach den ihr gegen Störer zur Verfügung stehenden Eingriffsgrundlagen ausreichen.

## 1. Die Beschränkungen staatlicher Gefahrenabwehr im Bereich der Verhaltensstörerhaftung

### a) Die Generalermächtigung (§ 8 PolG NW) als Eingriffsgrundlage?

Nach der polizeirechtlichen Generalklausel des § 8 PolG NW[2] kann die Polizei die notwendigen Maßnahmen treffen, um eine Gefahr für die öffentliche Sicherheit oder Ordnung abzuwehren. Da das Gefahrerfordernis in Rechtsprechung und Lehre einhellig so definiert wird, daß irgendwann in überschauba-

---

1) Vgl. zur "Ausstrahlungswirkung" der polizeilichen Eingriffsbefugnisse: Roxin, ZStW 93(1981),68(98ff.); Fuchs, S.140f. Zutreffend ist insoweit auch die Überlegung H.Mayers, der nicht aus der Notwendigkeit staatlicher Verbrechensprävention, sondern aus deren Fehlen (keine Schutzhaft gegen den dem Förster den Tod schwörenden Wilderer), die Unzulässigkeit einer vorbeugenden Abwehr durch den Bedrohten folgert (H.Mayer, JW 1932,2291(2294 l.Sp. zu Nr.3 a.E.)); dagegen LK-Spendel, § 32 Rdn.129 Fn.260.

2) Vgl. auch §§ 1, 14 I OBG NW; § 14 I berl.ASOG; § 1 I hess.SOG; § 11 nds.SOG; §§ 1, 3 bad.-württ.PG; Art.11 I bay.PAG; § 3 I hamb.SOG; § 9 I rhpf.PVG; § 14 I saarl. PVG.

rer Zukunft mit dem Schadenseintritt hinreichend wahrscheinlich gerechnet werden muß[1], wäre in den Fällen, in denen der "Haustyrann" mit einer Beeinträchtigung von Leib und Leben der Familienangehörigen droht, zweifellos eine Gefahr für die öffentliche Sicherheit zu besorgen und daher ein Eingriff der Polizei nach § 8 PolG NW zulässig. Jedoch könnte die Polizei wirksame und einschneidende Maßnahmen zum Schutze der Angehörigen, wie etwa eine Ingewahrsamnahme des gewalttätigen Familienoberhaupts, nicht auf die Generalermächtigung stützen, denn diese wird den Schrankenanforderungen spezieller Freiheitsrechte nicht gerecht und kann daher einen solch erheblichen Eingriff in die Freiheitssphäre (Art.2 II 2 GG) nicht rechtfertigen.

Für gravierende Eingriffe dieser Art, wie etwa Freiheitsentziehung, Eingriffe in Leben, körperliche Unversehrtheit etc., enthalten die Polizeigesetze spezielle, der Generalermächtigung vorgehende Eingriffsgrundlagen, die sogenannten polizeilichen Standardmaßnahmen (vgl. §§ 9-24 PolG NW), die ein polizeiliches Vorgehen von erschwerten Tatbestandsvoraussetzungen abhängig machen. Häufig bedarf es dann der unmittelbar bevorstehenden Begehung oder Fortsetzung einer Straftat[2], einer gegenwärtigen Gefahr[3], bzw. die gefährdeten Schutzgüter sind eingeschränkt[4].
Geprüft werden soll nunmehr, ob die in den Standardmaßnahmen aufgestellten Erfordernisse in den "Haustyrannenfällen" regelmäßig erfüllt sind und somit ein polizeiliches Vorgehen gegen das gewalttätige Familienoberhaupt gestattet ist.

---

1) Vgl. statt vieler: BVerwG DVBl. 1973,857(859); von Brauchitsch, § 1 Rdn.6ff.; von Münch-Friauf, S.223; Wolff/Bachof, S.53ff.
2) Vgl. § 13 I Nr.2 PolG NW; ähnlich § 42 I Nr.2 PolG NW.
3) Vgl. §§ 21 Nr.1, 42 I Nr.1 PolG NW.
4) Vgl. § 42 I Nr.1 PolG NW: "gegenwärtige Gefahr für Leib oder Leben"; § 13 I Nr.2 PolG NW: "Straftat oder Ordnungswidrigkeit von erheblicher Bedeutung".

b) § 13 I Nr.2 PolG NW als Eingriffsgrundlage?

Gemäß § 13 I Nr.2 PolG NW[1] kann die Polizei eine Person in Gewahrsam nehmen, um die unmittelbar bevorstehende Begehung oder Fortsetzung einer Straftat zu verhindern. Die Polizei ist somit auf die Abwehr bloß unmittelbar bevorstehender Straftaten beschränkt.

Bei der Auslegung des "Unmittelbarkeitserfordernisses" befürwortet ein Teil der polizeirechtlichen Literatur im Blick auf die polizeilichen Schutzgüter eine restriktive Interpretation dieser Voraussetzung und verlangt, daß der Schadenseintritt sofort und mit großer Gewißheit zu erwarten ist. Sowohl an die zeitliche Komponente als auch an den Wahrscheinlichkeitsgrad werden somit strengste Anforderungen gestellt[2].
Dagegen verfährt die herrschende Lehre hinsichtlich dieser Voraussetzung etwas großzügiger. So führt etwa Götz als Beispiel für das "unmittelbare Bevorstehen" einer Straftat an[3]: "Wenn der als Schläger bekannte A in der Stammkneipe verkündet, er und seine Kumpel würden jetzt dem B auflauern, um ihn kurz und klein zu schlagen, so kann die Polizei auf ihr gegebenen Wink A und seine Bande am Zielort abfangen und durch Festnahme an der Begehung des bevorstehenden Delikts hindern, was im Einzelfall gerade dann von Bedeutung ist, wenn noch kein strafbarer Versuch begangen wurde, oder wenn andere Voraussetzungen einer Festnahme gemäß § 127 StPO nicht vorliegen."
Dieses Beispiel zeigt, daß zwar einerseits für die Ingewahrsamnahme nicht unbedingt erforderlich ist, daß der Täter bereits in die Versuchszone vorgedrungen ist, daß aber ande-

---

1) Vgl. die ähnlichen Bestimmungen der Art.16 bay.PAG, § 18 berl.ASOG, § 13 hamb.SOG, § 14 rhpf.PVG, § 15 I saarl. PVG.
2) Vgl. Drews/Wacke/Vogel/Martens, S.197f.; Habermehl, Rdn. 702; z.T. wird sogar das "unmittelbare Bevorstehen" in etwa dem "gegenwärtigen Angriff" bei der Notwehr gleichgesetzt, vgl. Heise, § 13 Rdn.7, § 1 Rdn.19.
3) Götz, Rdn.382.

rerseits auch noch nicht Handlungen genügen, die erst mitten in den Vorbereitungen der Straftat oder in einem noch früheren Stadium vorgenommen werden. Ein "unmittelbares Bevorstehen der Begehung einer Straftat" im Sinne von § 13 I Nr.2 PolG NW kann danach nur dann bejaht werden, wenn der Täter schon das Versuchsstadium erreicht hat oder Handlungen vornimmt, die dem Versuchsbeginn unmittelbar vorgelagert sind und die in kurzer Zeit in die Verletzungshandlung übergehen sollen, also bei "versuchsnahen Vorbereitungshandlungen".

Eine solche Einbeziehung der "versuchsnahen Vorbereitungshandlungen" in den Kreis der eine Ingewahrsamnahme erlaubenden Handlungen befürwortet beispielsweise auch Samper[1], wenn er einerseits für das "unmittelbare Bevorstehen" verlangt, daß der zeitliche Abstand zum Eintritt des schädigenden Ereignisses so gering ist, daß dieses Ereignis nicht nur in "näherer Zeit", sondern in "allernächster Zeit" zu erwarten ist, und er andererseits als Anhaltspunkte für die Beurteilung des "unmittelbaren Bevorstehens" insbesondere auch Vorbereitungshandlungen gelten läßt; angesichts des aufgestellten zeitlichen Erfordernisses kommen insoweit allerdings nur "versuchsnahe Vorbereitungshandlungen" in Betracht.

Ähnliche Voraussetzungen werden auch in den Vorschriften über den Schußwaffengebrauch[2] aufgestellt, wo häufig in der Lehre die Auffassung vertreten wird, daß die "gegenwärtige Lebens- oder Leibesgefahr", zu deren Beseitigung ein verletzender oder sogar tödlicher Schuß notwendig wird, weiter als der "gegenwärtige Angriff" bei der Notwehr auszulegen sei[3]. Hier brauche die Polizei mit ihrem Einschreiten nicht zu warten, bis der Täter mit der Verwirklichung der Tat begonnen hat, sondern sie könne schon im Stadium der Vorbereitungshandlungen von der Schußwaffe Gebrauch machen, soweit

---

1) Samper, Art.18 Rdn.6 / Art.12 Rdn.4.
2) Vgl. §§ 41ff. PolG NW.
3) Reiff/Wöhrle/Wolf, § 40 Rdn.18; Dietel/Gintzel, S.163.

diese Handlungen die unmittelbare Ausführung der Straftat mit hoher Wahrscheinlichkeit erwarten lassen.

Besondere Anforderungen an das zeitliche Moment und den Wahrscheinlichkeitsgrad des Schadenseintritts stellt auch die Rechtsprechung im Rahmen der polizeilichen Standardmaßnahmen. So wird beispielsweise eine "gegenwärtige Gefahr" bei der Sicherstellung nur dann bejaht, wenn der sofortige Schadenseintritt nach objektiven Erfahrungssätzen mit an Sicherheit grenzender Wahrscheinlichkeit zu erwarten ist, es müssen also besondere Umstände vorliegen, aus denen auf den beschleunigten Eintritt eines Schadens geschlossen werden kann[1].

Zusammenfassend läßt sich damit festhalten, daß bei der Verhaltensstörerhaftung die polizeilichen Befugnisse zur Gefahrenabwehr in zeitlicher Hinsicht stark eingeschränkt sind und daß es für einen wirksamen Eingriff insoweit nicht genügt, wenn sich der Störer bloß auf die verbale Ankündigung eines Angriffs beschränkt, ohne daß weitere Umstände hinzutreten. Darüber hinaus rechtfertigen in aller Regel diese besonderen Anforderungen an die zeitliche Nähe des drohenden Schadens auch erhöhte Anforderungen an die Wahrscheinlichkeit seines Eintritts, da die Schadensnähe meist die Sicherheit der Prognose erhöhen wird, so daß für die Standardmaßnahmen weiter verlangt werden muß, daß der Schadenseintritt mit hoher Wahrscheinlichkeit zu erwarten ist.

Aufgrund dieser Voraussetzungen für ein polizeiliches Einschreiten ergibt sich für die "Haustyrannenfälle", daß eine Ingewahrsamnahme gemäß § 13 I Nr.2 PolG NW in den Fällen unzulässig ist, in denen neue Gewalttaten des "Familientyrannen" erst wieder in geraumer Zeit zu befürchten sind. Aber selbst dann, wenn jederzeit, also auch alsbald, mit neuen Wutanfällen zu rechnen ist, dürfte eine Ingewahrsam-

---

1) OVG Münster DVBl. 1973,922(924); OVG Münster OVGE 8,239 (240); BVerwGE 45,51(57f.).

nahme nur dann zulässig sein, wenn das gewalttätige Familienoberhaupt sich nicht auf die bloß verbale Ankündigung eines Angriffs beschränkt, sondern bereits Handlungen vornimmt, die als Auftakt der Feindseligkeiten im unmittelbaren Vorfeld des Versuchs liegen und die in allernächster Zeit mit hoher Wahrscheinlichkeit in eine Verletzungshandlung einmünden.
Aus diesen weitgehenden Beschränkungen der staatlichen Organe bei ihrem Vorgehen gegen Verhaltensstörer ergeben sich Folgerungen für das präventive Defensivnotstandsrecht des Privatmannes, denn die Beschränkungen staatlicher Befugnisse entfalten - wie bereits ausgeführt - zwecks Vermeidung von Wertungswidersprüchen eine "Ausstrahlungswirkung" auf den Umfang privater Notstandsrechte.

## 2. Die Schranken des präventiven Defensivnotstandsrechts

### a) Die Auslegung der "drohenden Gefahr" beim präventiven Defensivnotstand

Die danach gebotene Übertragung der Schranken der staatlichen Eingriffsrechte wirkt sich auf das präventive Defensivnotstandsrecht in zeitlicher Hinsicht dergestalt aus, daß es erst dann gewährt werden darf, wenn ein Mensch für andere Personen eine Gefahr begründet, bei der in allernächster Zeit mit dem Schadenseintritt zu rechnen ist. Neben der besonderen zeitlichen Zuspitzung ist für die "drohende Gefahr" weiter zu verlangen, daß der Schadenseintritt mit hoher Wahrscheinlichkeit zu erwarten ist. Von einer "drohenden Gefahr" kann daher beim präventiven Defensivnotstand analog § 228 BGB lediglich dann gesprochen werden, wenn eine Person in einem dem Versuchsbeginn unmittelbar vorgelagerten Stadium ein Verhalten an den Tag legt, aus dem mit hoher Wahrscheinlichkeit auf einen Schadenseintritt in allernächster Zeit geschlossen werden kann.

b) Die "drohende Gefahr" in Fällen präventiver Verteidigung

Wendet man die Kriterien zur Beschreibung der "drohenden Gefahr" beim präventiven Defensivnotstand auf konkrete Fälle an, so zeigt sich dabei, daß diese Voraussetzungen zumindest in zeitlicher Hinsicht in den "Haustyrannenfällen" regelmäßig nicht vorliegen und daher im Regelfall ein privates Vorgehen ebensowenig wie ein präventives Einschreiten der Polizei erlaubt sein dürfte.
Auch im "Spanner-Fall"[1] sind die temporalen Erfordernisse der "drohenden Gefahr" nicht erfüllt, denn nach der Flucht des "Spanners" ist mit dessen Rückkehr nicht vor dem nächsten Abend, nach den bisherigen Erfahrungen sogar erst wieder nach einigen Wochen zu rechnen. Daher ist die präventive Abgabe der Schüsse durch den Ehemann, der dem "Terror für das Familienleben" ein Ende bereiten will, nicht durch das präventive Defensivnotstandsrecht gerechtfertigt.

Anders verhält es sich dagegen in den "Wilderer-Fällen"[2]. Ergeben sich hier aus dem Verhalten des mit der Waffe fliehenden Wilderers Anhaltspunkte für die Annahme, daß die Fluchtbewegung lediglich ein taktisches Ausweichmanöver zum Erreichen einer den Angriff begünstigenden Deckung ist, hätte beispielsweise der Wilderer vor seiner Flucht bereits auf den Förster angelegt, wegen der schlechten Schußposition dann aber doch nicht geschossen, so wäre angesichts der zeitlich zugespitzten Situation - die Fluchtbewegungen stellen dann eine "versuchsnahe Vorbereitungshandlung" dar - und der hohen Wahrscheinlichkeit einer bevorstehenden Verletzungshandlung eine "drohende Gefahr" im Sinne von § 228 BGB analog zu bejahen[3]. Auch stünde die Tötung des Wilde-

---

1) BGH NJW 1979,2053.
2) Vgl. oben S.23f.
3) In dem Urteil des OLG Karlsruhe (OLGZ Karlsruhe HRR 1931 Nr.1130) hatte der Wilderer nach der Behauptung des Försters zunächst auf diesen angelegt, bevor er mit geladenem Gewehr in den Wald hineinlief, weshalb hier eine "drohende Gefahr" im Sinne des § 228 BGB bejaht werden könnte, vgl. oben S.24 Fn.1.
Dagegen läßt der mit der Waffe fliehende Wilddieb in RGSt

rers in diesen Fällen, wo das Leben des Försters unmittelbar bedroht ist, nicht außer Verhältnis zu der drohenden Gefahr; die Tötung wäre daher analog § 228 BGB gerechtfertigt, wenn die Gefahr nicht anders - etwa durch Ausweichen - abwendbar wäre.

Eine Rechtfertigung präventiver Verteidigungsmaßnahmen analog § 228 BGB käme nach den hier entwickelten Kriterien beispielsweise auch dann in Betracht, wenn A und B aus einem Auto den Geldboten G beobachten, der die etwa zweihundert Meter entfernte Bank verläßt und sich auf sie - A und B - zubewegt, und A in ernstzunehmender Weise äußert, er werde G niederschlagen und ihn des mitgeführten Geldes berauben, sobald dieser an ihrem Auto vorbeikomme. Kann B die Realisierung dieses Plans nur dadurch verhindern, daß er A sofort einen gezielten Faustschlag versetzt, der ihn vorübergehend angriffsunfähig macht, so steht ihm für diese präventive Notstandshilfe das Defensivnotstandsrecht analog § 228 BGB zu. Für G besteht nämlich, auch wenn er noch nicht in unmittelbare Wagennähe gelangt ist, angesichts der zeitlichen Zuspitzung der Situation und der hohen Wahrscheinlichkeit des Schadenseintritts eine "drohende Gefahr". Da zudem der durch den Faustschlag entstehende Schaden nicht außer Verhältnis zu der dem G drohenden Gefahr steht, ist er analog § 228 BGB gerechtfertigt.

Das gleiche gilt auch dann, wenn nach einem Streit in einem Lokal die Beteiligten A, B und C dieses verlassen und A seinem Begleiter B in ernstzunehmender Weise erklärt, jetzt werde er den C, der sich bereits ein Stück entfernt hat, mit seinem Auto niederfahren, und er zu diesem Zweck zu seinem in der Nähe stehenden PKW läuft. Kann B den A nur durch

---

53,132 keinerlei Angriffsabsicht erkennen. Allein die Tatsache, daß der Wilddieb sich seines, einen Angriff jederzeit ermöglichenden Gewehrs auf Anruf nicht entledigt hat, bietet keinen genügenden Anhalt für die Annahme, daß ein Angriff im nächsten Augenblick erfolgen könne (anders RGSt 53,132(133), vgl. oben S.23f.), so daß insoweit eine "drohende Gefahr" im Sinne des § 228 BGB zu verneinen wäre.

eine ganz erhebliche Körperverletzung, etwa durch einen Messerstich, am Starten seines PKWs und damit an der Verwirklichung seines Vorhabens hindern, so wäre diese Maßnahme der präventiven Notstandshilfe analog § 228 BGB gerechtfertigt. Das Verhalten des A genügt nämlich den an eine "drohende Gefahr" im Rahmen des präventiven Defensivnotstandes zu stellenden Anforderungen, denn indem A zu seinem Wagen, den er als Angriffsmittel gegen C einzusetzen beabsichtigt, eilt, erreicht er bereits ein dem Versuchsbeginn unmittelbar vorgelagertes Stadium, das durch eine akute zeitliche Zuspitzung der Situation und eine hohe Wahrscheinlichkeit des Schadenseintritts zu charakterisieren ist. Da außerdem für C die Gefahr ganz erheblicher Körperverletzungen, eventuell sogar Lebensgefahr, besteht, ist die durch die Notstandshandlung erfolgende erhebliche Körperverletzung auch nicht unverhältnismäßig und somit analog § 228 BGB gerechtfertigt.

## 4. Kapitel: Die "gegenwärtige Gefahr" beim entschuldigenden Notstand (§ 35 StGB)

In diesem Kapitel soll schließlich noch der Versuch einer Auslegung der "gegenwärtigen Gefahr" beim entschuldigenden Notstand (§ 35 StGB) unternommen werden.

### A. Die Auslegung der "gegenwärtigen Gefahr" beim entschuldigenden Notstand durch Rechtsprechung und Lehre

Rechtsprechung wie auch herrschende Lehre erfassen insoweit als "gegenwärtige Gefahren" sowohl die Fälle der "Dauergefahr" als auch die Fälle eines später drohenden Schadenseintritts, wenn dieser nur durch sofortiges Handeln wirksam abgewendet werden kann[1]. Es wird dabei zumeist auf die De-

---

1) Vgl. oben S.17.

finitionen der "gegenwärtigen Gefahr" beim rechtfertigenden Notstand (§ 34 StGB) verwiesen; die "gegenwärtige Gefahr" soll danach also in beiden Notstandsbestimmungen gleich ausgelegt werden[1].
In den vorangegangenen Kapiteln hat sich jedoch herausgestellt, daß es innerhalb des rechtfertigenden Notstandes überhaupt keinen einheitlichen Begriff der "gegenwärtigen Gefahr" gibt, die "drohende Gefahr" im Rahmen des Defensivnotstandes vielmehr anders als die "gegenwärtige Gefahr" beim Aggressivnotstand ausgelegt wird. Dem wird eine undifferenzierte Verweisung auf § 34 StGB nicht gerecht und scheidet daher für die Interpretation der "gegenwärtigen Gefahr" im Rahmen des § 35 StGB aus. Zur Bestimmung der "gegenwärtigen Gefahr" erscheint es auch hier sachgerecht, auf die dem entschuldigenden Notstand (§ 35 StGB) zugrundeliegenden Gedanken zu rekurrieren.

## B. Die ratio des entschuldigenden Notstandes

Auf der Suche nach einer materiellen Erklärung der Straffreiheit des im entschuldigenden Notstand Handelnden begnügten sich Lehre und Rechtsprechung lange mit dem Hinweis auf den übermächtigen Motivationsdruck, unter dem der Täter stehe. Danach unterstellt das Gesetz, daß der Täter in der Notstandslage "unter einem solchen psychischen Überdruck stehe, daß ihm normgemäßes Verhalten nicht zuzumuten sei"[2].

Gegen diese, rein psychologische Deutung des § 35 StGB ist jedoch zu Recht geltend gemacht worden, daß sie keine Antwort auf die Frage gibt, warum in § 35 StGB nur Leben, Leib und Freiheit als notstandsfähige Güter anerkannt werden,

---

1) Vgl. statt vieler: Sch-Sch-Lenckner, § 35 Rdn.12; LK-Hirsch, § 35 Rdn.29.
2) Vgl. RGSt 66,222(225); 66,397(398); Sch/Sch (17.Aufl.), § 52 Rdn.1; Kohlrausch/Lange, § 52 Anm.1; Brauneck, GA 1959,261(268f.); Mangakis, ZStW 75(1963),499(529); Henkel, Mezger-FS, S.249(291).

obwohl sich auch andere Situationen von gleicher aktueller Motivationsstärke denken lassen, z.B. gleich starke Angst um andere Güter, etwa erhebliche wirtschaftliche Werte, die Ehre etc.[1].
Auch kann diese klassische Deutung nicht erklären, warum sich nach § 35 I 2 StGB bestimmte Personen aufgrund ihrer besonderen sozialrechtlichen Pflichtenstellung, wie beispielsweise Angehörige der Feuerwehr, Soldaten, Polizisten sowie diejenigen, die die Notlage selbst verursacht haben, nicht auf den entschuldigenden Notstand berufen können, obwohl auch sie dem gleichen Motivationsdruck unterliegen wie die Personen, denen das Gesetz aufgrund des Notstandes Straffreiheit gewährt[2].
Außerdem läßt sich gegen diese Deutung die objektive Fassung des § 35 StGB ins Feld führen. Wäre nämlich allein die psychische Zwangslage des Notstandstäters der entscheidende Gesichtspunkt, so wäre nicht zu erklären, warum das Gesetz in § 35 I StGB auf das objektive Vorliegen der Notstandssituation abstellt; denn hinsichtlich des besonderen Motivationsdruckes besteht zwischen dem wirklichen und dem nur vermeintlichen Notstand kein Unterschied. Insoweit bliebe unverständlich, weshalb § 35 II StGB bei irriger Annahme einer Notstandslage eine Entschuldigung verneint, wenn der Irrtum vermeidbar war, obgleich auch hier die seelische Zwangslage für den Täter die gleiche ist wie bei einer vorhandenen und ihm bekannten Notstandssituation[3].

Insbesondere wegen dieser Bedenken gegenüber der klassischen, rein psychologischen Erklärung der Notstandsentschuldigung ist diese zunehmend durch eine Lehrmeinung ergänzt und korrigiert worden, die § 35 StGB mit einem Zusammentref-

---

1) Jakobs, AT, 20/1; Vogler, GA 1969,103(104).
2) Sch-Sch-Lenckner, vor § 32 Rdn.111; SK-Rudolphi, § 35 Rdn.2; ders., ZStW 78(1966),67(75f.); Achenbach, JR 1975, 492(494); Ulsenheimer, GA 1972,1(23); Vogler, GA 1969, 103(104); Timpe, JuS 1984,859(860); ders., S.292 Fn.63.
3) Ähnlich Sch-Sch-Lenckner, vor § 32 Rdn.111; SK-Rudolphi, § 35 Rdn.2.

fen unrechts- und schuldmindernder Momente zu erklären versucht. Danach beruht der entschuldigende Notstand auf einer doppelten Schuldminderung. Eine objektive Minderung des Unrechts werde dabei dadurch bewirkt, daß der Täter auf die Erhaltung eines Gutes ausgeht, wodurch einerseits das personale Handlungsunrecht, andererseits aber auch der Erfolgsunwert der Tat um den Wert des Gutes, das der Täter gerettet habe, verringert werde. Da das Unrecht auch Schuldvoraussetzung sei, führe diese objektive Unrechtsminderung eine erste von ihr abhängige Minderung der Schuld herbei. Zu dieser Schuldminderung trete dann noch der zweite, die gesetzlichen Entschuldigungsgründe tragende Gesichtspunkt, nämlich die seelische Zwangslage des Täters, als selbständiger Schuldminderungsgrund hinzu[1)].

Diese Deutung des entschuldigenden Notstandes (§ 35 StGB) verdient Zustimmung. Daß § 35 StGB auf einer Unrechtsminderung beruht, ergibt sich nämlich schon daraus, daß er an eine Güter- und Interessenkollision anknüpft, wobei der Umstand, daß die Tat zugleich dem Schutz von Werten dient, hier zwar nicht zur Rechtfertigung, wohl aber zur Verringe-

1) Ausführlich findet sich diese Erklärung der Entschuldigungsgründe erstmals bei Rudolphi, ZStW 78(1966),67 (81ff.); ders., JuS 1969,461(462); ders., Welzel-FS, S.605(631); SK-Rudolphi, § 35 Rdn.2ff.; vgl. auch LK (9.Aufl.)-Hirsch, vor § 51 Rdn.167; Sch-Sch-Lenckner, vor § 32 Rdn.111; Stratenwerth, AT (2.Aufl.), Rdn.596; Welzel, § 23; Eser, S.193; Küper, JuS 1971,474(477); Stree, JuS 1973,461(469 Fn.84); Noll, ZStW 77(1965),1 (17f.); Vogler, GA 1969,103(105); Lenckner, S.35ff.; Kaufmann, S.156ff., der allerdings nur von einer Minderung des Handlungsunwertes spricht.
Daneben gibt es in jüngster Zeit auch Versuche, den entschuldigenden Notstand aus den Strafzwecken zu erklären (vgl. Roxin, ZStW 96(1984),641(655); ders., JuS 1988, 425(426f.); ders., JA 1990,97(99); ders., Henkel-FS, S.171(182ff.); ders., Bockelmann-FS, S.279(282ff.)).

Ein Teil der Lehre stellt im Gegensatz zur psychologisierenden Lösung stärker normativ auf die Bewertung der sich in der Tat zeigenden Gesinnung ab (vgl. Gallas, ZStW 67(1955),1(45); ders., Mezger-FS, S.311(323); Bockelmann, Strafrechtliche Untersuchungen, S.84f.).

rung sowohl des Erfolgs- als auch des Handlungsunwerts um ein bestimmtes Mindestmaß führt. Unterschreitet das in dieser Weise reduzierte Unrecht eine gewisse Grenze - was das Gesetz im Fall des § 35 StGB nur beim Schutz elementarer Persönlichkeitsgüter, nicht aber bloßer Vermögenswerte für möglich hält -, so ist dies die Grundlage für eine Entschuldigung des Täters dann, wenn noch ein weiterer, speziell die Schuld betreffender Minderungsgrund hinzukommt, der sich aus der ein normgemäßes Verhalten zwar nicht ausschließenden, aber doch wesentlich erschwerenden psychischen Situation des Täters ("übermächtiger Motivationsdruck") ergibt. Unter diesen Umständen erscheint dann die Schuld insgesamt so erheblich gemindert, daß auf die Erhebung des (noch verbleibenden) Schuldvorwurfs verzichtet werden kann. Es ist dann weder aus generalpräventiven Erwägungen zur Stabilisierung der strafrechtlichen Verhaltensordnung noch aus spezialpräventiven Gründen notwendig, das Mittel der Strafe einzusetzen[1].

Es soll nun der Frage nachgegangen werden, welche Folgerungen sich aus diesen Überlegungen zur ratio des entschuldigenden Notstandes für die Auslegung der "gegenwärtigen Gefahr" in § 35 StGB ergeben.

## C. Die Auslegung der "gegenwärtigen Gefahr" aus dem Grundgedanken des § 35 StGB

Danach können zweifellos auch sog. "Dauergefahren" eine "gegenwärtige Gefahr" im Sinne des § 35 StGB darstellen. Dagegen ist die von der herrschenden Meinung vertretene Auffassung, daß als "gegenwärtige Gefahr" im Sinne des § 35 StGB auch solche Fälle erfaßt werden, in denen der Eintritt des drohenden Schadens erst nach Ablauf einer gewissen Zeit zu

---

1) Eine solche Verbindung von Schuldgesichtspunkten und präventiven Erwägungen findet sich bei: Sch-Sch-Lenckner, vor § 32 Rdn.111; SK-Rudolphi, § 35 Rdn.4; Bockelmann/ Volk, AT, § 16 D I 2.

erwarten steht, aber sofortiges Handeln zur wirksamen Gefahrenabwehr angezeigt ist, ausgehend von der ratio des § 35 StGB nur dann haltbar, wenn bei Notstandshandlungen zur Abwehr solcher Gefahren auch bereits eine so große Unrechts- und Schuldminderung bejaht werden kann, daß aus präventiven Gründen eine Bestrafung nicht notwendig erscheint.

In diesen Fällen läßt sich zunächst einmal zweifelsfrei feststellen, daß ein dem Erfolgsunwert gegenüberstehender Erfolgswert geschaffen wird; denn selbst wenn der Schadenseintritt erst in der Zukunft zu erwarten ist, so verhindert der Notstandstäter durch seine Handlung doch den Eintritt einer Rechtsgutsverletzung, so daß der Rechtsgüterverletzung die Erhaltung eines bestimmten Rechtswertes gegenübersteht. Außerdem ist auch in den hier zu diskutierenden Konstellationen der Handlungsunwert erheblich gemindert, denn die Notstandstat ist eben gerade nicht auf die Verletzung eines bestimmten Rechtsgutes gerichtet, sondern ganz entscheidend von dem Rettungszweck, d.h. dem Willen zur Erhaltung eines bestimmten Rechtswertes getragen.

Fraglich ist indes, ob der Täter in diesen Fällen auch bereits unter einem solch "übermächtigen Motivationsdruck" steht, daß ein normgemäßes Verhalten wesentlich erschwert ist. Dies dürfte nur dann der Fall sein, wenn die Möglichkeit des zukünftigen Schadenseintritts bereits einen Grad erreicht hat, den man als naheliegend bezeichnen kann und der eine entsprechende Besorgnis begründet erscheinen läßt[1]. Läßt sich dagegen die zukünftige Rechtsgutsverlet-

---

1) Ähnliche Anforderungen an den Wahrscheinlichkeitsgrad der "Gefahr" in §§ 34, 35 StGB stellt auch Hirsch, vgl. LK-Hirsch, § 34 Rdn.32,37, § 35 Rdn.29.
Dagegen stellt jüngst Roxin für das Vorliegen einer "Gefahr" im Sinne der §§ 34, 35 StGB nicht auf den Wahrscheinlichkeitsgrad der zu erwartenden Rechtsgutsbeeinträchtigung, sondern auf deren Intensität ab mit der Folge, daß eine (mit welcher Wahrscheinlichkeit auch immer) drohende geringfügige Körperverletzung oder Freiheitsberaubung überhaupt noch keine "Lebensgefahr" oder "Freiheitsgefahr" im Sinne des § 35 I 1 StGB sei (Roxin, JA 1990,97(99)).

zung noch nicht mit hoher Wahrscheinlichkeit bejahen, dann ist regelmäßig davon auszugehen, daß der Motivationsdruck des Bedrohten noch nicht so übermächtig ist, daß das Recht auf die Erhebung eines Schuldvorwurfs verzichten kann.

Danach wäre beispielsweise dann eine "gegenwärtige Gefahr" im Sinne des § 35 StGB zu verneinen, wenn der rachsüchtige Mörder dem ihn verurteilenden Richter droht, ihn zu töten, wenn er je wieder freikommen sollte[1]. Hier liegt die Gefahr für das Leben des Richters noch zu sehr im Zukünftigen und Ungewissen, weil erfahrungsgemäß der Zorn des Verurteilten nach vielen Jahren häufig verraucht oder wenigstens so weit gedämpft sein wird, daß es nicht mehr zur Tatausführung kommt. Deshalb erreicht die seelische Zwangslage des Richters angesichts der geringen Wahrscheinlichkeit der Verletzungshandlung mit dem Ausspruch der Drohung noch keinen solchen Grad, daß ihm ein normgemäßes Verhalten wesentlich erschwert würde.
Anders beschaffen ist dagegen die psychische Situation der Angehörigen in den "Haustyrannenfällen", wo in gewissen Zeitabständen neue Ausschreitungen des gewalttätigen Familienoberhaupts mit hoher Wahrscheinlichkeit zu erwarten sind und deshalb die Angehörigen regelmäßig unter einem ganz erheblichen psychischen Druck stehen. Daher stellen hier auch die erst für die Zukunft drohenden Verletzungshandlungen bereits eine "gegenwärtige Gefahr" für Leib oder Leben der Angehörigen dar und entschuldigen die Tötung des "Haustyrannen" gemäß § 35 StGB.
Eine "gegenwärtige Leibesgefahr" im Sinne von § 35 StGB wäre auch in dem von Lenckner gebildeten Beispiel[2] zu bejahen, in dem der Gastwirt den Männern, die ihn - wie er

---

1) So im Ergebnis auch LK-Spendel, § 32 Rdn.128. Spendel weist dabei auf die Unvollkommenheit möglicher Präventivmaßnahmen hin; der Bedrohte könne sich vor dem zukünftigen Angriff nur "vorsehen" und gegen den potentiellen Angreifer z.B. mit einer Strafanzeige wegen Bedrohung (§ 241 StGB) "vorgehen".
2) Lenckner, S.102.

weiß - im Laufe der Nacht berauben wollen, abends ein Betäubungsmittel in das Bier schüttet. In diesem Fall hat nämlich die Möglichkeit des Schadenseintritts schon einen Grad erreicht, den man als naheliegend bezeichnen kann und der eine entsprechende Besorgnis begründet erscheinen läßt, weshalb sich der Gastwirt in der von § 35 StGB vorausgesetzten psychischen Situation befindet.

Somit kann für die "gegenwärtige Gefahr" im Rahmen des entschuldigenden Notstandes (§ 35 StGB) festgehalten werden, daß damit sowohl die sog. "Dauergefahren" als auch solche Fälle erfaßt werden, bei denen der Eintritt des drohenden Schadens mit hoher Wahrscheinlichkeit nach Ablauf einer gewissen Zeit zu erwarten steht, aber sofortiges Handeln angezeigt ist, um ihm wirksam begegnen zu können. In diesen Fällen liegen beim Notstandstäter beide in § 35 StGB vorausgesetzte Schuldminderungsgründe vor, so daß angesichts der erheblich verringerten Schuld die Einsetzung des Mittels der Strafe nicht mehr als notwendig und sinnvoll erscheint. Ebensowenig wie beim Aggressivnotstand (§§ 34 StGB, 904 BGB) stellt auch bei § 35 StGB die "gegenwärtige Gefahr" ein Zurechnungselement in der Sphäre des Eingriffsopfers dar.

Damit sind die Kriterien der "gegenwärtigen" bzw. "drohenden Gefahr" im Notstandsrecht und des "gegenwärtigen rechtswidrigen Angriffs" bei der Notwehr vollständig entwickelt. Dies erlaubt im folgenden letzten Teil eine Überprüfung möglicher Einwände gegen die hier vertretene Notwehrkonzeption und die aus ihr abgeleiteten Auslegungsergebnisse.

# TEIL 3: Stichhaltigkeit und Praktikabilität der für Notwehr und Notstand entwickelten Kriterien

## 1. Kapitel: Einwände gegen die Notwehrkonzeption

Ansatzpunkte für eventuelle Bedenken könnten die enge Auslegung des "gegenwärtigen Angriffs" im Sinne der "Versuchslösung" oder auch die Beschränkung des Notwehrrechts auf vorsätzlich-schuldhafte Angriffe bieten.

### A. Kritik an der "Versuchslösung"

#### I. Teleologische Bedenken - Außerachtlassung von Verteidigerinteressen?

So wird gegen die "Versuchslösung" ins Feld geführt, daß sie teleologisch kaum zu begründen sei, weil die ratio von Versuch und Notwehr zu unterschiedlich sei und daß sie die Rechtsstellung des Verteidigers zu stark verkürze[1]. Bei der Abgrenzung von Vorbereitung und Versuch gehe es nämlich darum, aus rechtsstaatlichen Gründen - weil ein Tatbestandsstrafrecht grundsätzlich die Tatbestandsverwirklichung voraussetze - die Strafbarkeit so nahe wie möglich an den Tatbestand heranzurücken, weshalb der Versuchsbeginn regelmäßig erst mit dem letzten Teilakt vor der Tatbestandsverwirklichung bejaht werde[2]. Es sei aber nicht möglich, diese im Rahmen des Versuchs sinnvollen Erwägungen auf das Problem der "Gegenwärtigkeit" des Angriffs zu übertragen, denn dies hätte zur Folge, daß mit der Abwehr eines Angriffs gewartet werden müßte, bis es schon zu spät oder fast zu spät wäre. Der letzte Teilakt vor der Tatbestandsverwirklichung sei nämlich bereits so nahe an die Erfolgsverwirklichung heran-

---

1) Roxin, Tjong-GS, S.137(139f.).
2) Vgl. SK-Rudolphi, § 22 Rdn.13ff.

gerückt, daß es dem Angegriffenen kaum noch möglich sei, dem Angreifer zuvorzukommen.

Dieser Einwand erweist sich schon deshalb als nicht stichhaltig, weil seine Prämisse, die ratio der Notwehr und des Versuchs seien als Grundlage für eine Analogie zu unterschiedlich, nicht zutrifft. Im Gegenteil werden - wie ausführlich dargelegt[1] - diese beiden Institute in ihren Grundgedanken durch ähnliche und durchaus analogiefähige Erwägungen bestimmt.
Zudem wird die Rechtsstellung des Verteidigers durch die "Versuchslösung" auch nicht unangemessen verkürzt.

Zwar hätte diese beispielsweise für die "Wilderer-Fälle" zur Folge, daß das Vorliegen eines "gegenwärtigen Angriffs" im Sinne des § 32 StGB und damit ein Notwehrrecht des Försters verneint werden müßte, denn selbst wenn man unterstellt, daß der Wilderer in den betreffenden Fällen vorhatte, sich alsbald bei Erreichen einer günstigen Schußposition umzudrehen und sein Gewehr auf den Förster abzufeuern[2], so wäre dennoch in diesem taktischen Ausweichmanöver noch keine versuchte Tötungshandlung zu sehen, vielmehr läge ein Versuch erst dann vor, wenn der Wilderer sich umdrehen und das geladene Gewehr gegen den Förster in Anschlag bringen würde[3].
Indes genügt das Verhalten des Wilderers unter diesen Umständen den an eine "drohende Gefahr" beim präventiven Defensivnotstand zu stellenden Anforderungen, so daß die Tötung des Wilderers analog § 228 BGB gerechtfertigt wäre, wenn die Gefahr für den Förster nicht anders - etwa durch Ausweichen - abwendbar wäre[4].

---

1) Vgl. oben S.97ff.
2) Hierfür ergeben sich allerdings aus dem der Entscheidung RGSt 53,132 zugrundeliegenden Sachverhalt keinerlei Anhaltspunkte; anders aber in OLGZ Karlsruhe HRR 1931 Nr.1130, vgl. oben S.170f. Fn.3.
3) Insoweit zutreffend Roxin, Tjong-GS, S.137(144f.).
4) Vgl. oben S.170f.

Dieses Ergebnis zeigt, daß der Bedrohte in derartigen Fällen der "versuchsnahen Vorbereitung", in denen die Voraussetzungen für die Ausübung des Notwehrrechts nicht erfüllt sind, durchaus nicht schutzlos gestellt ist, weil ihm hier ein Recht zur präventiven Verteidigung analog § 228 BGB zusteht. Im übrigen erscheint es von der Sache her angemessen, in Fällen, in denen das Versuchsstadium noch nicht erreicht ist, so daß von dem Bedrohten nicht bloß die Bewertung eines aktuellen Verhaltens, sondern eine Prognose über zukünftige Entwicklungen und Ereignisse gefordert wird, durch die Verneinung eines Notwehr- und die Gewährung eines Defensivnotstandsrechts generell eine Ausweichpflicht zu statuieren, soweit dem Gefährdeten ein Ausweichen möglich und zumutbar ist. Erst mit dem Übergang von der Vorbereitungs- zur Versuchshandlung konkretisiert sich nämlich die Gefahr und reduziert sich damit das Irrtumsrisiko des Bedrohten dergestalt, daß es sachgerecht erscheint, ihm das "schneidige" Notwehrrecht einzuräumen, auch wenn selbst im Versuchsstadium das Irrtumsrisiko letztlich nicht völlig ausgeschlossen werden kann[1].

Gegen die "Versuchslösung" läßt sich auch nicht ins Feld führen, daß der Verteidiger als Laie bei einer Festlegung auf die sehr subtilen Abgrenzungskriterien des § 22 StGB praktisch überfordert wäre[2], denn selbst bei einer großzügigeren Auslegung des "gegenwärtigen Angriffs" wäre die Gefahr eines Irrtums über diese Notwehrvoraussetzung nicht ausgeschlossen. Im übrigen wird der Verteidiger auch bei der "Versuchslösung" im Falle eines Irrtums über das Vorliegen eines "gegenwärtigen Angriffs", wie bei einem Irrtum über sonstige Rechtfertigungsvoraussetzungen, hinreichend durch die allgemeinen Irrtumsregeln geschützt.

---

1) Vgl. oben S.86f.
2) So aber Geilen, Jura 1981,200(206).

## II. Kriminalpolitische Bedenken

Schließlich werden gegen die "Versuchslösung" auch kriminalpolitische Bedenken geltend gemacht. Es entspräche nicht einmal dem Interesse des Angreifers, die Befugnis zur Abwehr erst so spät, wie die "Versuchslösung" dies vorsieht, anzusetzen, denn wenn ein Angegriffener erst im letzten Moment unter dem Schutze der Notwehr gegen einen Angreifer vorgehen dürfe, wäre, wenn die Abwehr überhaupt noch Chancen haben solle, oft eine sehr viel schwerere Verletzung des Angreifers erforderlich als in einem früheren Zeitpunkt. Wo zunächst ein Schuß in die Hand zur erfolgreichen Abwehr genügt hätte, könne später eine schwere Verletzung oder gar Tötung erforderlich sein. Daher sei es kriminalpolitisch wünschenswert, die Zulässigkeit der Abwehr nicht auf den letzten, sondern auf einen noch günstigen und in der Regel auch für den Angreifer relativ schonenden Zeitpunkt zu verlegen[1].

Dieser Argumentation ist einzuräumen, daß es zwar im Einzelfall im Interesse des potentiellen Angreifers liegen kann, wenn ihm schon in einem früheren Stadium als dem des Versuchs mit einem weniger einschneidenden Abwehrmittel entgegengetreten wird. Dies dürfte jedoch nur die Ausnahme sein, während in der Mehrzahl der Fälle die Interessenlage des potentiellen Angreifers durch die "Versuchslösung" besser gewahrt erscheint. Häufig werden nämlich - wie die Erfahrung zeigt - Rechtsgutsverletzungen zwar detailliert geplant und dazu auch alle erforderlichen Vorbereitungen getroffen. Wenn jedoch der kritische Zeitpunkt der Ausführung naht, stellen sich bei dem potentiellen Angreifer oft plötzlich unüberwindbare Hemmungen ein. Solchen Personen bereits im Vorfeld des Versuchs im Wege der Notwehr entgegentreten zu können, nur weil später eventuell eine schwerere Verletzung zur Abwehr erforderlich wäre, dürfte somit in der Regel nicht in deren Interesse liegen.

---

1) Roxin, Tjong-GS, S.137(140).

Außerdem spricht gegen eine Vorverlagerung der Notwehr in das Stadium der Vorbereitung, daß derjenige, dem ein anderer mit zukünftigen Gewalttätigkeiten gedroht hat, häufig[1] noch die Möglichkeit hat, sich selbst bis dahin nicht parate Abwehrmittel zu besorgen, die einerseits zur Abwehr des später möglicherweise erfolgenden Angriffs geeignet sind und andererseits weniger einschneidend als die bei sofortiger Notwehr eingesetzten Kampfmittel in die Rechtssphäre der gefährlichen Person eingreifen. So könnte sich beispielsweise der Bedrohte, dem zu Hause nur eine Schußwaffe zur Abwehr eines künftigen gewalttätigen Angriffs zur Verfügung steht, eventuell während des Gefahrstadiums noch eine weniger gefährliche Schlagwaffe besorgen, um damit später den Angreifer, wenn er tatsächlich unmittelbar zur Rechtsgutsverletzung ansetzen sollte, weniger schwer zu verletzen.

Daß die Angreiferinteressen regelmäßig einer Vorverlagerung der Notwehr ins Vorbereitungsstadium entgegenstehen, beruht schließlich auch darauf, daß das vom Gefährdeten zu fällende Gefahrurteil meist emotional gefärbt ist, d.h. es orientiert sich nicht an einer nüchternen Wahrscheinlichkeitsbetrachtung in bezug auf den Schadenseintritt, vielmehr wird unter den jeweils gegebenen Umständen - vermeintliche Bedrohung, Erregung etc. - das Urteil im Zweifel immer zugunsten des vermeintlich Angegriffenen ausfallen[2]. Opfer dieser Prognosen könnten sowohl solche Personen sein, die durch Ankündigung eines Deliktes Anlaß zu einem entsprechenden Gefahrurteil gegeben haben, als auch solche, die trotz ernstlich betriebener Vorbereitungshandlungen aus späterer besserer Einsicht oder wegen äußerer Hindernisse nicht in die Versuchszone vorgedrungen wären.

Die gegen die "Versuchslösung" erhobenen Einwände halten somit allesamt einer kritischen Überprüfung letztlich nicht

---

1) Das gilt allerdings regelmäßig nicht für die Fälle der "versuchsnahen Vorbereitungshandlung".
2) Kratzsch, StrV 1987,224(226f.).

stand. Bevor sie aber endgültig der Auslegung des "gegenwärtigen Angriffs" zugrunde gelegt wird, soll noch geprüft werden, ob die möglichen Alternativen zu ihr überzeugend sind und ihr gegenüber eventuell Vorzüge aufweisen.

## B. Alternativen zur "Versuchslösung"

### I. Die "Theorie der wirksamsten Abwehr"

Gegen die "Theorie der wirksamsten Abwehr", die einen "gegenwärtigen Angriff" schon dann bejaht, wenn er vom Angreifer so vorbereitet wird, daß eine spätere Abwehr nicht mehr möglich ist oder der Verteidiger durch weiteres Zuwarten seine Verteidigungschancen erheblich verschlechtern würde[1), ist einzuwenden, daß sie bei strenger und konsequenter Anwendung dem Bedrohten auch bereits gegen bloße Drohungen, Planungen und entfernteste Vorbereitungshandlungen ein Notwehrrecht gewähren müßte, wenn die Verteidigung schon in diesem frühen Stadium die einzige mit Sicherheit Erfolg versprechende Gegenmaßnahme darstellen würde. Der natürliche Sprachgebrauch verbietet es aber, solche Drohgebärden und vage Gefährdungen bereits als "Angriff" zu bewerten, weil dieser schon begrifflich eine akute Zuspitzung der Gefahr voraussetzt[2).
Zudem steht dieser Theorie auch der Grundgedanke des Notwehrrechts entgegen, wonach die Interessen einer Person gerade deshalb erheblich an Schutzwürdigkeit einbüßen, weil diese Person ihre Gefährlichkeit ganz konkret unter Beweis gestellt hat[3), was aber bei bloßen Drohungen und Vorbereitungshandlungen noch nicht der Fall ist.

Darüber hinaus verkennt die "Wirksamkeitstheorie", daß der Gesetzgeber mit dem Angriffserfordernis besonders der Tat-

---

1) Vgl. oben S.29f.
2) Vgl. oben S.84.
3) Vgl. oben S.87ff.

sache Rechnung trägt, daß präventive Gefahrenabwehr grundsätzlich eine Aufgabe der Polizei ist und das staatliche Gewaltmonopol nur in Ausnahmesituationen durchbrochen werden darf[1]. Würden nun dem Privatmann durch eine sehr frühe Gewährung des Notwehrrechts global weitgehende präventive Befugnisse eingeräumt, so reichten die privaten Verteidigungsbefugnisse in zeitlicher Hinsicht weiter als die entsprechenden staatlichen Eingriffsrechte, so daß die Gefahr einer Aushöhlung des staatlichen Gewaltmonopols bestünde[2]. Außerdem liefe es dem Interesse an einem geordnet-friedlichen Zusammenleben zuwider, wenn bereits im Alltag häufig vorkommenden Drohungen und Gefährdungsabsichten relativ "schneidig" im Wege der Notwehr begegnet werden dürfte[3], das um so mehr, als bei Prognosen in diesem frühen Stadium ein hohes Irrtumsrisiko und damit die Gefahr besteht, daß in die Rechtssphäre eines Unbeteiligten eingegriffen werden könnte[4].

## II. Die "Präventiv-Notwehr"

Sehr nahe steht der "Wirksamkeitstheorie" der von Suppert in Analogie zu § 32 StGB begründete Rechtfertigungsgrund der "Präventiv-Notwehr", der einer Person in den Fällen zustehen soll, "in denen bereits hic et nunc präventive Verteidigung zur Abwehr eines noch in der Zukunft liegenden, angedrohten rechtswidrigen Angriffs erforderlich ist"[5].

Da § 32 StGB hier nur analog angewendet wird, können die aus dem natürlichen Sprachgebrauch gegen die "Wirksamkeitstheorie" geltend gemachten Bedenken der "Präventiv-Notwehr" nicht entgegengehalten werden.
Jedoch kommt eine analoge Anwendung von § 32 StGB in die-

---

1) Vgl. oben S.42f.
2) Ähnlich Roxin, Tjong-GS, S.137(141f.).
3) Bottke, JR 1986,292(293); Roxin, Tjong-GS, S.137(142).
4) Vgl. oben S.185.
5) Suppert, S.356ff., vgl. oben S.30.

sen Fällen deshalb nicht in Betracht, weil mit dem Verzicht auf den (gegenwärtigen) Angriff ein die ratio der Notwehr in entscheidendem Maße prägendes Moment vernachlässigt wird, daß nämlich erst mit dem Angriffsbeginn eine Person das Höchstmaß an deliktischer Energie entfaltet und damit ihre Gefährlichkeit für rechtlich geschützte Interessen anderer konkret unter Beweis stellt. Durch den Verzicht auf dieses Notwehrcharakteristikum verschwindet die Ähnlichkeit mit der Notwehr in einem elementaren Punkt[1]. Suppert erkennt dies wohl auch selbst und beschränkt den in Präventiv-Notwehr Handelnden deshalb gerade in den Befugnissen, die das scharfe Notwehrrecht von den Notstandsrechten unterscheiden[2]. Der Notwehr Übende muß danach, bevor er in die Rechte des potentiellen Angreifers eingreift, fremde Hilfe (vor allem der Polizei) herbeiholen und, soweit ihm dies zumutbar ist, ausweichen; stehen ihm beide Möglichkeiten nicht offen, so sei er bei seiner Abwehr im Regelfall an den Proportionalitätsgrundsatz gebunden.

Gegen den Rechtfertigungsgrund der "Präventiv-Notwehr" sind darüber hinaus auch erhebliche kriminalpolitische Bedenken anzumelden. So will Suppert beispielsweise in den "Haustyrannenfällen" den Familienmitgliedern, die das gewalttätige Familienoberhaupt töten, diesen Rechtfertigungsgrund zubilligen[3]. Er bevorzugt hier eine "Rechtfertigungslösung", weil dadurch der Kreis der verteidigungsfähigen Rechtsgüter gegenüber einer Lösung auf der Schuldebene wachse, der

---

1) Dies wird Suppert meist auch in der Lehre entgegengehalten, wobei dort jedoch, anders als in der hier vertretenen individualistischen Notwehrkonzeption, auf die Bedeutung des Angriffsmerkmals für eine überindividualistische Notwehrinterpretation hingewiesen wird, vgl. Sch-Sch-Lenckner, § 32 Rdn.17: "Bei einer Analogie zu § 32 fehlt dessen entscheidende Voraussetzung in Gestalt eines bereits gegenwärtigen rechtswidrigen Angriffs, der der Notwehr als 'Kampf um das Recht' ihr spezifisches (auch sozialrechtliches Gepräge) gibt"; ähnlich Roxin, Jescheck-FS, S.457(480); Bernsmann, S.59.

2) Suppert, S.381ff.

3) Suppert, S.397ff.

Tyrann sich gegen seine Tötung nicht wehren dürfe, und weil man seine Tötung auch in Nothilfe vornehmen bzw. ungestraft als Extraneus an ihr teilnehmen könne. Das, was Suppert gerade als wesentliche Vorzüge seiner Lösung ansieht, bedeutet auf der anderen Seite eine erhebliche Verkürzung des Schutzes des "Haustyrannen". So dürfte sich dieser, würde er im Schlaf angegriffen, gegen seine Tötung überhaupt nicht mehr verteidigen, obwohl von ihm keine akute Gefahr für andere Personen ausgeht. Seine Verteidigung wäre aber nicht nur gegen die von ihm zuvor tyrannisierten Familienangehörigen verboten, sondern auch gegen deren Bekannte, Verwandte oder Freunde, die bei der beabsichtigten Tötung rechtmäßige Nothilfe leisten würden[1], alles Konsequenzen, die die "Rechtfertigungslösung" Supperts als inakzeptabel erscheinen lassen[2].

Schließlich lassen sich gegen die "Präventiv-Notwehr" auch unter dem Aspekt des staatlichen Gewaltmonopols und der Gefährdung der gesellschaftlichen Friedensordnung durch die hohen Irrtumsrisiken ähnliche Einwände wie gegen die "Wirksamkeitstheorie" erheben.

## III. Die Bestimmung des Notwehrbeginns durch Roxin

Auch die Bestimmung des Notwehrbeginns durch Roxin, der als "gegenwärtigen Angriff" im Sinne des § 32 StGB die Versuchshandlungen und das dem Versuchsbeginn unmittelbar vorgelagerte Endstadium der Vorbereitung erfaßt[3], begegnet erheblichen Bedenken.

Es hat sich nämlich bei der Frage nach der ratio der Notwehr gezeigt, daß der Gesetzgeber hier bewußt anstelle der "Ge-

---

1) Ähnlich Hillenkamp, S.115ff.
2) Kritik am Rechtfertigungsgrund der "Präventiv-Notwehr" üben u.a.: Sch-Sch-Lenckner, § 32 Rdn.17; Geilen, Jura 1981,200(210); Tenckhoff, JR 1981,255(256f.); Schaffstein, Bruns-FS, S.89(92f.); Roxin, Jescheck-FS, S.457 (480); ders., Tjong-GS, S.137(147).
3) Vgl. oben S.28.

fahr" einen "Angriff" verlangt, um den Bedrohten durch dieses Erfordernis von Prognosen über zukünftige Geschehensabläufe zu entbinden[1]. Bezieht man aber auch "versuchsnahe Vorbereitungshandlungen" in den "gegenwärtigen Angriff" ein, so fallen darunter auch Handlungen, die dem Bedrohten regelmäßig eine schwierige Bewertungsaufgabe auferlegen, weil sie Prognosen über zukünftige Entwicklungen fordern und daher meist mit erheblichen Irrtumsrisiken verbunden sind.

Diese Gefahren werden deutlich, wenn man sich die praktischen Konsequenzen der Auffassung von Roxin vergegenwärtigt. So würde dieser etwa im "Wilderer-Fall" - RGSt 53,132 - ein Notwehrrecht des Försters unter der Voraussetzung bejahen, daß der Wilderer eine Angriffsabsicht hatte, die momentane Fluchtbewegung also nur ein taktisches Ausweichmanöver war, und sein Gewehr auch geladen war[2]. Demgegenüber erscheint es jedoch - wie bereits ausgeführt[3] - sachgerecht und geboten, in den Fällen, in denen eine Person im Vorfeld des Versuchs durch ihr Verhalten lediglich eine Gefahr schafft und die Vornahme des Angriffs noch zweifelhaft ist, generell eine Pflicht zur Konfliktlösung durch Ausweichen (Flucht) zu statuieren, was durch die Versagung des Notwehrrechts und die Gewährung eines Defensivnotstandsrechts geschieht.

Zudem ist folgendes zu bedenken: Wenn von einer Person angekündigte oder vorbereitete Delikte von der Rechtsordnung regelmäßig nicht mit Strafe bedroht sind, so trägt diese Tatsache gerade dem Umstand Rechnung, daß es oft zweifelhaft ist, ob diese Person ihre ursprünglich gefaßten Pläne auch tatsächlich realisiert[4]. Weshalb dem potentiellen Angreifer bereits in diesem Stadium "schneidig" im Wege der Notwehr entgegengetreten werden können soll, ist letztlich nicht zu erklären.

---

1) Vgl. oben S.86ff.
2) Roxin, Tjong-GS, S.137(144f.).
3) Vgl. oben S.183.
4) Dies erkennt auch Roxin (Jescheck-FS, S.457(482f.)), weshalb es überrascht, daß er auch "versuchsnahe Vorbereitungshandlungen" als notwehrbegründend ansieht.

IV. Fazit

Weder die erörterten Einwände gegen die "Versuchslösung" noch die möglichen Alternativen zu ihr können überzeugen. Ein "gegenwärtiger Angriff" im Sinne des § 32 StGB ist daher analog der Versuchsregelung (§ 22 StGB) dann zu bejahen, wenn der Angreifer unmittelbar zur Rechtsgutsverletzung ansetzt.
Danach sollen nunmehr mögliche Einwände gegen die Beschränkung des "rechtswidrigen Angriffs" auf vorsätzlich-schuldhafte Angriffe auf ihre Stichhaltigkeit überprüft werden.

C. Einwände gegen die Beschränkung des "rechtswidrigen Angriffs" auf vorsätzlich-schuldhafte Angriffe

Solche Einwände werden häufig mit der ratio des § 32 StGB, und dabei besonders mit dem Rechtsbewährungsgedanken, begründet[1]. Sieht man den Grundgedanken der Notwehr jedoch individualistisch in der besonderen Situation des Angreifers begründet, der bis zum Zeitpunkt der Verteidigungshandlung die Möglichkeit besitzt, seine Rechtsgüter durch Beendigung des Konflikts selbst zu schützen, so führt dies notwendigerweise zu einer solch engen, mit dem Gesetzeswortlaut nicht zu vereinbarenden Auslegung des "rechtswidrigen Angriffs"[2].

I. Unangemessene Benachteiligung des Verteidigers?

Eine derartige Interpretation sieht sich auch verschiedentlich dem Vorwurf ausgesetzt, das Schutzbedürfnis des Angegriffenen nicht befriedigen zu können, u.a. mit dem Argu-

---

1) Vgl. Roxin, ZStW 93(1981),68(83f.): "Die hinter Gesetzestext und -begründung stehenden Prinzipien tragen den gänzlichen Ausschluß der Notwehr bei schuldlosem oder erheblich schuldgemindertem Angriff nicht"; ähnlich Geilen, Jura 1981,200(202).
2) Vgl. oben S.106.

ment, gegen geisteskranke Amokläufer, Volltrunkene, Kinder etc. müsse man doch Notwehr üben dürfen[1].

Dabei ist zunächst zu berücksichtigen, daß diese Bedenken zum Teil[2] zu einer Zeit geäußert wurden, in der die Verneinung des Notwehrrechts nur den Rückgriff auf die engbegrenzten Notstandsvorschriften der §§ 52, 54 StGB a.F., später auch auf den zivilrechtlichen Notstand[3] übrigließ, da der übergesetzliche Notstand noch keine Anerkennung gefunden hatte[4]. Mit der Anerkennung des - zunächst übergesetzlichen[5], heute in § 34 StGB geregelten - rechtfertigenden Notstandes und mit der sich in der Literatur zunehmend durchsetzenden Auffassung, daß § 228 BGB auch auf Gefährdungen durch Menschen analog anwendbar sei, ist jedoch eine solide Grundlage für die hier vorgenommene Restriktion der Notwehr geschaffen worden, weil diese Notstandsvorschriften den Bedrohten auch bei Versagung des Notwehrrechts nicht schutzlos lassen.

Trotz dieser Verbesserung der Position des Bedrohten bezweifelt ein Teil der Lehre, ob das bestehende System zivil- und strafrechtlicher Notstandsvorschriften (§§ 228 (analog), 904 BGB; 34, 35 StGB) in der Lage ist, einen wirksamen und ausreichenden Schutz des Angegriffenen zu gewährleisten. So macht beispielsweise Felber[6] geltend, der rechtfertigende Notstand decke zwar einen Teil jener Fälle ab, die aus einem schuldorientierten Notwehrrecht auszuscheiden hätten, der Angegriffene bleibe aber weitgehend schutzlos, soweit sein Rechtsgut nur auf Kosten eines höherwertigen persönlichen

---

1) Vgl. statt vieler: Roxin, ZStW 83(1971),369(387); Schaffstein, MDR 1952,132(136); Hirsch, Dreher-FS, S.211(217).
2) Vgl. statt vieler: Binding, S.739; Sommerlad, GA 34(1886), 329(363).
3) Die Motive entschieden nicht die Frage, ob § 228 BGB auch auf Gefährdungen durch Menschen analog anwendbar sei, vgl. Motive Bd.1, S.352.
4) Vgl. hierzu Felber, S.118ff.; Haas, S.241ff.
5) In der Rechtsprechung anerkannt seit RGSt 61,242ff.
6) Felber, S.121ff.; ähnlich Schmidt, Niederschriften II, S.51(53).

Rechtsgutes des Angreifers gerettet werden könne; so erlaube § 34 StGB beispielsweise nicht eine Tötung zum Schutz vor einer schweren Körperverletzung, ebenso keine erhebliche Körperverletzung, nur weil vom anderen eine Sachbeschädigung drohe. Gerade im letzteren Falle biete zudem § 35 StGB, der sich nicht auf Gefährdungen von Eigentum, Vermögen etc. beziehe, keinen ausreichenden Schutz für den Betroffenen, der eine Bestrafung riskieren würde, wenn er sich zur Wehr setzte. Dieser müßte - so Felber - eventuell auch einen irreparablen Schaden hinnehmen, obwohl für ihn erkennbar sei, daß sich der Angreifende zwar nicht schuldhaft, wohl aber rechtswidrig verhalte. Damit sei die Toleranzgrenze menschlicher Solidarität offensichtlich überschritten[1].

Einer solchen Argumentation ist jedoch, was den rechtfertigenden Notstand betrifft, entgegenzuhalten, daß dem Defensivnotstandstäter erheblich weitergehende Eingriffe als dem im Aggressivnotstand Handelnden erlaubt sind. Analog § 228 BGB darf er auch höherwertige persönliche Rechtsgüter des Angreifers beeinträchtigen, es sei denn, der dadurch entstehende Schaden steht zu der drohenden Gefahr außer Verhältnis. So ist ihm beispielsweise die Tötung eines geisteskranken Amokläufers, der sich anschickt, ihm schwere Körperverletzungen zuzufügen, gestattet, weil diese Defensivnotstandshandlung nicht als unverhältnismäßig anzusehen wäre. Ebenso dürfte regelmäßig auch eine erhebliche Körperverletzung des völlig betrunkenen Angreifers, der eine andere Person zu verletzen droht, analog § 228 BGB zu rechtfertigen sein, wenn dem Angegriffenen ein Ausweichen nicht möglich ist. Diese Beispiele zeigen, daß es bei Angriffen Schuldloser durchaus möglich und sachgerecht ist, einerseits mit der Gewährung einer recht weitgehenden Defensivnotstandsbefugnis (analog § 228 BGB) dem Bedrohten einen großzügigen Schutz zukommen zu lassen, andererseits ihm

---

1) Felber, S.123.

aber immer dann ein Ausweichen, soweit eine Möglichkeit dazu besteht, zur Pflicht zu machen, wenn in der Sphäre des Angreifers besondere Umstände vorliegen, die seine Fähigkeit, auf die Fortsetzung des Angriffs im eigenen Interesse zu verzichten, mindern und ihn damit als besonders rücksichtnahmebedürftig ausweisen[1].
Dennoch bleibt die Kritik von Felber zumindest insoweit berechtigt, als auch das Defensivnotstandsrecht trotz seines weiten Anwendungsbereichs nicht in der Lage ist, die aus einem schuldorientierten Notwehrrecht ausscheidenden Fälle vollständig aufzufangen. So dürfte angesichts des besonderen Stellenwerts höchstpersönlicher Rechtsgüter regelmäßig eine nicht unerhebliche Körperverletzung eines Geisteskranken zur Abwehr drohender Sachbeschädigungen im Sinne des § 228 BGB unverhältnismäßig und daher rechtswidrig sein, selbst wenn höchste Sachwerte auf dem Spiele stehen[2]. Auch könnte § 35 StGB den sich Verteidigenden bei Eigentumsgefährdungen nicht entschuldigen.
Dadurch, daß der Bedrohte zur Vermeidung von Strafe einen durch den Geisteskranken drohenden Sachschaden hinzunehmen hätte, gingen ihm allerdings auch keine Befugnisse verloren, auf die zu verzichten unzumutbar erschiene. Der Geisteskranke, dem durch die Verteidigung ein schwerer Schaden droht, befindet sich nämlich ohne eigenes Verschulden in einer besonderen Situation, in der sein Verhalten durch innere Kausalvorgänge beherrscht wird, die seine Steuerungsfähigkeit beeinträchtigen und auf deren Ablauf er keinen Einfluß hat[3]. Wenn aber schon § 323 c StGB Außenstehende, die einem Verunglückten ohne erhebliche Selbstgefährdung helfen können, unter Strafandrohung zur Hilfeleistung ver-

---

1) Anders Geilen, der einen analog § 228 BGB modifizierten Defensivnotstand als "Behelfskonstruktion" bezeichnet (Geilen, Jura 1981,256(257)) und Roxin, ZStW 93(1981), 68(84): "fragwürdige Ersatzlösungen".
2) Dagegen könnte unter diesen Umständen ein "krasses Mißverhältnis" im Sinne des § 32 StGB wohl noch nicht bejaht werden.
3) Vgl. oben S.113f.

pflichtet, ohne die Frage aufzuwerfen, wer das Unglück verschuldet hat[1], und auch § 34 StGB eine Solidaritätsverpflichtung ohne Rücksicht auf das Verschulden der Notstandslage statuiert, so erscheint es auch gerechtfertigt, dem Bedrohten gegenüber einem geisteskranken Angreifer, der seine spezielle Notsituation nicht verschuldet hat, besondere Rücksichtspflichten aufzuerlegen[2]. Da der Geschädigte zudem zivilrechtliche Schadensersatzansprüche gemäß §§ 829, 832 BGB geltend machen kann, wird mit der Verpflichtung zur Hinnahme eines Sachschadens die Toleranzgrenze menschlicher Solidarität noch nicht überschritten.

Gegen eine restriktive Auslegung des "rechtswidrigen Angriffs" kann demnach nicht mit dem bloßen Hinweis darauf argumentiert werden, daß sie auch Fälle denkbar erscheinen ließe, die selbst durch das Defensivnotstandsrecht nicht aufzufangen seien und in denen dann eine Duldungspflicht des Opfers entstehe; eine derartige Opferpflicht ist vielmehr eine logische Konsequenz der dargelegten individualistischen Notwehrkonzeption. Wenn nämlich die Rigorosität der Notwehr nach geltendem Recht nur mit dem Vorliegen strenger Zurechnungserfordernisse in der Sphäre des Angreifers erklärt werden kann, so führt diese Notwehrdeutung zwingend dazu, daß sich der Gefährdete mit den geringeren Befugnissen des Defensivnotstandes begnügen muß, wenn die persönlichen Zurechnungskriterien nicht gegeben sind, selbst wenn dann nicht in allen Fällen sein Güterbestand garantiert werden kann.

Teilweise wird gegen die enge Interpretation des "rechtswidrigen Angriffs" und die damit verbundene Versagung des Notwehrrechts in vielen Fällen auch der häufige Ausschluß der Nothilfe ins Feld geführt[3]. Diese Problematik ist je-

---

1) Kratzsch, S.179f.
2) Kratzsch, S.180.
3) Binding, S.739; Schaffstein, MDR 1952,132(136); Roxin, ZStW 83(1971),369(387); Felber, S.123.

doch durch die Erkenntnis, daß § 228 BGB auch auf von Menschen ausgehende Gefährdungen analog anwendbar ist, weitgehend entschärft, weil in einem großen Teil der Fälle eine Rechtfertigung analog § 228 BGB in Betracht kommt und damit auch Notstandshilfe gestattet ist. Die Frage des Nothilfeausschlusses stellt sich danach nur noch dann, wenn der Bedrohte nicht durch das Defensivnotstandsrecht gerechtfertigt ist, weil die Notstandshandlung gegenüber der drohenden Gefahr unverhältnismäßig ist, aber § 35 StGB mit seiner beschränkten Nothilferegelung eingreift. Gehört der Nothelfer in einem solchen Fall nicht zu dem in § 35 StGB erfaßten Personenkreis, dann erscheint die Versagung dieses Entschuldigungsgrundes auch nicht als unsachgerecht, weil entferntere Personen sich nicht in der von dieser Bestimmung vorausgesetzten psychischen Zwangssituation befinden.

Somit kann festgehalten werden, daß die Einwände, die in der hier vertretenen restriktiven Auslegung des "rechtswidrigen Angriffs" eine Gefahr der Benachteiligung des Bedrohten und dessen Helfer sehen, allesamt nicht überzeugen, weil sie entweder die Existenz[1] oder die Reichweite des Defensivnotstandsrechts verkennen bzw. unterschätzen. Argumente wie etwa, gegen geisteskranke Amokläufer, Volltrunkene etc. müsse man doch Notwehr üben dürfen, verdienen daher nur insoweit Beachtung, als in den genannten Fällen ein angemessener Schutz des Gefährdeten gewährleistet sein muß. Warum dieser aber nur in Form der Notwehr, nicht jedoch durch ein

---

1) Daß dem Bedrohten bei Versagung des Notwehrrechts ein Defensivnotstandsrecht verbleibt, verkennt etwa Hirsch, wenn er gegen das Schulderfordernis bei der Notwehr geltend macht: "Wollte man gegenüber dem im entschuldigenden Notstand befindlichen Angreifer Notwehr (und Nothilfe) versagen, liefe das darauf hinaus, daß der entschuldigende Notstand faktisch wie ein Rechtfertigungsgrund wirken würde. Der Differenzierungstheorie ..., deren wichtigste praktische Konsequenz gerade darin liegt, daß gegen den im entschuldigenden Notstand begangenen Angriff Notwehr möglich sein soll, wäre der Boden entzogen." (Hirsch, Dreher-FS, S.211(217f.)).

Defensivnotstandsrecht realisiert werden soll, kann von den Kritikern letztlich nicht überzeugend begründet werden[1].

## II. Das Problem der Erkennbarkeit der Zurechnungsvoraussetzungen

Gegen die Ausgrenzung unvorsätzlicher und schuldloser Angriffe aus dem "rechtswidrigen Angriff" wird weiter vorgebracht, der Angegriffene könne in seiner bedrängten Lage nicht erkennen und aus Sicherheitsgründen auch nicht nachprüfen, ob der Angreifer entsprechende subjektive Zurechnungsvoraussetzungen aufweise[2].

Dem "Erkennbarkeitsargument" kommt jedoch praktisch keine allzugroße Bedeutung zu, denn in der Praxis dürfte die Gefahr eines Irrtums über die Rechtswidrigkeit des Angriffs lange nicht so groß sein, wie in den Lehrbüchern stets behauptet wird[3]. Daß der Angriff von einem völlig Betrunkenen oder von einem (schuldunfähigen) Kind ausgeht, sollte dem Angegriffenen im allgemeinen ebenso deutlich werden, wie dieser aus der ganzen Situation regelmäßig auch entnehmen kann, ob der Angreifer vorsätzlich handelt oder ob er im entschuldigenden Notstand eine rechtswidrige Tat zur Abwehr einer Gefahr für Leben, Leib oder Freiheit begeht[4]. Schwieriger mag es allerdings häufig sein, eine Geisteskrankheit des Angreifers[5] oder die Schuldmerkmale festzustellen, die sich auf das Unrechtsbewußtsein beziehen, ob also der Angreifende nach seinen persönlichen Verhältnissen fähig ist, das Unrecht seiner Tat zu erkennen und danach zu handeln.

---

1) Ähnlich Jakobs, AT, 12/18 Fn.31.
2) Binding, S.739; Geilen, Jura 1981,256(257); Schmidt, Niederschriften II, S.51(52); Jakobs, Studien, S.55 Fn.34; Wagner, S.52.
3) Ebenso Felber, S.125.
4) Anders bezüglich § 35 StGB: Felber, S.123f.
5) Anders Felber, S.123: "Die Häufigkeitsrate von Angriffen u n e r k a n n t Geisteskranker darf in der Praxis nicht allzuhoch angesetzt werden."

Dabei ist jedoch zu berücksichtigen, daß auch in den Situationen, in denen sich der Verteidiger über die Rechtswidrigkeit des Angriffs irrt, er durch die allgemeinen Irrtumsregeln hinreichend geschützt ist[1]. Er befindet sich dann nämlich in einem Irrtum über das Vorliegen der tatsächlichen Voraussetzungen eines Rechtfertigungsgrundes, der nach der herrschenden eingeschränkten Schuldtheorie analog § 16 StGB eine vorsätzliche Deliktsbegehung ausschließt[2]. Es kommt daher allenfalls eine Fahrlässigkeitstat in Betracht. Dabei sind die Anforderungen an die Sorgfaltspflicht, welcher der Bedrohte bei der Prüfung eines vorsätzlichen schuldhaften Angriffs unterliegt, nicht zu hoch anzusetzen, denn für den Angegriffenen entsteht bei der Notwehr im Regelfall infolge der akuten zeitlichen Zuspitzung eine besondere Notsituation, die eine solche Prüfung erschwert bzw. unmöglich macht. Nur ausnahmsweise dürfte daher Fahrlässigkeit in Betracht kommen, etwa bei einem Angriff eines offensichtlich völlig Betrunkenen, eines Kleinkindes oder wenn der Angreifer erkennbar irrt, er etwa seinem Opfer gegenüber ausführlich seine Tat begründet und dabei sein Irrtum deutlich wird[3].

Desungeachtet wird insoweit in der Literatur teilweise geltend gemacht, das in der Notsituation bestehende hohe Irrtumsrisiko könne durch die mögliche strafbefreiende Wirkung des Irrtums nicht wettgemacht werden, weil die bereits mit der Prüfung, ob der Angreifer schuldhaft oder schuldlos handele, verbundene Gefahr, die Lage falsch einzuschätzen und dabei eventuell einem Schuldvorwurf nicht entgehen zu können, die Abwehrkräfte des Angegriffenen so lähmen müsse, daß der Schutz seiner Güter auch dort nicht gewährleistet sei,

---

1) So auch Frister, GA 1988,291(305); Krause, GA 1979,329 (333); ders., Bruns-FS, S.71(84); ders., H.Kaufmann-GS, S.673(683); Haas, S.245f.
2) Vgl. zur Behandlung des sog. Erlaubnistatbestandsirrtums Sch-Sch-Cramer, § 16 Rdn.13ff. m.w.N.
3) Ähnlich Haas, S.245ff.

wo er ihn selbst in die Hand nehmen dürfe[1].

Gegen diese Argumentation ist jedoch einzuwenden, daß für den Bedrohten nicht nur bei der Prüfung, ob ein rechtswidriger Angriff vorliegt, sondern auch bei der Prüfung der sonstigen Notwehrvoraussetzungen, etwa der Gegenwärtigkeit des Angriffs oder der Erforderlichkeit der Verteidigung, die Gefahr einer Fehleinschätzung der Situation und damit eines Schuldvorwurfs besteht, ohne daß deshalb bereits eine Schwächung der allgemeinen Abwehrbereitschaft befürchtet wird. So kann der Angegriffene beispielsweise in seiner bedrängten Lage verkennen, daß ihm ein milderes als das gewählte Verteidigungsmittel, das ebenso zur Angriffsabwehr geeignet wäre, zur Verfügung steht und somit seine Verteidigung nicht erforderlich ist. Die mit jeder Prüfung dieser Art notwendigerweise verbundene Gefahr einer Fehleinschätzung kann daher nicht als spezielles Argument gegen die Beschränkung des "rechtswidrigen Angriffs" auf vorsätzlich-schuldhafte Angriffe ins Feld geführt werden[2].

Die Einwände gegen die de lege ferenda vorgeschlagene Interpretation des "rechtswidrigen Angriffs" sind somit allesamt nicht stichhaltig.
Im folgenden Kapitel sollen nunmehr die bei Notwehr und Notstand entwickelten Kriterien an ausgewählten einschlägigen

---

1) Felber, S.124; Haas, S.244f.
2) Ebensowenig überzeugt der gegen diese Beschränkung vorgebrachte Einwand, damit erhalte die Notwehr fälschlicherweise einen ihr nicht innewohnenden pönalen Charakter, bzw. der rechtswidrige Angriff würde in etwa einem strafbaren vorsätzlichen Delikt gleichgesetzt (so Binding, S.739; Hirsch, Dreher-FS, S.211(216); Felber, S.65f.).
Zwar ist eine gewisse generalpräventive Wirkung der Notwehr wahrscheinlich, und diese hat daher auch pönalen Charakter, jedoch handelt es sich dabei nur um eine mittelbare Auswirkung, welche durch jede Rechtsdurchsetzung hervorgerufen wird, die aber zur Erklärung der Rigorosität des Notwehrrechts, wie ausführlich dargelegt wurde, gerade nicht in der Lage ist.

Entscheidungen auf ihre Auswirkungen und ihre Praktikabilität hin untersucht werden.

## 2. Kapitel: "Gegenwärtiger Angriff" (§ 32 StGB), "drohende Gefahr" (§ 228 BGB analog) und "gegenwärtige Gefahr" (§§ 34, 35 StGB) in der Rechtsprechung

### A. "Beretta-Fall" (BGH NJW 1973,255)[1]

Nach den zur Charakterisierung des "gegenwärtigen Angriffs" bei § 32 StGB entwickelten Kriterien steht A. ein Notwehrrecht unter der Voraussetzung zu, daß Sch. bei seinem Griff zur Brusttasche, in der er seine geladene Pistole verborgen hat, in Angriffsabsicht handelte. Dann setzt er nämlich durch diese Handbewegung bereits unmittelbar zur Rechtsgutsverletzung an, und nach der "Versuchslösung" ist in diesem Totschlagsversuch ein "gegenwärtiger Angriff" zu sehen[2].

### B. "Spanner-Fall" (BGH NJW 1979,2053)[3]

#### I. Kritische Überlegungen in der Literatur

Die hier getroffene Entscheidung des Bundesgerichtshofes ist in der Lehre auf starke Kritik gestoßen[4]. Dabei wird zu Recht bemängelt, daß der BGH die Frage der Rechtferti-

---

1) Vgl. oben S.24f.
2) Ein Notwehrrecht des A. bejaht auch Roxin (Tjong-GS, S.137(144)), der allerdings in der Handbewegung des Sch. noch keinen versuchten Totschlag erblickt, sondern erst eine "versuchsnahe Vorbereitungshandlung", die jedoch für den "gegenwärtigen Angriff" bei § 32 StGB genügen soll.
3) Vgl. oben S.38ff.
4) Hruschka, NJW 1980,21ff.; Schroeder, JuS 1980,336ff.; Hirsch, JR 1980,115ff.; Bottke, JA 1980,512f.; Roxin, Jescheck-FS, S.457(481f.); ders., ESJ, S.78ff.

gung nach § 34 StGB offenläßt[1]. Eine Entschuldigung des Angeklagten gemäß § 35 StGB setze nämlich eine rechtswidrige Tat des Notstandstäters voraus, deren Vorliegen nach dem Sachverhalt aber sehr fraglich sei. Die vom BGH dahingestellt gelassene Frage der Rechtfertigung sei für die Bewertung aller an einem solchen Tatgeschehen beteiligten Personen bedeutsam: Hätte nämlich der Ehemann rechtswidrig und nur entschuldigt gehandelt, dann stünde dem "Spanner" - so wird geltend gemacht[2] - gegen die Schüsse eventuell ein Notwehrrecht zu. Und hätte erst ein Nichtangehöriger, etwa ein hinzueilender Hausangestellter, den Angeklagten zum Schießen veranlaßt, so müßte diese dritte Person bestraft werden, wenn es erst auf § 35 StGB ankäme.

In der Literatur wird - anders als beim BGH - dagegen das Vorliegen von Rechtfertigungsgründen geprüft und fast einhellig bejaht, wobei die Rechtfertigung teilweise auf eine analoge Anwendung des § 228 BGB[3], von anderen auf eine unmittelbare Anwendung des § 34 StGB bei entsprechender Heranziehung des Rechtsgedankens von § 228 BGB[4] oder auf einen Rechtfertigungsgrund der "notstandsähnlichen Lage" (§ 34 StGB analog)[5] gestützt wird. Dabei geht man in der Lehre als selbstverständlich davon aus, daß die "gegenwärtige Gefahr" beim rechtfertigenden ebenso wie beim entschuldigenden Notstand auszulegen ist, und läßt in beiden Fällen genügen, daß der Eintritt des drohenden Schadens erst nach Ablauf einer gewissen Zeit zu erwarten ist, wenn er nur durch sofortiges Handeln wirksam abgewendet werden

---

1) Hirsch, JR 1980,115; Hruschka, NJW 1980,21(23); Roxin, ESJ, S.78f.
2) Hirsch, JR 1980,115.
3) Hruschka, NJW 1980,21(22).
4) Sch-Sch-Lenckner, § 34 Rdn.31; Hirsch, JR 1980,115ff.; Roxin, Jescheck-FS, S.457(481f.); ders., ESJ, S.78ff.; wohl auch Schroeder, JuS 1980,336ff.; Bottke läßt offen, ob die Rechtfertigung auf §§ 34 StGB, 228 BGB oder auf eine selbständige Defensivnotstandsbefugnis analog § 228 BGB zu stützen ist (Bottke, JA 1980,512(513)).
5) Günther, S.326ff.,337ff.

kann[1]. Dem Umstand, daß es sich hierbei um einen Fall des Defensivnotstandes handelt, wird danach nicht bei der Auslegung des Gefahrerfordernisses, sondern nur bei der Interessenabwägung Rechnung getragen. Ziehe man bei dieser im Rahmen des § 34 StGB den Rechtsgedanken von § 228 BGB analog heran[2] oder gehe man von einer allgemeinen Defensivnotstandsbefugnis analog § 228 BGB[3] aus, dann ergebe sich, daß die Interessen des Ehemannes die des "Spanners" wesentlich überwiegen. Da die Gefahr nicht anders abwendbar sei, insbesondere nicht durch Inanspruchnahme der Polizei, sei der Angeklagte gemäß § 34 StGB oder analog § 34 StGB bzw. analog § 228 BGB gerechtfertigt.

## II. Stellungnahme

Wendet man die im Rahmen des Defensivnotstandes entwickelten Kriterien im "Spanner-Fall" an, so kommt eine Rechtfertigung des Ehemannes analog § 228 BGB nicht in Betracht, weil die temporalen Erfordernisse der "drohenden Gefahr" nicht erfüllt sind[4]. Der Voyeur befindet sich nämlich im Zeitpunkt der Abgabe der Schüsse nicht im Stadium der "versuchsnahen Vorbereitung", weil nach seiner Flucht mit einer Rückkehr nicht vor dem nächsten Abend zu rechnen ist, so daß entgegen den Ausführungen des Gerichts die Gefahr nicht "jederzeit, also auch nicht alsbald in einen Schaden umschlagen konnte"[5].
Der Angeklagte könnte jedoch gemäß § 35 StGB entschuldigt sein, denn beim entschuldigenden Notstand werden an die

---

1) Hirsch, JR 1980,115(116); Hruschka, NJW 1980,21(22); Schroeder, JuS 1980,336(338 Fn.23); Roxin, ESJ, S.79: "Die für den entschuldigenden Notstand entwickelte Rspr. über die 'Dauergefahr' ... kann ohne weiteres auf den rechtfertigenden Notstand übertragen werden ..."
2) Hirsch, JR 1980,115(116f.); Roxin, Jescheck-FS, S.457 (481f.); ders., ESJ, S.79.
3) Hruschka, NJW 1980,21(22).
4) Vgl. oben S.170.
5) BGH NJW 1979,2053(2054).

"gegenwärtige Gefahr" geringere Anforderungen als an die "drohende Gefahr" beim Defensivnotstand gestellt, und es werden hier auch Fälle erfaßt, bei denen der Eintritt des drohenden Schadens mit hoher Wahrscheinlichkeit nach Ablauf einer gewissen Zeit zu erwarten steht, aber sofortiges Handeln zur wirksamen Gefahrenabwehr angezeigt erscheint[1]. Unter diesen Voraussetzungen könnte hier eine "gegenwärtige Gefahr" für die Freiheit des Ehemannes bestanden haben, was der Bundesgerichtshof unter Hinweis auf die Gefahr des Verlusts der "häuslichen Bewegungsfreiheit" bejaht[2].

Diese Begründung ist jedoch nicht überzeugend. Aus der enumerativen Beschränkung der Anwendbarkeit des § 35 StGB auf die Gefährdung nur dreier bestimmter Rechtsgüter und aus einem Vergleich mit der generalklauselartigen Vorschrift des § 34 StGB, nach der eine Gefahr für jedes Rechtsgut ausreicht, kann nämlich nur der Schluß gezogen werden, daß "Freiheit" im Sinne des § 35 StGB allein die in § 239 StGB geschützte Fortbewegungsfreiheit ist, weil nur diese eine mit Leib und Leben annähernd vergleichbare existentielle Bedeutung hat. Die Gefahr sonstiger Beschränkungen der allgemeinen Handlungs- und Entscheidungsfreiheit im Sinne des § 240 StGB genügt dagegen nicht[3].

Im vorliegenden Fall ist aber nicht zu erkennen, daß die Fortbewegungsfreiheit des Ehemannes durch das Verhalten des "Spanners" gefährdet ist. Dazu reicht es nämlich nicht aus, wenn jemand aus begründeter Angst vor Straftätern oder aus ähnlich gelagerten Motiven die Wohnung nicht verläßt, da hierbei lediglich die Willensfreiheit als solche, nicht aber die Fortbewegungsfreiheit in Mitleidenschaft gezogen wird. Es lag daher keine "gegenwärtige Gefahr" für die Freiheit

---

1) Vgl. oben S.179.
2) BGH NJW 1979,2053(2054).
3) So die ganz h.M., vgl. Dreher/Tröndle, § 35 Rdn.5; Stree, JuS 1973,461(469); Hirsch, JR 1980,115; Hruschka, NJW 1980,21(23).

des Angeklagten vor[1], so daß dieser nicht gemäß § 35 StGB entschuldigt ist und sich wegen gefährlicher Körperverletzung (§ 223 a StGB) strafbar gemacht hat.

## C. "Haustyrannenfälle"[2] (z.B. RGSt 60,318)

In diesen Fällen dürfte regelmäßig eine Rechtfertigung des den "Haustyrannen" tötenden Familienmitgliedes durch Notwehr (§ 32 StGB) oder analog § 228 BGB ausscheiden. Die Tötung erfolgt nämlich meist dann, wenn die letzten Wutanfälle des gewalttätigen Familienoberhaupts gerade eine gewisse Zeit zurückliegen und neue Gewalttätigkeiten erst für die Zukunft angedroht sind. Der "Haustyrann" setzt also weder unmittelbar zur Rechtsgutsverletzung an, noch eröffnet er die Feindseligkeiten in einem dem Versuchsbeginn unmittelbar vorgelagerten Stadium[3], so daß kein "gegenwärtiger Angriff" im Sinne des § 32 StGB und keine "drohende Gefahr" im Sinne von § 228 BGB vorliegt.
Dagegen ist der Angeklagte gemäß § 35 StGB entschuldigt, denn hier sind regelmäßig neue Verletzungshandlungen des gewalttätigen Familienoberhaupts mit hoher Wahrscheinlichkeit in der Zukunft zu erwarten, und sofortiges Handeln ist zur wirksamen Gefahrenabwehr erforderlich. Damit sind die Voraussetzungen der "gegenwärtigen Gefahr" in § 35 StGB erfüllt, so daß die Tötung zur Abwehr einer "gegenwärtigen", nicht anders abwendbaren Gefahr für Leib oder Leben des Angeklagten und seiner Angehörigen erfolgt.

---

1) Ebenso Hruschka, NJW 1980,21(23); Roxin, ESJ, S.78(79f.); Hirsch, JR 1980,115; Roxin, JA 1990,97(101f.).
2) Vgl. oben S.32ff.
3) Vgl. oben S.170.

D. "Aussageerpressungsfälle" (BGHSt 5,371)[1]

Hier könnte das Verhalten des Angeklagten, der durch eine Drohung zum Meineid bestimmt wird, durch die Aggressivnotstandsregelung des § 34 StGB gerechtfertigt sein, denn das von ihm zur Verhinderung eines künftigen Angriffs eingesetzte Verteidigungsmittel verletzt nicht Rechtsgüter des potentiellen Angreifers, sondern allein solche unbeteiligter Dritter, nämlich hier die Rechtspflege als Rechtsgut des Staates.

Nach einer in der Lehre vertretenen Auffassung scheidet jedoch bei Handlungen im Nötigungsnotstand (§ 52 StGB a.F.) von vornherein eine Rechtfertigung nach § 34 StGB aus, und zwar auch dann, wenn das bedrohte Gut ungleich wertvoller ist. Dies folge daraus, daß der Täter hier, wenn auch gezwungenermaßen, auf die Seite des Unrechts trete, was die Rechtsordnung, wenn sie nicht auf eine elementare Voraussetzung ihres eigenen Geltungsanspruchs verzichten wolle, nicht billigen könne[2].
Gegen diese Auffassung spricht aber, daß sowohl nach dem Wortlaut des § 34 StGB als auch nach der Logik der Güterabwägung[3] für die Notstandslage des Täters der Ursprung der Gefahr gleichgültig ist, so daß der Täter die Solidarität der Rechtsgenossen unabhängig davon beanspruchen kann, ob die Gefahr von Naturgewalten oder aus dem rechtswidrigen Verhalten eines anderen herrührt[4]. Zudem verkennt diese Meinung, hinter deren Argumentation sich der aus der Notwehrdogmatik vertraute Gedanke der Rechtsbewährung verbirgt, daß nur die Handlung des Nötigers, nicht aber die des Genö-

---

1) Vgl. oben S.36f.
2) Vgl. statt vieler: Sch-Sch-Lenckner, § 34 Rdn.41 b; Lange, NJW 1978,784(785); U.Weber, ZStW 96(1984),376 (396).
3) Neumann, JA 1988,329(330).
4) So auch SK-Samson, § 34 Rdn.8; Schmidhäuser, Lehrbuch AT, 9/69; vgl. Krey, Jura 1979,316(321); für bloßen "Strafunrechtsausschluß" Günther, S.336; differenzierend Neumann, JA 1988,329(334f.).

tigten einen Angriff auf die Rechtsordnung darstellt, so daß die Rechtsordnung dem Genötigten gegenüber nicht der Bewährung bedarf[1].
Aus diesen Gründen ist davon auszugehen, daß eine Rechtfertigung nach § 34 StGB bei Handlungen im Nötigungsnotstand nicht von vornherein ausscheidet.

Es müssen allerdings die an eine "gegenwärtige Gefahr" beim Aggressivnotstand gestellten Anforderungen erfüllt sein. Insoweit genügt es aber, daß der Eintritt des drohenden Schadens erst nach Ablauf einer gewissen Zeit zu erwarten, jedoch sofortiges Handeln zur wirksamen Gefahrenabwehr angezeigt ist, wobei der für die "Gefahr" erforderliche Wahrscheinlichkeitsgrad bezüglich des Schadenseintritts vom Wert des jeweils gefährdeten Rechtsguts abhängig ist[2].
Im vorliegenden Fall, in dem der Angeklagte bei wahrheitsgemäßer Aussage nach der Haftentlassung des Drohenden mit Angriffen auf sein Leben rechnen muß, reicht insoweit angesichts der besonderen Bedeutung des gefährdeten Rechtsguts bereits ein geringer Wahrscheinlichkeitsgrad bezüglich der angedrohten Verletzungshandlung aus. Da auch die übrigen Voraussetzungen erfüllt sind, besteht eine "gegenwärtige", nicht anders abwendbare Gefahr für das Leben des Angeklagten, der den Meineid leistet, um die Gefahr von sich abzuwenden. Da zudem bei einer Interessenabwägung das Interesse des Notstandstäters am Schutz seines Lebens als dem ranghöchsten Rechtsgut das Interesse an der Integrität der Rechtspflege wesentlich überwiegt, ist sein Verhalten gemäß § 34 StGB gerechtfertigt.

---

1) Neumann, JA 1988,329(333f.).
2) Vgl. oben S.124ff.

## ZUSAMMENFASSUNG

Die vorliegende Arbeit unternimmt den Versuch, Kriterien zur näheren Bestimmung des "gegenwärtigen Angriffs" bei der Notwehr (§ 32 II StGB) und der "gegenwärtigen Gefahr" (§§ 34 S.1, 35 I 1 StGB, 904 S.1 BGB) bzw. der "drohenden Gefahr" (§ 228 BGB (analog)) im Notstandsrecht zu entwickeln. Die folgende Zusammenstellung der wesentlichen Ergebnisse der Untersuchung muß summarisch bleiben, weil sie sonst den Rahmen dieser Arbeit sprengen würde. Sie entbindet daher für ein volles Verständnis der Argumentation nicht vom Nachlesen der entsprechenden Passagen.

Bei der Frage nach der ratio der Notwehr zeigt sich, daß die herrschende überindividualistische Notwehrkonzeption, für die bei der Notwehr die Bedürfnisse der Generalprävention im Vordergrund stehen, die Rigorosität der Notwehr nicht überzeugend erklären kann. Die generalpräventive Deutung vermag nämlich wesentliche Fragen des Notwehrrechts nicht widerspruchsfrei zu beantworten und steht außerdem im Gegensatz zur gesetzgeberischen Wertung im Bereich der staatlichen Gefahrenabwehr. Diese Widersprüche lassen sich weitgehend durch eine individualistische, auf den Angreifer abstellende Notwehrkonzeption ausräumen, mit einer Ausnahme, nämlich der Diskrepanz zwischen dem proportionalitätsgebundenen Polizeirecht und dem "schneidigen" privaten Notwehrrecht; letztere ist nur aus der divergierend verlaufenen historischen Entwicklung der individuellen und behördlichen Zwangsbefugnisse heraus zu erklären. Aus Gründen der Harmonisierung von Straf- und Polizeirecht erschiene es daher sachgerecht und geboten, das polizeirechtliche Proportionalitätserfordernis, welches dem Verhältnismäßigkeitsmaßstab des § 228 BGB entspricht, auf das private Notwehrrecht zu übertragen. De lege ferenda wäre danach die Gewährung des Notwehrrechts davon abhängig zu machen, daß der von der Verteidigung zu erwartende Schaden nicht außer

Verhältnis zu dem durch den Angriff drohenden Schaden steht.

Aus der hier entwickelten Notwehrkonzeption und der festgestellten Parallelität zu dem Strafgrund des Versuchs ergibt sich für die Auslegung des "gegenwärtigen Angriffs", daß dessen Beginn analog der Versuchsbestimmung festzulegen ist und demnach ein "gegenwärtiger Angriff" erst dann vorliegt, wenn eine Person unmittelbar zur Rechtsgutsverletzung ansetzt. Außerdem ergibt sich für die Interpretation des "rechtswidrigen Angriffs" die Notwendigkeit eines vorsätzlich-schuldhaften Verhaltens des Angreifers. Schließlich erfordert der "Angriff" als subjektive Komponente einen Angriffswillen, den der Angreifer im Versuchsstadium nach außen hin betätigen muß.
Während die aus der ratio des § 32 StGB folgende Beschränkung des "rechtswidrigen Angriffs" auf vorsätzliche Angriffe mit dem Wortlaut des § 32 StGB noch vereinbar ist, kann das Schulderfordernis weder dem "Angriff" noch der "Rechtswidrigkeit" des Angriffs entnommen werden, so daß die Beschränkung auf schuldhafte Angriffe einen Verstoß gegen das Analogieverbot (Art.103 II GG, § 1 StGB) darstellt. De lege ferenda sollte deshalb der Gesetzgeber die Notwehrvoraussetzung des "rechtswidrigen Angriffs" durch die des "vorsätzlichen schuldhaften Angriffs" ersetzen.

Weiter zeigt die Untersuchung des Notwehrrechts, daß dieses nur Teil eines umfassenden, fein abgestuften Regelungssystems der privaten Notrechte ist, eines Systems, das durch eine Wechselbeziehung zwischen Verhältnismäßigkeitsmaßstab und persönlichen Zurechnungskriterien gekennzeichnet ist. Dabei gilt folgender Grundsatz: Je strenger die Zurechnungserfordernisse sind, um so weniger muß der Bedrohte bei seiner Abwehr Proportionalitätsgesichtspunkten Rechnung tragen.

Das schärfste Recht in diesem System ist das Notwehrrecht, welches dem Verteidiger aber nur dann zusteht, wenn ein Angreifer vorsätzlich-schuldhaft und unmittelbar zur Rechtsgutsverletzung ansetzt. Der "gegenwärtige rechtswidrige Angriff" stellt hier ein Korrektiv für die sehr weitgehenden Befugnisse des Angegriffenen dar und erfüllt somit die Funktion eines Zurechnungselements.

Geringere Befugnisse als dem Notwehrtäter, aber weiterreichende als im Aggressivnotstand stehen dem Bedrohten beim durch Menschen ausgelösten Defensivnotstand zu, darf er doch hier analog § 228 BGB Eingriffe in die Rechtssphäre desjenigen, aus dessen Bereich die abzuwendende Gefahr stammt, bis zur Grenze der Unverhältnismäßigkeit vornehmen. Dabei ist zwischen zwei Fallgruppen des Defensivnotstandes zu unterscheiden.
Zum einen den Fällen, bei denen der Angreifer nicht die volle Herrschaft über das auf die Rechtsgutsverletzung hinsteuernde Geschehen hat, weil besondere Umstände in seiner Sphäre vorliegen, die seine Fähigkeit, auf die Fortsetzung des Angriffs im eigenen Interesse zu verzichten, mindern und ihn deshalb als besonders rücksichtnahmebedürftig ausweisen. Voraussetzung für die Gewährung der Defensivnotstandsbefugnis analog § 228 BGB ist in dieser Fallgruppe, daß der Angreifer unmittelbar zur Rechtsgutsverletzung ansetzt. Die "drohende Gefahr" im Sinne des § 228 BGB ist damit in gleicher Weise wie der "gegenwärtige Angriff" bei der Notwehr auszulegen.
Dagegen ist in der zweiten Fallgruppe, den Fällen der präventiven Verteidigung, eine "drohende Gefahr" bereits dann zu bejahen, wenn eine Person in einem dem Versuchsbereich unmittelbar vorgelagerten Stadium ein Verhalten an den Tag legt, aus dem mit hoher Wahrscheinlichkeit auf einen Schadenseintritt in allernächster Zeit geschlossen werden kann. Diese einschränkenden Kriterien sowohl bezüglich der zeitlichen Komponente als auch hinsichtlich des Wahrscheinlichkeitsmoments sind erforderlich, um die weitreichenden Befugnisse des Gefährdeten, der schon präventiv in die Rechtssphäre eines anderen Menschen eingreifen darf, erträglich zu gestalten. Ähnlich wie der "gegenwärtige rechtswidrige Angriff" bei der Notwehr stellt die "drohende Gefahr" beim

Defensivnotstandsrecht eine Schranke für die Gewährung dieses Rechts dar.

Dagegen sind Eingriffe im Aggressivnotstand (§§ 34 StGB, 904 BGB) nur beim Vorliegen besonderer Proportionalitätsvoraussetzungen - § 34 StGB verlangt ein "wesentliches Überwiegen" des geschützten Interesses - gestattet, weil die Zulässigkeit des Eingriffs hier nicht auf persönlicher Zurechnung beruht, sondern einem an der Gefahrentstehung Unbeteiligten ein "Sonderopfer" abverlangt wird. Eine "gegenwärtige Gefahr" liegt beim Aggressivnotstand bereits dann vor, wenn ein Zustand besteht, der für die Zukunft die Prognose gestattet, daß eine Rechtsgutsverletzung nach dem zu erwartenden Verlauf der Ereignisse möglich ist, daß es wenig wahrscheinlich ist, daß die Gefahr wieder entfällt und daß es bei Beginn des drohenden Erfolgseintritts voraussichtlich zu spät wäre, ihr wirksam entgegenzutreten. Dabei ist der geforderte Wahrscheinlichkeitsgrad bezüglich des drohenden Schadenseintritts abhängig vom Wert des jeweils gefährdeten Rechtsguts mit der Folge, daß die an ihn gestellten Anforderungen sinken, je größer der drohende Schaden ist und je leichter die Verletzungshandlung wiegt, und daß umgekehrt die Wahrscheinlichkeit eines Schadens um so höher sein muß, je schwerwiegender der Eingriff in fremde Güter ist und je geringer das geschützte Interesse wiegt.

Auch beim entschuldigenden Notstand (§ 35 StGB) stellt die "gegenwärtige Gefahr" kein persönliches Zurechnungskriterium dar. Von ihr werden sowohl die sog. "Dauergefahren" als auch solche Fälle erfaßt, bei denen der Eintritt des drohenden Schadens mit hoher Wahrscheinlichkeit nach Ablauf einer gewissen Zeit zu erwarten steht, aber sofortiges Handeln angezeigt ist, um ihm wirksam begegnen zu können.

Wesentliche Ergebnisse dieser Arbeit lassen sich anhand eines Vergleichs mit dem Recht der staatlichen Gefahrenabwehr noch untermauern.

# LITERATURVERZEICHNIS


Achenbach, Hans — Wiederbelebung der allgemeinen Nichtzumutbarkeitsklausel im Strafrecht, in: JR 1975,492

Albrecht, Peter — Der untaugliche Versuch, Basel - Stuttgart 1973

Allfeld, Philipp — Lehrbuch des Deutschen Strafrechts, 8. Auflage, Leipzig - Erlangen 1922

Amelung, Knut — Das Problem der heimlichen Notwehr gegen die erpresserische Androhung kompromittierender Enthüllungen, in: GA 1982,381

Amelung, Knut — Die Rechtfertigung von Polizeivollzugsbeamten, in: JuS 1986,329

Arzt, Gunther — Notwehr, Selbsthilfe, Bürgerwehr, in: Festschrift für Friedrich Schaffstein, S.75ff., Göttingen 1975

Arzt, Gunther — Zum privaten Festnahmerecht, in: Festschrift für Theodor Kleinknecht, S.1ff., München 1985

Arzt, Gunther / Weber, Ulrich — Strafrecht Besonderer Teil LH 1: Delikte gegen die Person, 3. Auflage, Bielefeld 1988 (zit.: Arzt/Weber, LH 1)

Badura, Peter — Generalprävention und Würde des Menschen, in: JZ 1964,337

Ballerstedt, Kurt — Anmerkung zum Urteil OLG Freiburg v. 26.10.1950 - JZ 1951,223 -, in: JZ 1951,227 von Bar, Ludwig — Gesetz und Schuld im Strafrecht, Bd.II: Die Schuld nach dem Strafgesetze, Berlin 1907 (zit.: v.Bar, Bd.II)

von Bar, Ludwig — Gesetz und Schuld im Strafrecht, Bd.III: Die Befreiung von Schuld und Strafe durch das Strafgesetz, Berlin 1909 (zit.: v.Bar, Bd.III)

Bartlsperger, Richard — Subjektives öffentliches Recht und störungspräventive Baunachbarklage, in: DVBl. 1971,723

Baumann, Jürgen — Rechtsmißbrauch bei Notwehr, in: MDR 1962,349

Baumann, Jürgen — Strafrecht Allgemeiner Teil, 8. Auflage, Bielefeld 1977 (zit.: Baumann, AT)

Baumann, Jürgen / Weber, Ulrich — Strafrecht Allgemeiner Teil, 9. Auflage, Bielefeld 1985 (zit.: Baumann/Weber, AT)

Baumgarten, Arthur — Notstand und Notwehr, Tübingen 1911

Baur, Fritz — Lehrbuch des Sachenrechts, 14. Auflage, München 1987

Baurmann, Michael — Folgenorientierung und subjektive Verantwortlichkeit, Baden-Baden 1981

Beling, Ernst — Grundzüge des Strafrechts, 11. Auflage, Tübingen 1930

Bergmann, Alfred — Die Grundstruktur des rechtfertigenden Notstandes (§ 34 StGB), in: JuS 1989,109

Berner, Albert Friedrich — Lehrbuch des Deutschen Strafrechts, Leipzig 1898 (zit.: Berner, Lehrbuch)

| | |
|---|---|
| Berner, Albert Friedrich | Die Notwehrtheorie, in: Archiv des Criminalrechts, Neue Folge, Jahrgang 1848, S.547ff. (zit.: Berner, Archiv) |
| Bernsmann, Klaus | "Entschuldigung" durch Notstand - Studien zu § 35 StGB, Köln - Berlin - Bonn - München 1989 |
| Bertel, Christian | Notwehr gegen verschuldete Angriffe, in: ZStW 84(1972),1 |
| Binding, Karl | Handbuch des Strafrechts, 1. Band, Leipzig 1885 |
| Bitzilekis, Nikolaos | Die neue Tendenz zur Einschränkung des Notwehrrechts, Berlin 1984 |
| Blei, Hermann | Strafrecht I, Allgemeiner Teil, 18. Auflage, München 1983 (zit.: Blei, AT) |
| Blei, Hermann | Probleme des polizeilichen Waffengebrauchs, in: JZ 1955,625 |
| Bockelmann, Paul | Zur Abgrenzung der Vorbereitung vom Versuch, in: JZ 1954,468 |
| Bockelmann, Paul | Die jüngste Rechtsprechung des Bundesgerichtshofs zur Abgrenzung der Vorbereitung vom Versuch, in: JZ 1955,193 |
| Bockelmann, Paul | Strafrechtliche Untersuchungen, Göttingen 1957 (zit.: Bockelmann, Strafrechtliche Untersuchungen) |
| Bockelmann, Paul | Menschenrechtskonvention und Notwehrrecht, in: Festschrift für Karl Engisch, S.456ff., Frankfurt a.M. 1969 |

| | |
|---|---|
| Bockelmann, Paul | Notwehr gegen verschuldete Angriffe, in: Festschrift für Richard M. Honig, S.19ff., Göttingen 1970 |
| Bockelmann, Paul | Strafrecht Allgemeiner Teil, 3. Auflage, München 1979 (zit.: Bockelmann, AT) |
| Bockelmann, Paul / Volk, Klaus | Strafrecht Allgemeiner Teil, 4. Auflage, München 1987 (zit.: Bockelmann/Volk, AT) |
| Bottke, Wilfried | Anmerkung zum Urteil BGH v. 15.5.1979 - NJW 1979,2053 -, in: JA 1980,512 |
| Bottke, Wilfried | Anmerkung zum Urteil BayObLG v. 9.1.1985 - JR 1986,291 -, in: JR 1986,292 |
| Bracher, Christian Dietrich | Gefahrenabwehr durch Private. Eine verfassungsrechtliche Untersuchung zu den Grenzen der Übertragung von Aufgaben der Gefahrenabwehr auf Private und der staatlichen Zulassung privater Gefahrenabwehr, Berlin 1987 |
| von Brauchitsch, Max | Verwaltungsgesetze des Bundes und der Länder, Band III, 1. Hbbd., Allgemeines Polizei- und Ordnungsrecht, 2. Auflage, Köln - Berlin - Bonn - München 1982 |
| Brauneck, Anne-Eva | Der strafrechtliche Schuldbegriff, in: GA 1959,261 |
| Brox, Hans | Allgemeiner Teil des Bürgerlichen Gesetzbuchs, 13. Auflage, Köln - Berlin - Bonn - München 1989 (zit.: Brox, AT) |
| Burgstaller, Manfred | Über den Verbrechensversuch, in: ÖJBl. 1969,521 |
| Burkhardt, Björn | Das Zweckmoment im Schuldbegriff, in: GA 1976,321 |

Busse, Volker — Nötigung im Straßenverkehr, Neuwied 1968

Coenders, Albert — Zur Lehre vom Notrecht, in: JW 1925,891

Coing, Helmut — Grundzüge der Rechtsphilosophie, 4. Auflage, Berlin - New York 1985

Constantinidis, Angelos — Die "actio illicita in causa", Würzburg 1982

Courakis, Nestor Constantin — Zur sozialethischen Begründung der Notwehr. Die sozialethischen Schranken des Notwehrrechts nach deutschem und griechischem Strafrecht, Baden-Baden 1978

Dencker, Friedrich — Der verschuldete rechtfertigende Notstand - BayObLG NJW 1978,2046 -, in: JuS 1979,779

Dietel, Alfred / Gintzel, Kurt — Allgemeines Verwaltungs- und Polizeirecht für NW, 11. Auflage, Hilden/Rhld. 1984

Dimitratos, Nikolaos — Das Begriffsmerkmal der Gefahr in den strafrechtlichen Notstandsbestimmungen, München 1989

zu Dohna, Alexander — Die Rechtswidrigkeit als allgemeingültiges Merkmal im Tatbestande strafbarer Handlungen. Ein Beitrag zur allgemeinen Strafrechtslehre, Halle a.d.Saale 1905

zu Dohna, Alexander — Die legislative Behandlung von Notwehr und Notstand, in: ZStW 33(1912),125

Dreher, Eduard / Tröndle, Herbert — Strafgesetzbuch und Nebengesetze, 44. Auflage, München 1988

Dreßler, Tomas — Vorbereitung und Versuch im Strafrecht der Deutschen Demokratischen Republik im Vergleich mit dem Recht der Bundesrepublik Deutschland, Frankfurt a. Main 1982

Drews, Bill / Wacke, Gerhard / Vogel, Klaus / Martens, Wolfgang — Gefahrenabwehr, Allgemeines Polizeirecht (Ordnungsrecht) des Bundes und der Länder, 9. Auflage, Köln - Berlin - Bonn - München 1986

Echterhölter, Rudolf — Die Europäische Menschenrechtskonvention in der juristischen Praxis, in: JZ 1956,142

Endemann, Friedrich — Einführung in das Studium des Bürgerlichen Gesetzbuchs. Lehrbuch des bürgerlichen Rechts, Erster Band (Einleitung; Allgemeiner Teil; Recht der Schuldverhältnisse), 3. und 4. Auflage, Berlin 1898

Engelhard, Herbert / Radbruch, Gustav — Strafrecht. Die Lehre vom Verbrechen an Hand von Rechtsfällen, 2. Auflage, Heidelberg 1948

Engisch, Karl — Der Unrechtstatbestand im Strafrecht - Eine kritische Betrachtung zum heutigen Stand der Lehre von der Rechtswidrigkeit im Strafrecht, in: Festschrift zum hundertjährigen Bestehen des Deutschen Juristentages, 1860-1960, S.401ff., Karlsruhe 1960

Enneccerus, Ludwig / Nipperdey, Hans Carl — Allgemeiner Teil des Bürgerlichen Rechts, 2. Hbbd., 15. Auflage, Tübingen 1960

Erman, Walter — Handkommentar zum Bürgerlichen Gesetzbuch, 1. Band (§§ 1-853), 7. Auflage, Münster 1981 (zit.: Erman-Bearbeiter)

Eser, Albin — Juristischer Studienkurs, Strafrecht I, Allgemeine Verbrechenselemente, 3. Auflage, München 1980

Faller, Hans Joachim — Notwehr. Grundlagen, Voraussetzungen und Grenzen eines Jedermannrechtes, in: Die Neue Ordnung 1989,12

Felber, Roland — Die Rechtswidrigkeit des Angriffs in den Notwehrbestimmungen, München 1979

Fischer, Hans Albrecht — Die Rechtswidrigkeit mit besonderer Berücksichtigung des Privatrechts, München 1911

Fischer, Jürgen — Die straflose Notwehrüberschreitung. Voraussetzungen, Rechtsnatur und analoge Anwendung des § 53 III StGB, Frankfurt a. Main 1971

Forsthoff, Ernst — Der Persönlichkeitsschutz im Verwaltungsrecht, in: Festschrift für den 45. Deutschen Juristentag, S.41ff., Karlsruhe 1964

Frank, Reinhard — Das Strafgesetzbuch für das Deutsche Reich, 18. Auflage, Tübingen 1931

Friauf, Karl Heinrich — Polizei- und Ordnungsrecht, in: Besonderes Verwaltungsrecht, hrsg. von Ingo von Münch, S.201ff., 8. Auflage, Berlin - New York 1988 (zit.: von Münch-Friauf)

Friauf, Karl Heinrich — "Latente Störung", Rechtswirkungen der Bauerlaubnis und vorbeugende Nachbarklage, in: DVBl. 1971,713

Frisch, Wolfgang — Vorsatz und Risiko, Köln - Berlin - Bonn - München 1983

Frister, Helmut — Zur Einschränkung des Notwehrrechts durch Art.2 der Europäischen Menschenrechtskonvention, in: GA 1985,553

Frister, Helmut — Die Notwehr im System der Notrechte, in: GA 1988,291

Fuchs, Helmut — Grundfragen der Notwehr, Wien 1986

Gallas, Wilhelm — Pflichtenkollision als Schuldausschließungsgrund, in: Festschrift für Edmund Mezger, S.311ff., München - Berlin 1954

Gallas, Wilhelm — Zum gegenwärtigen Stand der Lehre vom Verbrechen, in: ZStW 67(1955),1

Gallas, Wilhelm — Beiträge zur Verbrechenslehre, Berlin 1968 (zit.: Gallas, Beiträge)

Gallas, Wilhelm — Zur Struktur des strafrechtlichen Unrechtsbegriffs, in: Festschrift für Paul Bockelmann, S.155ff., München 1979

Geilen, Gerd — Notwehr und Notwehrexzeß, in: Jura 1981,200,256

Gössel, Karl Heinz — Zur Strafbarkeit des Versuchs nach dem 2. Strafrechtsreformgesetz, in: GA 1971,225

Götz, Volkmar — Allgemeines Polizei- und Ordnungsrecht, 9. Auflage, Göttingen 1988

Goldmann, E. / Lilienthal, L. — Das Bürgerliche Gesetzbuch, 1. Band, Berlin 1903

Grabitz, Eberhard — Der Grundsatz der Verhältnismäßigkeit in der Rechtsprechung des Bundesverfassungsgerichts, in: AöR 98(1973),568

Grebing, Gerhardt — Die Grenzen des rechtfertigenden Notstands im Strafrecht. Ein Beitrag zur dogmatischen Bedeutung der Angemessenheitsklausel des § 34 Satz 2 StGB, in: GA 1979,81

Gribbohm, Günter — Zumutbarkeitserwägungen im Notwehrrecht, in: SchlHA 1964,155

Grünwald, Gerald — Der Versuch des unechten Unterlassungsdelikts, in: JZ 1959,46

Grünwald, Gerald — Bedeutung und Begründung des Satzes "nulla poena sine lege", in: ZStW 76(1964),1

Grünwald, Gerald — Zum Rücktritt des Tatbeteiligten im künftigen Recht, in: Festschrift für Hans Welzel, S.701ff., Berlin - New York 1974

Günther, Hans-Ludwig — Strafrechtswidrigkeit und Strafunrechtsausschluß, Köln - Berlin - Bonn - München 1983

Haas, Robert — Notwehr und Nothilfe, Frankfurt a. Main 1978

Habermehl, Kai — Allgemeines Polizei- und Ordnungsrecht, Münster 1984

Hachenburg, Max — Das Bürgerliche Gesetzbuch für das Deutsche Reich - Vorträge gehalten in den Jahren 1896/97, 2. Auflage, Mannheim 1900

Hälschner, Hugo — Das Preußische Strafrecht. 2. Teil. System des Preußischen Strafrechts, Allgemeiner Teil, Bonn 1858 (zit.: Hälschner, System)

Hälschner, Hugo — Das gemeine deutsche Strafrecht, 1. Band, Bonn 1881 (zit.: Hälschner, Strafrecht I)

Haft, Fritjof — Strafrecht Allgemeiner Teil, 2. Auflage, Tübingen 1984

Hammacher, Emil — Der Charakter der Notstandshandlung vom rechtsphilosophischen und legislativen Standpunkte, Leipzig 1907

Hassemer, Winfried — Die provozierte Provokation oder über die Zukunft des Notwehrrechts, in: Festschrift für Paul Bockelmann, S.225ff., München 1979

Hassemer, Winfried — Generalprävention und Strafzumessung, in: Wolfgang Hassemer / Klaus Lüderssen / Wolfgang Naucke: Hauptprobleme der Generalprävention, S.29ff., Frankfurt a. Main 1979 (zit.: Hassemer, Generalprävention)

Hassemer, Winfried — Anmerkung zum Urteil BGH v. 15.5.1979 - NJW 1979,2053 -, in: JuS 1980,69

Hassemer, Winfried — Einführung in die Grundlagen des Strafrechts, in: JuS-Schriftenreihe, Heft 77, München 1981 (zit.: Hassemer, Grundlagen)

Hassemer, Winfried — Anmerkung zum Beschluß BGH v. 2.8.1983 - JZ 1983,967 -, in: JZ 1983,967

Heck, Philipp — Grundriß des Sachenrechts, Aalen 1960

Hegel, Georg Wilhelm Friedrich — Grundlinien der Philosophie des Rechts, hrsg. von Helmut Reichelt, Frankfurt a. Main - Berlin - Wien 1972

Hegler, August — Die Merkmale des Verbrechens, in: ZStW 36(1914),19

Heinitz, Ernst — Streitfragen der Versuchslehre, in: JR 1956,248

| | |
|---|---|
| Heinsius, Dietrich | Moderne Entwicklung des Notwehrrechts,<br>Hamburg 1965 |
| Heise, Gerd | Polizeigesetz Nordrhein-Westfalen,<br>6. Auflage, Stuttgart - München - Hannover 1987 |
| Heller, Hermann | Staatslehre, in der Bearbeitung von Gerhart Niemeyer,<br>6. Auflage, Tübingen 1983 |
| Hellmann, Uwe | Die Anwendbarkeit der zivilrechtlichen Rechtfertigungsgründe im Strafrecht,<br>Köln - Berlin - Bonn - München 1987 |
| Henkel, Heinrich | Der Notstand nach gegenwärtigem und künftigem Recht,<br>München 1932<br>(zit.: Henkel, Notstand) |
| Henkel, Heinrich | Zumutbarkeit und Unzumutbarkeit als regulatives Prinzip,<br>in: Festschrift für Edmund Mezger, S.249ff.,<br>München - Berlin 1954 |
| Henning, Karl-Heinz | Der sogenannte latente Störer in baurechtlicher und planender Sicht,<br>in: DVBl. 1968,740 |
| Herzog, Roman | Allgemeine Staatslehre,<br>Frankfurt a. Main 1971 |
| Hillenkamp, Thomas | Vorsatztat und Opferverhalten,<br>Göttingen 1981 |
| Himmelreich, Klaus | Erforderlichkeit der Abwehrhandlung, Gebotensein der Notwehrhandlung; Provokation und Rechtsmißbrauch; Notwehrexzeß.<br>Zugleich Anmerkung zu BGH NJW 1962,308 und BGH GA 1965,147,<br>in: GA 1966,129 |
| Himmelreich, Klaus | Nothilfe und Notwehr: insbesondere zur sog. Interessenabwägung,<br>in: MDR 1967,361 |

Himmelreich, Klaus — Notwehr und unbewußte Fahrlässigkeit, Berlin - New York 1971

von Hippel, Robert — Lehrbuch des Strafrechts, Berlin 1932

von Hippel, Ernst / Rehborn, Helmut — Das Recht der Ordnungsbehörden und der Polizei in Nordrhein-Westfalen, 8. Auflage, München 1970

Hirsch, Hans Joachim — Die Lehre von den negativen Tatbestandsmerkmalen, Bonn 1960 (zit.: Hirsch, Tatbestandsmerkmale)

Hirsch, Hans Joachim — Die Notwehrvoraussetzung der Rechtswidrigkeit des Angriffs, in: Festschrift für Eduard Dreher, S.211ff., Berlin - New York 1977

Hirsch, Hans Joachim — Anmerkung zum Urteil BGH v. 15.5.1979 - NJW 1979,2053 -, in: JR 1980,115

Hoffmann-Riem, Wolfgang — Übergang der Polizeigewalt auf Private? Überlegungen zur Entwicklung gewerblicher Sicherheitskräfte, in: ZRP 1977,277

Hold von Ferneck, Alexander — Die Rechtswidrigkeit, Erster Band: Der Begriff der Rechtswidrigkeit, Jena 1903 (zit.: Hold v. Ferneck, Rechtswidrigkeit, Bd.I)

Hold von Ferneck, Alexander — Die Rechtswidrigkeit. Eine Untersuchung zu den allgemeinen Lehren des Strafrechts, Zweiter Band, Erste Abteilung: Notstand und Notwehr, Jena 1905 (zit.: Hold v. Ferneck, Rechtswidrigkeit, Bd.II)

Horn, Eckhard — Konkrete Gefährdungsdelikte, Köln 1973

| | |
|---|---|
| Hoyer, Andreas | Das Rechtsinstitut der Notwehr, in: JuS 1988,89 |
| Hruschka, Joachim | Extrasystematische Rechtfertigungsgründe, in: Festschrift für Eduard Dreher, S.189ff., Berlin - New York 1977 |
| Hruschka, Joachim | Anmerkung zum Beschluß BayObLG v. 26.5.1978 - JR 1979,124 -, in: JR 1979,125 |
| Hruschka, Joachim | Rettungspflichten in Notstandssituationen, in: JuS 1979,385 |
| Hruschka, Joachim | Rechtfertigung oder Entschuldigung im Defensivnotstand?, in: NJW 1980,21 |
| Hruschka, Joachim | Strafrecht nach logisch-analytischer Methode. Systematisch entwickelte Fälle mit Lösungen zum Allgemeinen Teil, 2. Auflage, Berlin - New York 1988 (zit.: Hruschka, Strafrecht) |
| Hübner, Heinz | Allgemeiner Teil des Bürgerlichen Gesetzbuchs, Berlin - New York 1985 (zit.: Hübner, AT) |
| Hueck, Alfred | Notstand gegenüber einer mitgefährdeten Sache, in: Jherings Jahrbücher für die Dogmatik des bürgerlichen Rechts, 68. Band, S.205ff., Frankfurt a. Main 1968 (zit.: Hueck, JherJb) |
| Jakobs, Günther | Strafrecht Allgemeiner Teil, Berlin 1983 (zit.: Jakobs, AT) |
| Jakobs, Günther | Studien zum fahrlässigen Erfolgsdelikt, Berlin - New York 1972 (zit.: Jakobs, Studien) |

Jellinek, Georg — Allgemeine Staatslehre, 3. Auflage, Berlin 1914 (zit.: Jellinek, Staatslehre)

Jellinek, Georg — System der subjektiven öffentlichen Rechte, 2. Auflage, Tübingen 1905 (zit.: Jellinek, System)

Jescheck, Hans-Heinrich — Lehrbuch des Strafrechts, Allgemeiner Teil, 4. Auflage, Berlin 1988 (zit.: Jescheck, AT)

von Jhering, Rudolf — Der Kampf ums Recht, 9. Auflage, Wien 1889

Kant, Immanuel — Metaphysik der Sitten, hrsg. von Karl Vorländer (Philosophische Bibliothek Bd.42), Unveränderter Abdruck der 4. Auflage 1922, Hamburg 1966

Kaufmann, Armin — Die Dogmatik der Unterlassungsdelikte, Göttingen 1959

Keller, Rudolf Ottmar — Der Dauernotstand im Strafrecht, Breslau - Neukirch 1934

Kinnen, Dieter — Notwehr und Nothilfe als Grundlagen hoheitlicher Gewaltanwendung, in: MDR 1974,631

Kion, Dieter — Grundfragen der Kausalität bei Tötungsdelikten - BGH NJW 1966,1823, in: JuS 1967,499

Kirchhof, Paul — Sicherungsauftrag und Handlungsvollmachten der Polizei, in: DÖV 1976,449

Kirchhof, Paul — Notwehr und Nothilfe des Polizeibeamten aus öffentlich-rechtlicher Sicht, in: Aktuelle Probleme des Polizeirechts, hrsg. von Detlef Merten, S.67ff., Berlin 1977

Klapper, Norbert — Polizei-Praxis, Polizeigesetz Nordrhein-Westfalen, 2. Auflage, Lübeck 1980

Klinkhardt, Ingo — Das Selbsthilferecht des Amtsträgers, in: VerwArch. 55(1964),264

Klose, Peter — Notrecht des Staates aus staatlicher Rechtsnot, in: ZStW 89(1977),61

Knemeyer, Franz-Ludwig — Polizei- und Ordnungsrecht, 3. Auflage, München 1989

Köhler, August — Deutsches Strafrecht, Allgemeiner Teil, Leipzig 1917

Köhler, Helmut — BGB Allgemeiner Teil, 20. Auflage, München 1989 (zit.: H.Köhler, BGB AT)

Köstlin, Christian Reinhold — Neue Revision der Grundbegriffe des Criminalrechts, Tübingen 1845 (zit.: Köstlin, Revision)

Köstlin, Christian Reinhold — System des deutschen Strafrechts, Abteilung I: Allgemeiner Teil, Neudruck der Ausgabe Tübingen 1855, Aalen 1978 (zit.: Köstlin, System I)

Kohler, Josef — Lehrbuch der Rechtsphilosophie, Leipzig 1909

Kohlrausch, Eduard / Lange, Richard — Strafgesetzbuch, 43. Auflage, Berlin 1961

Kraemer, Hans-Joachim — Die Kausalität im öffentlichen Recht, in: NJW 1965,183

Krämer, Franz / Müller, Klaus — Ordnungsbehördengesetz NW, Kommentar, 2. Auflage, Köln 1971

Kratzsch, Dietrich — Grenzen der Strafbarkeit im Notwehrrecht, Berlin 1968

Kratzsch, Dietrich — Die Bemühungen zur Präzisierung der Ansatzformel (§ 22 StGB) - ein absolut untauglicher Versuch?, in: JA 1983,420,578

Kratzsch, Dietrich — Der "Angriff" - ein Schlüsselbegriff des Notwehrrechts. Zugleich eine Besprechung des Urteils BayObLG v. 9.1.1985 - StrV 1987,203 -, in: StrV 1987,224

Krause, Friedrich-Wilhelm — Zur Problematik der Notwehr, in: Festschrift für Hans-Jürgen Bruns, S.71ff., Köln - Berlin - Bonn - München 1978

Krause, Friedrich-Wilhelm — Zur Einschränkung der Notwehrbefugnis, in: GA 1979,329

Krause, Friedrich-Wilhelm — Notwehr bei Angriffen Schuldloser und bei Bagatellangriffen, in: Gedächtnisschrift für Hilde Kaufmann, S.673ff., Berlin - New York 1986

Krey, Volker — Der Fall Peter Lorenz - Probleme des rechtfertigenden Notstandes bei der Auslösung von Geiseln, in: ZRP 1975,97

Krey, Volker — Zur Einschränkung des Notwehrrechts bei der Verteidigung von Sachgütern, in: JZ 1979,702

Krey, Volker — Examensklausur Strafrecht - Fall zu Problemen des rechtfertigenden und entschuldigenden Notstandes, in: Jura 1979,316

Kriele, Martin — Einführung in die Staatslehre. Die geschichtlichen Legitimitätsgrundlagen des demokratischen Verfassungsstaates, Hamburg 1975

Krüger, Herbert — Allgemeine Staatslehre, 2. Auflage, Stuttgart 1966 (zit.: H.Krüger, Staatslehre)

Krüger, Herbert — Der Rundfunk im Verfassungsgefüge und in der Verwaltungsordnung von Bund und Ländern, Hamburg 1960 (zit.: H.Krüger, Der Rundfunk)

Krüger, Ralf — Die Bedeutung der Menschenrechtskonvention für das deutsche Notwehrrecht, in: NJW 1970,1483

Kühl, Kristian — Grundfälle zu Vorbereitung, Versuch, Vollendung und Beendigung, in: JuS 1980,506,650,811

Kühl, Kristian — "Sozialethische" Einschränkungen der Notwehr, in: Jura 1990,244

Küper, Wilfried — Noch einmal: Rechtfertigender Notstand, Pflichtenkollision und übergesetzliche Entschuldigung, in: JuS 1971,474

Küper, Wilfried — Grund- und Grenzfragen der rechtfertigenden Pflichtenkollision im Strafrecht, Berlin 1979 (zit.: Küper, Pflichtenkollision)

Küper, Wilfried — Tötungsverbot und Lebensnotstand - Zur Problematik der Kollision "Leben gegen Leben", in: JuS 1981,785

Küper, Wilfried — Der "verschuldete" rechtfertigende Notstand, Berlin 1983 (zit.: Küper, Notstand)

Kunert, Karl Heinz — Kurze Freiheitsstrafe und Strafaussetzung zur Bewährung nach den Vorschriften des Ersten Gesetzes zur Reform des Strafrechts, in: MDR 1969,705

Kunz, Karl-Ludwig
Die organisierte Nothilfe,
in: ZStW 95(1983),973

Lackner, Karl
Strafgesetzbuch mit Erläuterungen,
18. Auflage, München 1989

Lampe, Ortrun
Defensiver und aggressiver übergesetzlicher Notstand,
in: NJW 1968,88

Lange, Richard
Terrorismus kein Notstandsfall?
Zur Anwendung des § 34 StGB im öffentlichen Recht,
in: NJW 1978,784

Larenz, Karl
Allgemeiner Teil des deutschen Bürgerlichen Rechts,
7. Auflage, München 1989
(zit.: Larenz, AT)

Leibholz, Gerhard / Rinck, Hans Justus
Kommentar zum Grundgesetz für die Bundesrepublik Deutschland,
4. Auflage, Köln 1971

Leipziger Kommentar
Das Reichsstrafgesetzbuch mit besonderer Berücksichtigung der Rechtsprechung des Reichsgerichts,
4. Auflage, Berlin - Leipzig 1929
(zit.: LK(4.Aufl.)-Bearbeiter)

Leipziger Kommentar
Strafgesetzbuch,

- Band 1, Einleitung und §§ 1-152,
  7. Auflage, Berlin 1954
  (zit.: LK(7.Aufl.)-Bearbeiter)
- Band 1, Einleitung und §§ 1-152,
  8. Auflage, Berlin 1957
  (zit.: LK(8.Aufl.)-Bearbeiter)
- Band 1, §§ 1-79,
  9. Auflage, Berlin 1974
  (zit.: LK(9.Aufl.)-Bearbeiter)

- §§ 32-60,
  10. Auflage, Berlin 1985
  (zit.: LK-Bearbeiter)

Lenckner, Theodor — Notwehr bei provoziertem und verschuldetem Angriff, in: GA 1961,299

Lenckner, Theodor — Der rechtfertigende Notstand, Tübingen 1965

Lenckner, Theodor — "Gebotensein" und "Erforderlichkeit" der Notwehr, in: GA 1968,1

Lenckner, Theodor — Anmerkung zum Urteil BGH v. 14.6.1972 - JZ 1973,252 -, in: JZ 1973,253

Lenckner, Theodor — Der Grundsatz der Güterabwägung als Grundlage der Rechtfertigung, in: GA 1985,295

Leonhard, Rudolf — Der Allgemeine Teil des Bürgerlichen Gesetzbuchs in seinem Einflusse auf die Fortentwicklung der Rechtswissenschaft, Berlin 1900

Lerche, Peter — Übermaß und Verfassungsrecht. Zur Bindung des Gesetzgebers an die Grundsätze der Verhältnismäßigkeit und der Erforderlichkeit, Köln - Berlin - Bonn - München 1961

Levita, Carl — Das Recht der Notwehr, Gießen 1856

von Liszt, Eduard — Zur Lehre vom Versuche, in: ZStW 25(1905),24

von Liszt, Franz — Lehrbuch des Deutschen Strafrechts, 23. Auflage, Berlin - Leipzig 1921 (zit.: F. von Liszt, Deutsches Strafrecht)

| | |
|---|---|
| von Liszt, Franz | Die Deliktsobligationen im System des Bürgerlichen Gesetzbuchs, Berlin 1898 (zit.: F. von Liszt, Deliktsobligationen) |
| Löffler, Alexander | Unrecht und Notwehr, in: ZStW 21(1901),537 |
| Luhmann, Niklas | Rechtssoziologie, 2. Auflage, Opladen 1983 |
| Maihofer, Werner | Rechtsstaat und menschliche Würde, Frankfurt a. Main 1968 |
| Mangakis, Georgios | Über das Verhältnis von Strafrechtsschuld und Willensfreiheit, in: ZStW 75(1963),499 |
| Marxen, Klaus | Die "sozialethischen" Grenzen der Notwehr, Frankfurt a. Main 1979 |
| Maunz, Theodor / Dürig, Günter / Herzog, Roman / Scholz, Rupert | Grundgesetzkommentar, Band I, Art.1-12, München 1990 (zit.: M/D/H/S-Bearbeiter) |
| Maurach, Reinhart | Deutsches Strafrecht, Allgemeiner Teil, 4. Auflage, Karlsruhe 1971 (zit.: Maurach, AT (4.Aufl.)) |
| Maurach, Reinhart / Zipf, Heinz | Strafrecht Allgemeiner Teil, Teilband 1, 7. Auflage, Heidelberg 1987 (zit.: Maurach/Zipf, AT 1) |
| Maurach, Reinhart / Gössel, Karl Heinz / Zipf, Heinz | Strafrecht Allgemeiner Teil, Teilband 2, 7. Auflage, Heidelberg 1989 (zit.: Maurach/Gössel/Zipf, AT 2) |
| Maurer, Hartmut | Allgemeines Verwaltungsrecht, 6. Auflage, München 1988 |
| Mayer, Hellmuth | Das Strafrecht des deutschen Volkes, Stuttgart 1936 (zit.: H.Mayer, Strafrecht 1936) |

Mayer, Hellmuth — Strafrecht Allgemeiner Teil, Stuttgart 1953 (zit.: H.Mayer, AT 1953)

Mayer, Hellmuth — Strafrecht Allgemeiner Teil, Berlin - Köln - Mainz 1967 (zit.: H.Mayer, AT 1967)

Mayer, Hellmuth — Anmerkung zum Urteil RG v. 26.4.1932 - JW 1932,2290 -, in: JW 1932,2291

Mayer, Hellmuth — Anmerkung zum Urteil RG v. 26.4.1932 - JW 1932,3068 -, in: JW 1932,3068

Mayer, Max Ernst — Der Allgemeine Teil des Deutschen Strafrechts, Heidelberg 1915

Meisner, Christian / Ring, Josef — Nachbarrecht in Bayern, Berlin 1972

Meisner, Christian / Stern, Heinrich / Hodes, Fritz — Nachbarrecht im Bundesgebiet (ohne Bayern) und in West-Berlin, Berlin 1970

Merten, Detlef — Rechtsstaat und Gewaltmonopol, in: Recht und Staat, Heft 442/443, Tübingen 1975

Meurer, Dieter — Gehalt und Erklärungswert funktionaler Kriminalitätstheorien, in: Festschrift für Richard Lange, S.555ff., Berlin - New York 1976

Meyer, Jürgen — Kritik an der Neuregelung der Versuchsstrafbarkeit, in: ZStW 87(1975),598

Mezger, Edmund — Strafrecht Ein Lehrbuch, 3. Auflage, Berlin - München 1949

Mitsch, Wolfgang — Nothilfe gegen provozierte Angriffe, in: GA 1986,533

Mitsch, Wolfgang — Straflose Provokation strafbarer Taten, Lübeck 1986

Mitsch, Wolfgang — Tödliche Schüsse auf flüchtende Diebe, in: JA 1989,79

Montenbruck, Axel — Thesen zur Notwehr, Heidelberg 1983

Motive — zu dem Entwurfe eines Bürgerlichen Gesetzbuches für das Deutsche Reich, 2. Auflage, Berlin 1896 (zit.: Motive)

Münchener Kommentar — Bürgerliches Gesetzbuch,
- Band 1: Allgemeiner Teil, 2. Auflage, München 1984
- Band 4: Sachenrecht, 2. Auflage, München 1986

(zit.: MüKo-Bearbeiter)

Münzberg, Wolfgang — Verhalten und Erfolg als Grundlagen der Rechtswidrigkeit und Haftung, Frankfurt a. Main 1966

Mugdan, Benno — Die gesammten Materialien zum Bürgerlichen Gesetzbuch für das Deutsche Reich, 1. Band, Berlin 1899

Neumann, Ulfried — Zurechnung und "Vorverschulden" - Vorstudien zu einem dialogischen Modell strafrechtlicher Zurechnung, Berlin 1985

Neumann, Ulfried — Der strafrechtliche Nötigungsnotstand - Rechtfertigungs- oder Entschuldigungsgrund?, in: JA 1988,329

Neumann, Ulfried / Schroth, Ulrich — Neuere Theorien von Kriminalität und Strafe, Darmstadt 1980

Niederschriften — über die Sitzungen der Großen Strafrechtskommission, 12. Band, Allgemeiner Teil, Zweite Lesung des Entwurfs, Bonn 1959 (zit.: Niederschriften 12)

Noll, Peter — Schweizerisches Strafrecht, Allgemeiner Teil I, Zürich 1981 (zit.: Noll, AT I)

Noll, Peter — Tatbestand und Rechtswidrigkeit: Die Wertabwägung als Prinzip der Rechtfertigung, in: ZStW 77(1965),1

Noll, Peter — Schuld und Prävention unter dem Gesichtspunkt der Rationalisierung des Strafrechts, in: Festschrift für Hellmuth Mayer, S.219ff., Berlin 1966

Nowakowski, Friedrich — Die Erscheinungsformen des Verbrechens im Spiegel der Verbrechensauffassungen, in: ÖJZ 1953,596

Nowakowski, Friedrich — Freiheit, Schuld, Vergeltung, in: Festschrift für Theodor Rittler, S.55ff., Aalen 1957

Nowakowski, Friedrich — Freiheit, Schuld, Vergeltung, Innsbruck 1957 (zit.: Nowakowski, Freiheit)

Nowakowski, Friedrich — Literaturbericht: Welzel, Hans, Das Deutsche Strafrecht, 6. Auflage, Berlin 1958, in: JZ 1958,415

Oehler, Dietrich — Das objektive Zweckmoment der rechtswidrigen Handlung, Berlin 1959

Oertmann, Paul — Kommentar zum Bürgerlichen Gesetzbuch, Erstes Buch, Allgemeiner Teil, 2. Auflage, Berlin 1908

Oetker, Friedrich — Über Notwehr und Notstand nach den §§ 227, 228, 904 des bürgerlichen Gesetzbuchs, Leipzig 1903 (zit.: Oetker, Über Notwehr und Notstand)

Oetker, Friedrich — Notwehr und Notstand, in: Vergleichende Darstellung des deutschen und ausländischen Strafrechts, Allgemeiner Teil, 2. Band, S.255ff., Berlin 1908 (zit.: Oetker, VDA II)

Oetker, Friedrich — Notwehr und Notstand, in: Beiträge zur Strafrechtswissenschaft. Festgabe für Reinhard von Frank, Band I, S.359ff., Tübingen 1930

Otto, Harro — Grundkurs Strafrecht, Allgemeine Strafrechtslehre,
- 2. Auflage, Berlin - New York 1982 (zit.: Otto, Grundkurs (2.Aufl.))
- 3. Auflage, Berlin - New York 1988 (zit.: Otto, Grundkurs (3.Aufl.))

Otto, Harro — Anmerkung zum Urteil BGH v. 16.9.1975 - NJW 1976,58 -, in: NJW 1976,578

Otto, Harro — Rechtsverteidigung und Rechtsmißbrauch im Strafrecht. Zum Zusammenhang zwischen den §§ 32, 34 StGB, in: Festschrift für Thomas Würtenberger, S.129ff., Berlin 1977

Palandt, Otto — Kommentar zum Bürgerlichen Gesetzbuch,
- 41. Auflage, München 1982 (zit.: Palandt(41.Aufl.)-Bearbeiter)
- 49. Auflage, München 1990 (zit.: Palandt(49.Aufl.)-Bearbeiter)

Planck, Gottlieb — Kommentar zum Bürgerlichen Gesetzbuch,
Band I, Allgemeiner Teil,
- 2. Auflage, Berlin 1898
  (zit.: Planck(2.Aufl.)-Bearbeiter)
- 4. Auflage, Berlin 1913
  (zit.: Planck(4.Aufl.)-Bearbeiter)

Preuß, Wilhelm — Untersuchungen zum erlaubten Risiko im Strafrecht,
Berlin 1974

Protokolle — der Kommission für die zweite Lesung des Entwurfs des Bürgerlichen Gesetzbuches,
Band I,
Berlin 1898

Reichsgerichtsrätekommentar — Kommentar zum Bürgerlichen Gesetzbuch mit besonderer Berücksichtigung der Rechtsprechung des Reichsgerichts,
I. Band,
1. Auflage, Nürnberg - Leipzig 1910
(zit.: RGRK(1.Aufl.)-Bearbeiter)

Reichsgerichtsrätekommentar — Kommentar zum Bürgerlichen Gesetzbuch mit besonderer Berücksichtigung der Rechtsprechung des Reichsgerichts und des Bundesgerichtshofes,
- Band I (§§ 1-240),
  12. Auflage, Berlin - New York 1982
- Band III, 1.Teil (§§ 854-1011),
  12. Auflage, Berlin - New York 1979

(zit.: RGRK-Bearbeiter)

Reiff, Hermann / Wöhrle, Günter / Wolf, Heinz — Polizeigesetz für Baden-Württemberg,
3. Auflage, Hannover - München 1984

Rengier, Rudolf — Anmerkung zum Beschluß BGH v. 2.8.1983 - NStZ 1984,20 -,
in: NStZ 1984,21

Rietdorf, Fritz / Heise, Gerd / Böckenförde, Dieter / Strehlau, Bert — Ordnungs- und Polizeirecht in Nordrhein-Westfalen, 2. Auflage, Stuttgart - München - Hannover 1972 (zit.: Rietdorf/Heise/Böckenförde/Strehlau-Bearbeiter)

Rosenthal, Walter — Anmerkung zum Urteil BGH v. 29.10.1957 - ROW 1958,33 -, in: ROW 1958,82

Roxin, Claus — Ein "neues Bild des Strafrechtssystems", in: ZStW 83(1971),369

Roxin, Claus — Kriminalpolitik und Strafrechtssystem, 2. Auflage, Berlin - New York 1973 (zit.: Roxin, Kriminalpolitik)

Roxin, Claus — "Schuld" und "Verantwortlichkeit" als strafrechtliche Systemkategorien, in: Festschrift für Heinrich Henkel, S.171ff., Berlin - New York 1974

Roxin, Claus — Über den Notwehrexzeß, in: Festschrift für Friedrich Schaffstein, S.105ff., Göttingen 1975

Roxin, Claus — Tatentschluß und Anfang der Ausführung beim Versuch, in: JuS 1979,1

Roxin, Claus — Zur jüngsten Diskussion über Schuld, Prävention und Verantwortlichkeit im Strafrecht, in: Festschrift für Paul Bockelmann, S.279ff., München 1979

Roxin, Claus — Die "sozialethischen" Einschränkungen des Notwehrrechts, in: ZStW 93(1981),68

Roxin, Claus — Zur Problematik des Schuldstrafrechts, in: ZStW 96(1984),641

| | |
|---|---|
| Roxin, Claus | ESJ - Entscheidungssammlung für junge Juristen - Strafrecht Allgemeiner Teil, 2. Auflage, München 1984 (zit.: Roxin, ESJ) |
| Roxin, Claus | Der durch Menschen ausgelöste Defensivnotstand, in: Festschrift für Hans-Heinrich Jescheck, 1. Hbbd., S.457ff., Berlin 1985 |
| Roxin, Claus | Von welchem Zeitpunkt an ist ein Angriff gegenwärtig und löst das Notwehrrecht aus?, in: Gedächtnisschrift für Zong Tjong, S.137ff., Tokio 1985 |
| Roxin, Claus | Die notstandsähnliche Lage - ein Strafunrechtsausschließungsgrund, in: Festschrift für Dietrich Oehler, S.181ff., Köln - Berlin - Bonn - München 1985 |
| Roxin, Claus | Rechtfertigungs- und Entschuldigungsgründe in Abgrenzung von sonstigen Strafausschließungsgründen, in: JuS 1988,425 |
| Roxin, Claus | Der entschuldigende Notstand nach § 35 StGB, in: JA 1990,97,137 |
| Rudolphi, Hans-Joachim | Ist die Teilnahme an einer Notstandstat strafbar?, in: ZStW 78(1966),67 |
| Rudolphi, Hans-Joachim | Notwehrexzeß nach provoziertem Angriff - OLG Hamm NJW 1965,1928, in: JuS 1969,461 |
| Rudolphi, Hans-Joachim | Die Bedeutung eines Gewissensentscheides für das Strafrecht, in: Festschrift für Hans Welzel, S.605ff., Berlin - New York 1974 |

| | |
|---|---|
| Rudolphi, Hans-Joachim | Rechtfertigungsgründe im Strafrecht, in: Gedächtnisschrift für Armin Kaufmann, S.371ff., Köln - Berlin - Bonn - München 1989 |
| Rudolphi, Hans-Joachim | Der Zweck staatlichen Strafrechts und die strafrechtlichen Zurechnungsformen, in: Grundfragen des modernen Strafrechtssystems, hrsg. von Bernd Schünemann u.a., S.69ff., Berlin - New York 1984 (zit.: Rudolphi, Grundfragen) |
| Rupprecht, Reinhard | Die tödliche Abwehr des Angriffs auf menschliches Leben, in: JZ 1973,263 |
| Samper, Rudolf | Kommentar zum bayerischen Polizeiaufgabengesetz - PAG, 3. Auflage, München 1972 |
| Sax, Walter | Grundsätze der Strafrechtspflege, in: Karl August Bettermann / Hans Carl Nipperdey / Ulrich Scheuner: Die Grundrechte, Band III, 2. Hbbd., S.909ff., Berlin 1959 (zit.: Sax, Grundrechte, III 2) |
| Sax, Walter | Anmerkung zum Urteil BGH v. 16.6.1959 - BGHSt 13,197 -, in: JZ 1959,778 |
| Sax, Walter | Der verbrechenssystematische Standort der Indikationen zum Schwangerschaftsabbruch, in: JZ 1977,326 |
| Schaffstein, Friedrich | Notwehr und Güterabwägungsprinzip, in: MDR 1952,132 |
| Schaffstein, Friedrich | Der Maßstab für das Gefahrurteil beim rechtfertigenden Notstand, in: Festschrift für Hans-Jürgen Bruns, S.89ff., Köln - Berlin - Bonn - München 1978 |

Schaffstein, Friedrich — Die entschuldigte Vatertötung, in: Festschrift für Hermann Stutte, S.253ff., Köln - Berlin - Bonn - München 1979

Schleifenbaum, Ernst — Begriff und Bedeutung des gegenwärtigen rechtswidrigen Angriffs in § 227 BGB, Breslau 1904

Schlüchter, Ellen — Kein Recht zur Beweisvernichtung nach einem potentiellen Selbstbedienungsladendiebstahl, in: JR 1987,309

Schmidhäuser, Eberhard — Strafrecht Allgemeiner Teil, Lehrbuch, 2. Auflage, Tübingen 1975 (zit.: Schmidhäuser, Lehrbuch AT)

Schmidhäuser, Eberhard — Strafrecht Allgemeiner Teil, Studienbuch, 2. Auflage, Tübingen 1984 (zit.: Schmidhäuser, Studienbuch AT)

Schmidhäuser, Eberhard — Über die Wertstruktur der Notwehr, in: Festschrift für Richard M. Honig, S.185ff., Göttingen 1970

Schmidhäuser, Eberhard — Notwehr und Nothilfe des Polizeibeamten aus strafrechtlicher Sicht, in: Aktuelle Probleme des Polizeirechts, hrsg. von Detlef Merten, S.53ff., Berlin 1977 (zit.: Schmidhäuser, Notwehr)

Schmidt, Eberhard — Leitsätze zum Thema: Notwehr, Notstand und Nötigungsstand, in: Niederschriften Band 2, Anhang 21, S.51ff., Bonn 1958 (zit.: Schmidt, Niederschriften II)

Schnur, Roman — Probleme um den Störerbegriff im Polizeirecht, in: DVBl. 1962,1

Schöneborn, Christian — Schuldprinzip und generalpräventiver Aspekt, in: ZStW 88(1976),349

Schönke, Adolf / Schröder, Horst — Strafgesetzbuch Kommentar,
- 17. Auflage, Berlin - München 1974 (zit.: Sch/Sch(17.Aufl.))
- 23. Auflage, München 1988 (zit.: Sch-Sch-Bearbeiter)

Schroeder, Friedrich-Christian — Die Notwehr als Indikator politischer Grundanschauungen, in: Festschrift für Reinhart Maurach, S.127ff., Karlsruhe 1972

Schroeder, Friedrich-Christian — Notstandslage bei Dauergefahr - BGH, NJW 1979,2053, in: JuS 1980,336

Schroeder, Friedrich-Christian — Anmerkung zum Urteil LG München v. 10.11.1987 - JZ 1988, 565 -, in: JZ 1988,567

Schröder, Horst — Die Not als Rechtfertigungs- und Entschuldigungsgrund im deutschen und schweizerischen Strafrecht, in: SchwZStr 76(1960),1

Schroth, Ulrich — Notwehr bei Auseinandersetzungen in engen persönlichen Beziehungen, in: NJW 1984,2562

Schünemann, Bernd — Moderne Tendenzen in der Dogmatik der Fahrlässigkeits- und Gefährdungsdelikte, in: JA 1975,787

Schünemann, Bernd — Einige vorläufige Bemerkungen zur Bedeutung des viktimologischen Ansatzes in der Strafrechtsdogmatik, in: Das Verbrechensopfer in der Strafrechtspflege, hrsg. von Hans-Joachim Schneider, S.407ff., Berlin - New York 1982

Schumann, Heribert — Zum Notwehrrecht und seinen Schranken - OLG Hamm NJW 1977,590, in: JuS 1979,559

Schumann, Karl-Heinz — Grundriß des Polizei- und Ordnungsrechts, Berlin - New York 1978

Schwabe, Jürgen — Grenzen des Notwehrrechts, in: NJW 1974,670

Schwerdtfeger, Gunther — Öffentliches Recht in der Fallbearbeitung. Grundfallsystematik, Methodik, Fehlerquellen, 8. Auflage, München 1986

Seelmann, Kurt — Grenzen privater Nothilfe, in: ZStW 89(1977),36

Seelmann, Kurt — Das Verhältnis von § 34 StGB zu anderen Rechtfertigungsgründen, Heidelberg - Hamburg 1978

Seier, Uwe — Umfang und Grenzen der Nothilfe im Strafrecht, in: NJW 1987,2476

Soergel, Hans Theodor — Kommentar zum Bürgerlichen Gesetzbuch,

- Band 1, Allgemeiner Teil (§§ 1-240), 12. Auflage, Stuttgart - Berlin - Köln - Mainz 1987
- Band 6, Sachenrecht (§§ 854-1296), 12. Auflage, Stuttgart - Berlin - Köln - Mainz 1990

(zit.: Soergel-Bearbeiter)

Sommerfeld, Bruno — Ist Notwehr zur Verteidigung sämtlicher Rechtsgüter zulässig?, Kiel 1934

Sommerlad — Über den Begriff der Rechtswidrigkeit des Angriffs bei der Notwehr, in: GA 34(1886),329

Spendel, Günter — Der BGH und das Mordmerkmal "Heimtücke" - zum Beschluß des BGH vom 2.8.1983, in: StrV 1987,45

von Staudinger, Julius — Kommentar zum Bürgerlichen Gesetzbuch,
- I. Band, Allgemeiner Teil, 11. Auflage, Berlin 1957 (zit.: Staudinger(11.Aufl.)-Bearbeiter)
- Erstes Buch, Allgemeiner Teil, §§ 90-240, 12. Auflage, Berlin 1980 (zit.: Staudinger(12.Aufl.)-Bearbeiter)
- III. Band, Sachenrecht, 1. Teil, §§ 854-1017, 11. Auflage, Berlin 1956 (zit.: Staudinger(11.Aufl.)-Bearbeiter)

Stratenwerth, Günter — Strafrecht, Allgemeiner Teil I, Die Straftat,
- 2. Auflage, Köln - Berlin - Bonn - München 1976 (zit.: Stratenwerth, AT (2.Aufl.))
- 3. Auflage, Köln - Berlin - Bonn - München 1981 (zit.: Stratenwerth, AT)

Stratenwerth, Günter — Prinzipien der Rechtfertigung, in: ZStW 68(1956),41

Stree, Walter — Rechtswidrigkeit und Schuld im neuen Strafgesetzbuch, in: JuS 1973,461

Streng, Franz — Schuld, Vergeltung, Generalprävention, in: ZStW 92(1980),637

Suppert, Hartmut — Studien zur Notwehr und notwehrähnlichen Lage, Bonn 1973

Systematischer Kommentar — Kommentar zum Strafgesetzbuch, Band 1, Allgemeiner Teil, Frankfurt a. Main, Stand: April 1988 (zit.: SK-Bearbeiter)

Tenckhoff, Jörg — Anmerkung zum Urteil KG Berlin v. 20.9.1979 - JR 1981,254 -, in: JR 1981,255

Timpe, Gerhard — Strafmilderungen des Allgemeinen Teils des StGB und das Doppelverwertungsverbot, Berlin 1983

Timpe, Gerhard — Grundfälle zum entschuldigenden Notstand (§ 35 I StGB) und zum Notwehrexzeß (§ 33 I StGB), in: JuS 1984,859

Titze, Heinrich — Die Notstandsrechte im deutschen bürgerlichen Gesetzbuche und ihre geschichtliche Entwicklung, Leipzig 1897

von Tuhr, Andreas — Der Allgemeine Teil des Bürgerlichen Rechts, 2. Band, 2. Hälfte, München - Leipzig 1918 (zit.: von Tuhr, AT)

von Tuhr, Andreas — Der Nothstand im Zivilrecht, Heidelberg 1888 (zit.: von Tuhr, Nothstand)

Ulsenheimer, Klaus — Zumutbarkeit normgemäßen Verhaltens bei Gefahr eigener Strafverfolgung, in: GA 1972,1

Uttelbach, Arthur — Die Verhältnismäßigkeit bei der Notwehr, Köln 1934

Vieth, Willi — Rechtsgrundlagen der Polizei- und Ordnungspflicht, Berlin 1974

Vogler, Theo — Der Irrtum über Entschuldigungsgründe im Strafrecht, in: GA 1969,103

Vollmuth, Joachim — Unmittelbare und rechtswidrige Verursachung als Voraussetzung der Störerhaftung im allgemeinen Polizei- und Ordnungsrecht, in: VerwArch. 1977,45

Wagner, Heinz — Individualistische oder überindividualistische Notwehrbegründung, Berlin 1984

Waiblinger, Max — Subjektivismus und Objektivismus in der neueren Lehre und Rechtsprechung vom Versuch, in: ZStW 69(1957),189

Walder, Hans — Straflose Vorbereitung und strafbarer Versuch, in: SchwZStr 1982,225

Weber, Max — Politik als Beruf, 4. Auflage, Berlin 1964 (zit.: Weber, Politik)

Weber, Max — Staatssoziologie, hrsg. von Johannes Winckelmann, 2. Auflage, Berlin 1966 (zit.: Weber, Staatssoziologie)

Weber, Ulrich — Konzeption und Grundsätze des Wirtschaftsstrafrechts (einschließlich Verbraucherschutz), in: ZStW 96(1984),376

Wegner, Arthur — Strafrecht Allgemeiner Teil, Göttingen 1951

Wegner, Arthur — Anmerkung zum Urteil RG v. 13.11.1933 - JW 1934,422 -, in: JW 1934,422

Welzel, Hans — Das deutsche Strafrecht, 11. Auflage, Berlin 1969

Wessels, Johannes — Strafrecht Allgemeiner Teil, 19. Auflage, Heidelberg 1989 (zit.: Wessels, AT)

Westram, Gerhard — Anmerkung zum Urteil BGH v. 29.10.1957 - ROW 1958,33 -, in: ROW 1958,34

| | |
|---|---|
| Wittig, Peter | Zum Standort des Verhältnismäßigkeitsgrundsatzes im System des Grundgesetzes, in: DÖV 1968,817 |
| Wöhrle, Günter / Belz, Reiner | Polizeigesetz für Baden-Württemberg, 4. Auflage, Stuttgart - München - Hannover 1985 |
| Woesner, Horst | Die Menschenrechtskonvention in der deutschen Strafrechtspraxis, in: NJW 1961,1381 |
| Wolff, Hans Julius / Bachof, Otto | Verwaltungsrecht III (Ordnungs-, Leistungs- und Verwaltungsverfahrensrecht), 4. Auflage, München 1978 |

## ABKÜRZUNGSVERZEICHNIS

| | |
|---|---|
| a.A. | anderer Ansicht |
| a.E. | am Ende |
| a.F. | alte Fassung |
| ALR | Allgemeines Landrecht für die preußischen Staaten |
| Anm. | Anmerkung |
| AöR | Archiv des öffentlichen Rechts |
| Art. | Artikel |
| ASOG | Allgemeines Sicherheits- und Ordnungsgesetz |
| AT | Allgemeiner Teil |
| Aufl. | Auflage |
| bad.-württ.PG | baden-württembergisches Polizeigesetz |
| BayObLG | Bayerisches Oberstes Landesgericht |
| bay.PAG | Gesetz über die Aufgaben und Befugnisse der Bayerischen Staatlichen Polizei |
| Bd. | Band |
| berl.ASOG | Allgemeines Gesetz zum Schutz der öffentlichen Sicherheit und Ordnung in Berlin |
| BGB | Bürgerliches Gesetzbuch |
| BGH | Bundesgerichtshof |
| BGHSt | Entscheidungen des Bundesgerichtshofes in Strafsachen |
| BGHZ | Entscheidungen des Bundesgerichtshofes in Zivilsachen |
| brem.PG | bremisches Polizeigesetz |
| BVerfGE | Entscheidungen des Bundesverfassungsgerichts |
| BVerwG | Bundesverwaltungsgericht |
| BVerwGE | Entscheidungen des Bundesverwaltungsgerichts |
| bzw. | beziehungsweise |
| ders. | derselbe |
| d.h. | das heißt |
| DJT | Deutscher Juristentag |
| DÖV | Die öffentliche Verwaltung |
| DVBl. | Deutsches Verwaltungsblatt |
| Einl. | Einleitung |
| ESJ | Entscheidungssammlung für junge Juristen |
| etc. | et cetera |
| f., ff. | folgende, fortfolgende |
| FG | Festgabe |
| Fn. | Fußnote |
| FS | Festschrift |
| GA | Goltdammers Archiv für Strafrecht |
| GG | Grundgesetz für die Bundesrepublik Deutschland |
| hamb.SOG | hamburgisches Gesetz zum Schutz der öffentlichen Sicherheit und Ordnung |

| | |
|---|---|
| Hann.Rpfl | Hannoverisches Rechtspflegerblatt |
| Hbbd. | Halbband |
| hess.VGH | hessischer Verwaltungsgerichtshof |
| h.L. | herrschende Lehre |
| h.M. | herrschende Meinung |
| HRR | Höchstrichterliche Rechtsprechung |
| hrsg. | herausgegeben |
| i.V.m. | in Verbindung mit |
| JA | Juristische Arbeitsblätter |
| JherJb | Jherings Jahrbücher für die Dogmatik des Bürgerlichen Rechts |
| JR | Juristische Rundschau |
| Jura | Juristische Ausbildung |
| JuS | Juristische Schulung |
| JW | Juristische Wochenschrift |
| JZ | Juristenzeitung |
| KG | Kammergericht |
| LG | Landgericht |
| LH | Lehrheft |
| LK | Leipziger Kommentar |
| LM | Nachschlagewerk des BGH, herausgegeben von Lindenmaier-Möhring |
| l.Sp. | linke Spalte |
| m. | mit |
| M/D/H/S | Maunz/Dürig/Herzog/Scholz |
| MDR | Monatsschrift für Deutsches Recht |
| ME | Musterentwurf |
| MRK | Menschenrechtskonvention |
| MüKo | Münchener Kommentar |
| m.w.N. | mit weiteren Nachweisen |
| nds.SOG | Das Niedersächsische Gesetz über die öffentliche Sicherheit und Ordnung |
| NJW | Neue Juristische Wochenschrift |
| Nr. | Nummer |
| NStZ | Neue Zeitschrift für Strafrecht |
| NW | Nordrhein-Westfalen |
| o.a. | oben angesprochen |
| OBG | Ordnungsbehördengesetz |
| öJBl. | Juristische Blätter (Österreich) |
| öJZ | österreichische Juristenzeitung |
| OGHSt | Entscheidungen des Obersten Gerichtshofes für die Britische Zone in Strafsachen |
| OGHZ | Entscheidungen des Obersten Gerichtshofes für die Britische Zone in Zivilsachen |
| OLG | Oberlandesgericht |
| OLGSt | Entscheidungen der Oberlandesgerichte in Strafsachen |
| OLGZ | Entscheidungen der Oberlandesgerichte in Zivilsachen |
| OVG | Oberverwaltungsgericht |
| PAG | Polizeiaufgabengesetz |
| PG/PolG | Polizeigesetz |

| | |
|---|---|
| PrOVGE | Entscheidungen des Preußischen Oberverwaltungsgerichts |
| PrPVG | Preußisches Polizeiverwaltungsgesetz |
| PVG | Polizeiverwaltungsgesetz |
| Rdn. | Randnummer(n) |
| RG | Reichsgericht |
| RGRK | Reichsgerichtsrätekommentar |
| RGSt | Entscheidungen des Reichsgerichts in Strafsachen |
| RGZ | Entscheidungen des Reichsgerichts in Zivilsachen |
| Rhld. | Rheinland |
| rhpf.PVG | rheinland-pfälzisches Polizeiverwaltungsgesetz |
| ROW | Recht in Ost und West |
| Rpfl | Rechtspflegerblatt |
| Rspr. | Rechtsprechung |
| S. | Satz (i.V.m. Paragraphen), ansonsten Seite |
| saarl.PVG | saarländisches Polizeiverwaltungsgesetz |
| SchlHA | Schleswig-Holsteinische Anzeigen |
| Sch-Sch | Schönke-Schröder |
| SchwZStr. | Schweizerische Zeitschrift für Strafrecht |
| SK | Systematischer Kommentar |
| sog. | sogenannte(n) |
| SOG | Gesetz zum Schutz der öffentlichen Sicherheit und Ordnung |
| Sp. | Spalte |
| StGB | Strafgesetzbuch |
| StPO | Strafprozeßordnung |
| StrV | Strafverteidiger |
| st.Rspr. | ständige Rechtsprechung |
| u.a. | unter anderem |
| u.U. | unter Umständen |
| v. | von, vom |
| VDA | Vergleichende Darstellung des deutschen und ausländischen Strafrechts |
| VerwArch. | Verwaltungsarchiv |
| VG | Verwaltungsgericht |
| VGH | Verwaltungsgerichtshof |
| vgl. | vergleiche |
| z.B. | zum Beispiel |
| zit. | zitiert |
| ZRP | Zeitschrift für Rechtspolitik |
| ZStW | Zeitschrift für die gesamte Strafrechtswissenschaft |
| z.T. | zum Teil |

Im übrigen wird verwiesen auf:

Kirchner, Hildebert, Abkürzungsverzeichnis der Rechtssprache, 3. Auflage, Berlin - New York 1983.

Wolfgang Kowalzik

**Der Schutz von privaten und individuellen Rechten im allgemeinen Polizeirecht**

Frankfurt/M., Bern, New York, 1987. LX, 269 S.
Europäische Hochschulschriften: Reihe 2, Rechtswissenschaft. Bd.636
ISBN 3-8204-0973-4 br./lam. DM 80.--/sFr. 66.--

Private Rechte gehören einschränkungslos zur öffentlichen Sicherheit im Sinne der aufgabenzuweisenden polizeilichen Generalklauseln, die - vom Verfasser - sogenannten Privatschutzklauseln sind nur dann einschlägig, wenn es um den Schutz von ausschließlich in der Privatrechtsordnung abgesicherten Rechte geht, und das Begriffspaar "Subsidiaritätsprinzip/Verweisung auf den Zivilrechtsweg" enthält zwei streng voneinander zu trennende Prüfungsgesichtspunkte. So lauten drei Kernthesen der vorliegenden Arbeit. Weiterhin wird versucht, dogmatisch-systematisch die beim Schutz privater Rechte auftretenden Probleme zu ordnen und sie - sowohl unter Beachtung der trigonalen Betrachtungsweise als auch unter Aufzeigen der verschiedensten verfassungsrechtlichen Einwirkungen - einer der polizeilichen Praxis entsprechenden Lösung zuzuführen.

*Aus dem Inhalt:* Private Rechte und öffentliche Sicherheit/Ordnung - Einschlägigkeit der sogenannten Privatschutzklauseln - Subsidiaritätsprinzip und Verweisung auf den Zivilrechtsweg - Schutzpflicht der Polizei und staatliches Gewaltmonopol.

**Verlag Peter Lang Frankfurt a.M. · Bern · New York · Paris**
Auslieferung: Verlag Peter Lang AG, Jupiterstr. 15, CH-3000 Bern 15
Telefon (004131) 321122, Telex pela ch 912 651, Telefax (004131) 321131
- Preisänderungen vorbehalten -